薛彦华 刘海涛

/

著

注目变革

/

现代教育变革
系列研究丛书

河北省社会科学基金项目（HB15JY046）

西方国家学术治理制度研究

—— 历史演进与实践变革的视角

北京师范大学出版集团
BEIJING NORMAL UNIVERSITY PUBLISHING GROUP
北京师范大学出版社

图书在版编目(CIP)数据

　西方国家学术治理制度研究：历史演进与实践变革的视角/薛彦华，刘海涛著. —北京：北京师范大学出版社，2022.2(2022.8重印)

　（注目变革·现代教育变革系列研究丛书）

　ISBN 978-7-303-27790-2

　Ⅰ. ①西… Ⅱ. ①薛… ②刘… Ⅲ. ①高等学校－学术研究－科研管理－监管制度－研究－西方国家 Ⅳ. ①G644

中国版本图书馆 CIP 数据核字(2022)第 006715 号

营　销　中　心　电　话　010-58802135　010-58802786
北师大出版社教师教育分社微信公众号　京师教师教育

XIFANG GUOJIA XUESHU ZHILI ZHIDU YANJIU：LISHI YANJIN YU
SHIJIAN BIANGE DE SHIJIAO

出版发行：北京师范大学出版社　www.bnupg.com
　　　　　北京市西城区新街口外大街 12-3 号
　　　　　邮政编码：100088
印　　刷：天津中印联印务有限公司
经　　销：全国新华书店
开　　本：787 mm×1092 mm　1/16
印　　张：20.25
字　　数：251 千字
版　　次：2022 年 2 月第 1 版
印　　次：2022 年 8 月第 2 次印刷
定　　价：62.00 元

策划编辑：王剑虹　　　　责任编辑：周　鹏　安　健
美术编辑：焦　丽　　　　装帧设计：焦　丽
责任校对：段立超　　　　责任印制：陈　涛

前　言

　　学术不端行为在全球范围内的不同时期均有发生,为什么学术不端行为屡禁不止? 此类行为在西方是如何进行治理的成为我们研究的缘由之一,研究该问题的另一个缘由就是我们曾承担过 2011 年的河北省社会科学基金项目"河北省本科院校科技创新能力现状及发展对策研究"(HB11JY025),研究过程中发现河北省高校科技创新能力不足的原因之一是高校对教师的科研评价失之偏颇,导致教师出现急功近利的学术行为,甚至出现学术不端行为。为什么人们在众多学术不端行为治理政策面前,为了满足外在评价的要求,而放弃学术规范对自身的约束? 这一疑问使我们产生了对主要发达国家关于学术不端行为治理制度进行研究的想法,对该问题的研究设想成功获得了 2015 年河北省社会科学基金项目的资助。我们希望通过梳理各国学术不端行为的产生原因,分析其治理特点,结合各国学术不端案例研究,探究学术治理制度及预警机制,实现对学术失范行为的系统监测及预防,为政府出台相关政策法规提供必要的信息及模式框架,最终促进高校在制度、组织和文化上进行改革,形成宽松自由而又规范有序的学术氛围,遏制学术不端行为发生,进而形成学术诚信文化,提升高校文化创造力。

　　我们查阅大量文献后,发现西方一些国家已形成了一套相对成熟的学术治理体系,制定了完备的政策和法规,设立了相关管理机构,并通过多种途径对科研人员实施诚信教育,避免学术不端行为产生。同时他们对学术不端事件设定了具体的学术治理程序,形成相对成熟的治理体系及预警机制。本书着重从历史演进的角度梳理和探讨了美国、英国、日本、德国、澳大利亚以及丹麦等国家，在国家层面、非政府机构层面以及大学层面相关学术治理法规、政策的变革与演进，探讨了六国的学术预警机制，分析了六国学术不端行为治理的特点、学术不端行为产生的原因及相关的治理措施，最后通过各国典型学术不端案例及处理方式，增进对六国学术不端行为治理的感性认识。

研究发现，各国为处理学术不端事件出台的相应法规政策中，在"学术不端""科研不端""研究不端"等用词上存在着很大的模糊性，并未做出严格的区分。而且就学术不端行为的描述来看，其外延在逐渐扩展，已经超越了原先在科研或者说在知识创新中存在的不端行为，表现为在知识传播与传递的过程中也存在着诸多不端行为。基于此，我们在本书中关于"不端行为"全部定位到外延更广的"学术不端行为"上。考虑到各国由于出台的法规政策文本原用词以及多年来人们惯用的表达，则采用"科研""研究"来呈现法规政策文本名称。

研究六国学术治理制度的演进对建立我国学术不端预警机制、处理学术不端案件、完善处理程序均有裨益。本课题研究也将成为我们下一个研究——高校教师学术不端行为预警及治理机制研究的基础。

薛彦华　刘海涛

目　录

第一编　西方国家学术治理的历史演进

第一章　各国学术治理法规、政策变革与演进　/3

　　第一节　国家层面关于学术治理的探索进程　/8

　　第二节　非政府机构关于学术治理的探索进程　/57

　　第三节　大学层面关于学术治理的探索进程　/73

第二章　各国学术治理制度变革与演进　/104

　　第一节　学术奖励制度　/104

　　第二节　同行评议制度　/121

　　第三节　教师晋升与评价制度　/142

第二编　西方国家学术预警机制及学术不端行为研究

第三章　各国学术预警机制　/175

　　第一节　美国和丹麦学术预警机制　/175

　　第二节　英国学术预警机制　/178

　　第三节　日本学术预警机制　/180

　　第四节　德国和澳大利亚学术预警机制　/182

第四章　各国学术不端行为治理特点　/186

　　第一节　美国和丹麦学术不端行为的治理特点　/186

第二节 英国学术不端行为的治理特点 /192

第三节 日本学术不端行为的治理特点 /198

第四节 德国和澳大利亚学术不端行为的治理特点 /202

第五章 各国学术不端行为产生原因的分析 /208

第一节 美国和丹麦学术不端行为产生的原因 /208

第二节 英国学术不端行为产生的原因 /215

第三节 日本学术不端行为产生的原因 /221

第四节 德国和澳大利亚学术不端行为产生的原因 /229

第六章 各国应对学术不端行为的措施 /232

第一节 美国应对学术不端行为的措施 /232

第二节 英国应对学术不端行为的措施 /244

第三节 日本应对学术不端行为的措施 /251

第四节 丹麦应对学术不端行为的措施 /253

第五节 德国和澳大利亚应对学术不端行为的措施 /255

第三编　西方国家学术治理的实践研究

第七章 美国学术治理的实践研究 /263

第一节 伯尔曼案例 /263

第二节 舍恩案例 /269

第八章 英国学术治理的实践研究 /276

第一节 皮尔斯案例 /276

第二节 伯特案例 /279

第九章 日本学术治理的实践研究 /282

第一节 21世纪初的藤村新一案例 /282

第二节　多比良和诚案例　/285

第三节　"学术女神"小保方晴子案例　/288

第十章　丹麦学术治理的实践研究　/292

第一节　米莱娜·潘克瓦案例　/292

第二节　彼得森案例　/296

第十一章　德国学术治理的实践研究　/299

第一节　赫尔曼、布拉赫案例　/299

第二节　德国国防部前部长古藤贝格博士论文抄袭事件　/302

第十二章　澳大利亚学术治理的实践研究　/305

主要参考文献　/310

后　记　/312

第一编

西方国家学术治理的历史演进

第一章 各国学术治理法规、政策变革与演进

就科学研究等学术问题的本质而言，本不应涉及不端行为或问题。科学活动社会化进程不断加快，在一定程度上改变了人们的思维观念、生活方式及价值理念。随着西方各国各类学术不端事件的曝光，以及相关部门与机构在应对学术问题时所显现的疲态，各国深刻意识到依靠传统自律性的学术行为控制模式不能发挥原有作用，必须推进和完善相关学术治理制度的规范构建，不断加大对学术不端行为的治理。由此，加强学术治理、完善相关制度体系建设，逐渐成为各国科研机构和高校改革与发展的重点。

长期以来，美国主要依靠科学家的个人诚信及其对真理的献身精神来避免学术不端行为的发生。科研机构主要负责学术行为的监管，科研机构责任的落实也在很大程度上取决于研究者的自律。并且，学术不端在人们心目中一直被认为是个别害群之马的特殊行为，也由此导致学术不端行为并没有成为人们日常关注的对象。学术不端问题真正在美国成为一个备受关注的社会问题，则主要源于一些重大的学术不端事件的出现。

1974 年发生在纽约司罗恩·凯特林癌症研究所的萨默林（W. Summerlin）事件被人们称为"让人最早意识到存在科学不端行为的关键事件"。该研究所的萨默林博士为了证明其所进行的老鼠皮肤移植实验的成功性，直接用笔将白色老鼠的皮肤涂成了黑色。虽然这一事件在当时并没有被新闻媒体大规模报道，但是这一事件的公开逐渐使美国民众意识到，学术不端行为似乎并不单纯是由某一科学家的个人意愿

决定的，在很大程度上是由于其上司对研究成果的不断逼迫，科学家个人在无法承受精神甚至肉体上的极大压力下做出的无奈之举。因此，这一事件发生的关键并不能单纯归结于科学家自身的问题，要考虑整个科学研究体系是否出现了问题。①

　　一直以来，美国公众都将科学家这一群体看作真理的追寻者，对其十分尊敬。但在萨默林事件发生之后，1978 年，坦普尔大学医学院的阿萨帕提（A. Asabati）被曝光抄袭他人文章发表了 80 篇论文；1980年经美国国立卫生研究院（National Institutes of Health，NIH）调查并证实，耶鲁大学的青年学者盗用其导师评审的他人文章发表论文，而且当被抄袭者向耶鲁大学提出指控时，耶鲁大学竟置之不理。从 1974年到 1981 年的短短 7 年时间里，美国共揭露涉及学术不端行为的丑闻12 起，并且有报告指出，对于相关指控，国立卫生研究院、大学及其他研究机构并未及时做出恰当的反应，这在社会公众范围内引起极大注意。② 相继出现的学术不端事件在美国社会引起了激烈的讨论，当时被称为"烂苹果"与"烂桶"之争，而且这一讨论从科学界内部逐渐散播到社会各界。一方面，有些科学家对其持保守态度，认为学术不端事件只是个别现象，并不会影响整个学术界；另一方面，有些人则持激进态度，认为这些学术不端行为极其严重，甚至将会"污染"美国学术界。同时，公众对于美国政府对这类学术不端事件的不作为行为也持批评态度。虽然当时大多数科学家认为，科学界的问题本应该由科学界按照自身的规范来解决，不应该由政府加以干涉。但是，层出不穷的学术不端事件证明科学界已经不能靠自我修复来应对学术不端行为。

　　英国拥有悠久的历史和文化传统，产生过自然科学巨匠达尔文和牛顿、人文巨匠莎士比亚和狄更斯。1660 年英国建立的世界上首个科学

---

① 杨上上：《美国治理学术不端行为的经验与启示研究》，硕士学位论文，河南师范大学，2011。
② 王英杰：《改进学术环境，扼制研究不端行为：以美国为例》，载《比较教育研究》，2010，32（1）。

共同体——英国皇家学会（The Royal Society），是世界近代科学发展的奠基组织，以严谨的学术思想和氛围著称于世。正是这样一个素来文明、自律、谨慎的国家，当首次出现学术不端行为时，震惊了英国各界，挫伤了公众对科学的信任，科学界受到前所未有的谴责与批判。然而，学术不端案例逐年增多，涉及领域、人员越来越广，引起了该国相关机构和相关人员的注意，进而催生了学术不端治理信念。各个主体通力合作，推动着英国治理学术不端行为的进程。

20 世纪之前，英国没有发生过重大学术不端案例，对于威廉·布罗德（William Brod）和尼古拉斯·韦德（Nicholas Wade）著作中所说的：牛顿在《自然哲学的数学原理》（*Mathematical Principles of Nature Philosophy*）一书中伪造因子事件、与莱布尼茨争夺微积分发明优先权事件，道尔顿做过的实验到现在不能重复事件，在那个时代并没有受到任何形式的惩罚。从后代人的视角来看，尽管出现了学术失误，但他们依然是科学界的巨匠，毫不影响后辈对他们的仰望。[①]

到了 20 世纪，科学研究的性质发生了变化，随着学术团体数量增加，各学术团体对成员的入职门槛提高，几乎所有的科学家把科研活动作为一种职业，一种谋生手段。[②] 时至今日，无论是由政府资助还是由校外企业资助的学术团体，都鼓励研究人员在短期内拿出实实在在的、最好是短期见效的成果，否则相关资助或合同便会终止，对于个人来说，还会导致大学拒绝聘用。[③]面对人生职业的发展，部分学者开始铤而走险，在研究中稍许篡改数据、伪造被试信息等学术不端行为渐渐出现。

1912 年律师查尔斯·道森（Charles Dawson）声称发现了有 50 万

---

① 于欣荣：《谁是学会的关键人物：读〈英国皇家学会史〉散记》，载《读书札记》，1992（6）。
②③　威廉·布罗德、尼古拉斯·韦德：《背叛真理的人们：科学殿堂中的弄虚作假》，朱进宁、方玉珍译，23、197 页，上海，上海科技教育出版社，2004。

年历史的"类人猿"头骨，后被证实是猩猩的头骨；1971—1976 年古利斯化学物质实验舞弊；1981 年布里斯托大学的生理学研究人员珀维斯（Purvis）伪造研究工作；[①] 1994 年英国皮尔斯（Pierce）伪造临床病例事件……这些事件将英国学术界推向了风口浪尖。20 世纪 70 年代后，学术不端行为从自然学界到生物学界到心理学界再到医学界，截至现在已经延伸至整个学术界，涉及科学家、教师、学生、留学生等。这些事件，除了给学者自身带来不同程度的影响外，还使得相关机构、团体乃至整个国家声誉受到损害。鉴于此，为了维护英国学术界声誉，政府、学术机构、大学纷纷出台整治学术不端行为的具体措施，其中涵盖了确保良好研究行为的指南、惩治学术不端行为的程序、确立职业伦理道德等，希望借此来遏制学术不端行为，完善学术治理制度。

日本在第二次世界大战后，迅速发展并崛起，成为全球经济发达的国家之一。其之所以得到如此强劲的发展离不开日本政府推行的"科学技术创造立国"的方针。据相关统计，2016 年，日本的研发经费占国内生产总值的比例为 3.67%，排在世界的前几位，政府和企业资助科研才使得一些研究得以持续下去并获奖。[②] 从某种程度上来讲，正是如此强大的科研背景，助长了经费竞争激烈、非终身制人员急剧增长以及科研成果生产急功近利的学术氛围，严重影响了科研工作者的学术诚信和学术自主性，导致学术不端行为日渐增多。对此，日本各界着力建设学术治理体系，以为科研工作者提供良好的学术环境。日本的学术治理活动多属于非政府主导型，尽管日本文部科学省和综合科学技术会议出台了各自的管理准则，但它们仅仅具有参考性和指导性，在具体的学术不端案例中还需依靠各大学、各学术团体、各科研机构的指导意见和调

[①] 威廉·布罗德、尼古拉斯·韦德：《背叛真理的人们：科学殿堂中的弄虚作假》，朱进宁、方玉珍译，23、197 页，上海，上海科技教育出版社，2004。
[②] 张田勘：《日本再获诺贝尔医学奖的启示》，载《新京报》，2016-10-04。

查流程，自下而上地治理学术不端行为。

德国作为欧洲高等教育和科研实力的代表，其严谨的治学态度和良好的科研自律精神为世人称道，在此基础上形成的以基层科研机构为主导的治理模式，是其学术治理的一大特色。该模式将学术不端行为调查和处理的主动权交给大学或基层科研机构，在没有线索表明触犯刑律之前，政府无权介入。这种治理模式不仅对本国的学术治理起到了良好的效果，同时也成为世界学术治理史上的典范。

澳大利亚在学术治理与诚信制度建设方面同样进行了实践，付出了极大的努力，尤其在学术诚信制度建设方面备受关注。无论是高校、研究机构、第三方学术团体，还是国家科研基金管理与资助机构等，都颁布与制定了一系列适时而有效的学术诚信法规、政策，并在此基础上完成相应监管机制的构建，从学术治理的顶层设计到基层处理形成了相对完善的治理体系。

值得注意的是，德、澳两国都是采取以科研机构为主导的学术治理模式，并没有专门负责惩治学术不端行为的行政机构，政府层面的学术立法很少，部分相关法规、政策中对涉及的学术不端行为会有明确说明，缺少全国统一的学术法规、政策。但这并不是说，这两个国家没有具有全国性质的学术规范，其实在两国科研机构颁布的这些学术法规、政策中，有的是由国家级科研机构颁布与制定的，虽然不具备官方性质，但由于制定机构的影响力，实际上对全国科研机构构成了约束。这种以科研机构为主导的治理模式，不仅确保了科研工作者的学术自由，而且维护了科研创新的环境，使得科研活动的变化更具灵活性与便捷性，也使得研究机构拥有了更大的政策调整权利和空间。这使得科研机构可以根据自身的学科特点和学术环境，制定符合不同领域学术传统和机构科研氛围的治理政策，增强治理的针对性和有效性。[①]

---

① 胡剑、史玉民：《欧美科研不端行为的治理模式及特点》，载《科学学研究》，2013（4）。

相对而言，丹麦是较早出现学术不端行为的国家之一，也是较早出现应对学术不端行为治理的国家之一。丹麦经过不断探索与发展，于1992 年成立了由丹麦医学研究理事会（Danish Medical Research Council）建立的丹麦科研不端委员会（Danish Committees on Scientific Dishonest，DCSD）。该委员会成立，使得丹麦成为欧洲最早成立学术不端行为应对机构的国家。除此之外，丹麦政府相关部门还制定了一系列的法规、政策，构成法律制度体系，为该委员会高效而有序的工作提供了坚实的保障。这一系列的法规、政策无论是对学术不端行为的界定、所涉及的细节、委员会的结构与职责，还是对具体行为的执行准则都进行了较为明确的规定，使得丹麦形成了较为成熟的学术治理体系。

本部分内容将着重从历史演进的角度梳理和探讨美国、英国、日本、德国、澳大利亚以及丹麦等国家，在国家层面、非政府机构层面以及大学层面颁布的学术治理法规、政策等内容。

第一节　国家层面关于学术治理的探索进程

政府作为国家层面主要的行政机构，在各国学术治理法规、政策的实施中发挥着重要的作用。根据各国的行政组织特点，不同国家会在国家层面专门设置一些针对学术治理的政府下设机构，来具体制定相关的学术治理法规或政策。虽然各国政府在学术治理法规、政策的制定与实施过程中扮演着不同的角色，但无论是政府主导型治理，还是非政府主导型治理，其在学术治理过程中都起着一定的指导与引领作用。

一、美国国家层面对学术治理的探索

有相关学者曾指出，美国学术不端行为的出现并不能归因于科学家

自身，更多的是因为其整个科学体系出现了问题。在越来越多的学术不端行为已不能依靠科学家的精神气质得以自我修复之时，美国需要设立相关的机构、制定专门的法规或制度辅助解决。

（一）美国政府部门的早期学术不端治理

随着现代科学研究模式转型及受美国社会环境影响，政府资助的科学活动受到了政府和公众的广泛关注。1981 年，美国众议院科技委员会调查和监督分委员会（Subcommittee on Investigation and Supervision of the Science and Technology Commission of the US House of Representatives）在众议员戈尔（A. Gore）的主持下召开了美国历史上第一次关于学术不端行为的听证会，这标志着科研不端行为正式成为一项公共议题，引起了社会各方的关注。[①] 次年，哈佛大学发生了心脏病专门研究者 J. 达尔西（J. Darsee）捏造论文数据的事件。在这一事件中，美国政府第一次参与到学术不端行为的调查审理过程之中。但是，当时无论是高校、科研机构还是政府部门均未形成一套行之有效的规章制度或者处理程序，因而对学术不端事件的调查并没有那么容易。[②] 20 世纪七八十年代美国学术不端事件连续被披露，使美国政府意识到传统自律性的科研行为控制模式失去了原有的作用，美国政府开始建立学术不端行为治理体系的探索。

1985 年，美国国会制定并通过了《公共卫生拓展法案》（*Public Health Expansion Act*）。该法案对学术不端行为做了临时界定，同时要求相关学术机构制定相应的制度与政策对该行为进行规范与处理，并且明确尚未形成相应学术不端行为治理程序的学术机构，在今后申请和接受国会资助时将受到影响。[③] 另外，对科研机构在处理学术不端案件时

---

① 王英杰：《改进学术环境，扼制研究不端行为：以美国为例》，载《比较教育研究》，2010，32（1）。
② 杨上上：《美国治理学术不端行为的经验与启示研究》，硕士学位论文，河南师范大学，2011。
③ 胡剑：《欧美科研不端行为治理体系研究》，博士学位论文，中国科学技术大学，2012。

报告的审批与事件的揭发等方面，该法案均做出了具体规定。

1986年，隶属于美国卫生与公众服务部（United States Department of Health and Human Services，HHS）的公共卫生局（United States Public Health Service，PHS），发布了关于科研不端行为的临时政策，对学术不端行为做出了第一个政府性质的定义，并且还制定了关于学术不端行为质询、调查和裁决等程序。① 1989年8月8日，美国卫生与公众服务部发布了《受奖者和申请者机构对于处理与报告可能的科研不端行为的职责》（*Responsibilities of Awardee and Applicant Institutions for Dealing with and Reporting Possible Misconduct in Science*）的联邦法规。

1987年，美国国家科学基金会（National Science Foundation，NSF）独立发布了《科学和工程研究中的不端行为》，对美国公共卫生局的学术不端行为定义范围做了进一步延伸，并且要求申请联邦政府资助的科研机构颁布相应的法规制度，通过报告等形式接受联邦政府的指导和监督。

虽然美国公共卫生局和国家科学基金会等政府部门都在实践中做出了努力和尝试，但这两个较早颁布的应对学术不端行为的部门规章，以及早期各个部门在学术不端行为的界定和案件处理等方面都存在较大差异，所以既不能在联邦统一范围内实施和推广，也无法有效处理日益复杂多样的学术不端行为问题。为此，20世纪90年代，国家相关部门开始探索治理学术不端问题政策和有效查处程序的相关途径。

（二）科学诚信办公室与科学诚信审查办公室

1989年，公共卫生局出台了有关学术不端行为的正式政策，成立了科学诚信办公室（Office of Scientific Integrity，OSI）与科学诚信审查办公室（Office of Scientific Integrity Review，OSIR）两个专门负

---

① 王英杰：《改进学术环境，扼制研究不端行为：以美国为例》，载《比较教育研究》，2010，32（1）。

责调查和裁处学术不端行为案件的部门。前者的主要职能是监管美国公共卫生局所资助的科研机构贯彻和执行学术不端行为政策和程序的具体情况；后者则主要负责制定公共卫生局关于学术不端行为的所有政策和运行程序，同时对科学诚信办公室学术不端行为的调查报告进行审核。①

1992 年，两个部门合并成为科研诚信办公室（Office of Research Integrity，ORI），具有举报、调查、监督学术不端行为，以及制定应对学术不端行为的方针政策和具体措施等职责。另外，该部门还与大学、学会以及专业学术团体合作广泛开展诚信与伦理教育研究。

1993 年，科研诚信办公室刊发了第一份《科研诚信办公室通讯》季刊，对联邦政府有关学术不端行为的政策和法规进行了介绍，并且对相关学术不端行为案件的调查和处理结果进行了公布；同年，时任总统克林顿签署《国立卫生研究院振兴法》（*National Institutes of Health Revitalization Act*），将研究拨款机构（国立卫生研究院）所具备的处理学术不端行为的指控责任进行了分离，同时将科研诚信办公室作为一个独立的实体纳入卫生与公众服务部门。②除此之外，为了进一步对学术不端行为进行深入探索，美国国会还组建了由科研工作者、律师、伦理学家等构成的科研诚信委员会来负责相关事宜。

（三）白宫科技政策办公室和《关于研究不端行为的联邦政策》

1996 年，隶属于美国国家科学技术委员会（National Science and Technology Council，NSTC）的基础科学委员会与国防部、农业部、国家航空航天局、国立卫生研究院等部门，联合成立专门负责科研诚信的工作组，对学术不端行为进行了统一界定，并针对政府部门和接受联邦资助的科研机构制定了相关查处程序。同年 12 月，工作组将制定的

---

①② 王英杰：《改进学术环境，扼制研究不端行为：以美国为例》，载《比较教育研究》，2010，32（1）。

政策草案移交给国家科学技术委员会进行审定。在经过广泛的意见征集和长时间的审查、协商之后，该政策草案于 1999 年 5 月得到了国家科学技术委员会的一致认同。

1999 年 10 月 14 日，美国白宫科技政策办公室（Office of Science and Technology Policy，OSTP）在《联邦公告》上公布了被提议的草案，2000 年 12 月 6 日，该提议正式生效，由总统执行办公室签署，最终定案为《关于研究不端行为的联邦政策》（*Federal Research Misconduct Policy*）。与此同时，废除了原先由公共卫生局颁发的《受奖者和申请者机构对于处理与报告可能的科研不端行为的职责》。该政策主要分为以下六个部分：第一部分对学术不端行为进行了界定。第二部分对学术不端行为的评定标准和依据加以明确。第三部分规定了政府部门和相关科研机构各自的职责。其中，科研机构承担学术不端行为披露、预防和处理的具体执行任务，政府部门则对其资助的研究项目拥有最终的审查和监督职权。第四部分明确了举报者与被举报者在该类案件中的权利保护规定，同时对不同环节的时限做了进一步明确。第五部分规定了学术不端行为的处理方式。第六部分明确不限制科研机构或其他组织颁布附加的学术不端行为政策及伦理准则，该条款意在鼓励科研机构以政策为基础，依据自身的实际情况颁布各自部门关于学术不端行为的治理政策和条例。

《关于研究不端行为的联邦政策》是美国关于学术不端行为最有效力和权威的联邦法规，对美国学术不端行为治理规范化和统一化起到了关键作用。它一方面消除了此前各部门关于学术不端行为定义的争执和异议；另一方面对相关举报和查处程序进行了统一规定。除此之外，国家科学基金会和卫生与公众服务部进一步修订其相关政策，教育部等政府部门以及接受联邦经费资助的各类高校和研究机构制定了相关执行政策，该政策同样提供了权威性的法律依据，以及政策标准和指导方针。

在此基础上，联邦政府各部门为贯彻执行《关于研究不端行为的联邦政策》的统一法规，对各自部门的相关规范与政策进行了修订或重新颁发（表1-1）。

表 1-1 美国联邦政府各部门颁发的关于学术不端行为政策一览表

时间	部门	政策名称
2001 年 5 月	国立卫生研究院	《NIH 内部研究计划科研不端行为举报处理指南》
2001 年 11 月	国家人文学科基金会	《关于研究不端行为的政策》
2002 年 2 月	交通部	《关于 OSTP 联邦政策的执行指南》
2003 年 3 月	环保署和国家科学基金会	《关于应对研究不端行为的政策和程序》
2003 年 9 月	劳工部	《关于研究不端行为的政策声明》
2004 年 5 月	国防部	《关于研究诚信与不端行为指南》
2004 年 7 月	国家航空航天局	《关于研究不端行为的调查》
2005 年 5 月	卫生与公众服务部	《关于研究不端行为的公共卫生局政策》
2005 年 6 月	能源部	《关于不端行为的政策》
2005 年 11 月	教育部	《关于不端行为的政策通知》
2006 年 1 月	退伍军人事务部	《关于研究不端行为的政策》

这里尤其需要详细说明的是，2005 年 5 月由美国卫生与公众服务部发布并实施的《关于研究不端行为的公共卫生局政策》［*Public Health Service（PHS）Policies on Research Misconduct*］，是对 1989 年的《受奖者和申请者机构对于处理与报告可能的科研不端行为的职责》的进一步修订，在继承原有一般性的方法和步骤的基础上，对最终规则进行了兼顾实体性与非实体性的进一步修正，从而能够更好地响应公众建议、纠正差错以及提高清晰性。修订规则的目的是贯彻执行法规和政策上的改变，从而适用于发生的学术不端行为，包括由白宫科技政策办公室于 2000 年 12 月 6 日发布的《关于研究不端行为的联邦政策》。依据联邦统一政策修订的新的法规是所有部门规章中最详细、最具体和操

作性最强的有关学术不端行为的部门规章，在很大程度上类似于 2000 年白宫科技政策办公室联邦法规的实施细则和具体执行的解释说明。

梳理与分析美国国家层面对学术不端行为进行的治理探索，我们可以得出，自美国学术不端行为成为公共议题以后，美国积累了丰富的有关预防和控制学术不端行为的宝贵经验，对学术不端行为进行了比较深入的研究，对其广泛性与深入性进行了相对客观准确的把握。无论是政府、社会与研究机构还是学者个人都对该问题达成了共识，并且分别承担了各自相应的责任，提出了较为明确的调查处理程序。可见，美国在应对学术不端行为的过程中，具有较强的法律意识，注重正当的法律程序，从而很好地保护各类研究的准确性，以及研究者的个人权益。

二、英国国家层面对学术治理的探索

学术研究中的欺诈行为已经有一段漫长而不光彩的历史，早在 20 世纪 80 年代初期就引起了英国部分人士的关注，然而直到 1991 年英国皇家物理学会（Institute of Physics，IOP）的一份报告才证实了该国学术研究中的欺诈现象，遗憾的是该报告被搁置了。2000 年《柳叶刀》（*The Lancet*）列出了相关的理由：①科学具有自我修复的功能，欺诈不是大事；②被试患者没有受到任何伤害；③欺诈事件在英国很少发生，是罕见的；④已有的地方性系统能够处理不端行为；⑤需要科学研究各个方面一同采取行动，不单单是医学研究中出现；⑥出版道德委员会（the Committee on Publication Ethics，COPE）没有实际的法律效力。① 尽管在此之后的一些书籍或杂志文章多次证实科学活动中存在欺

---

① Michael Farthing，Richard Smith，Richard Horton，"UK Failure to Act on Research Misconduct"，*The Lancet*，2000，356（9247），p. 2030.

诈行为，但直至 1999 年才得到英国官方的陈述。①

1999 年 10 月，由爱丁堡皇家内科医学会（Royal College Physicians of Edinburgh）举办的有关生物医学学术不端的联合共识会议上，英国医学界和科学界主要代表进行了一定的磋商，主张建立一个与学术不端行为治理有关的国家委员会（National Panel）。此次会议由罗伯特·基尔帕特里克（Robert Kilpatrick）主持。会议指出"国家委员会"承担对良好实践模式开发和推广的职责，并且对存在学术不端嫌疑的行为提供调查援助，主要包括对学术不端行为事件的信息进行收集、整理与发布，以及为青年科学家提供科研伦理课程等。会议内容得到了医学总会总裁欧文（Donald Irvine）和英国伦敦皇家内科医学院主席阿尔贝蒂（George Alberti）等学者的认同，他们极力希望此次会议内容能够成为一个可操作的机制。②2000 年，据《柳叶刀》介绍，学术不端现象越来越显露出来，医药学领导者虽然忙于和英国国家健康中心（National Health Service）、综合医学委员会（General Medical Committee）进行关于合作的讨论，但最终也没有采取任何行动来实施该项计划，致使该项计划破产。③

这在某种程度上表明，爱丁堡皇家内科医学会的联合共识会议从某种层面来讲是失败的，但标志着英国对于学术不端的治理已从"我们怎么防治学术不端行为"向"我们如何促进良好的研究"转变，同时也意味着对学术的治理认知上升到了国家层面。

（一）英国政府科学办公室的相关政策

20 世纪 30 年代，英国科学史研究者贝尔纳（John Desmond Bernal）在其著作《科学的社会功能》（*Social Function of Science*）一书中

---

① ② Richard Horton，"UK Declaration Made on Research Misconduct"，*The Lancet*，1999，354（9190），p. 1623.

③ Michael Farthing，Richard Smith，Richard Horton，"UK Failure to Act on Research Misconduct"，*The Lancet*，2000，356（9247），p. 2030.

指出：推动社会变革的主要力量是科学，起初科学变革存在于技术领域，后来延伸到经济和社会领域。与此同时，他还指明要想使科学被社会最大化利用，关键在于对其进行整顿。[①] 第二次世界大战期间，英国经济受到重创，众多的社会不安定因素促使政府关注科技，注重科技发展对社会、经济的贡献，由此开始了对科技或科技部门的规划与管理。

20 世纪 60 年代英国成立了技术部，重点是发展航空、原子能行业，后来被合并到贸工部（the Department Trade and Industry，DTI）。1992 年英国政府成立了科技办公室（Office of Science and Technology，OST），作为该国科学技术发展的主要政府管理部门。1995 年 7 月，政府为了促进科技与工业的结合，又将科技办公室划归贸工部管理。2006 年，成立科学与创新办公室（Office of Science and Innovation，OSI），它由科技办公室和贸工部创新委员会合并而成。2007 年 6 月，时任首相布朗（Gordon Brown）撤销贸工部，成立创新、大学与技能部（Department for Innovation，University and Skills，DIUS），科技办公室改为政府科学办公室（Government Office for Science），隶属创新、大学与技能部。2008 年 7 月，继续对政府科学办公室进行调整，将其国际部与外交部以及创新、大学与技能部的部分部门合并，成立国际科学与创新司（International Science and Innovation Unit，ISIU）。2009 年 6 月，将创新、大学与技能部与商业、企业和管理改革部（Department of Business，Enterprise and Run Reform，BERR）整合，成立商业、创新与技能部（Department for Business，Innovation and Skills，BIS）。[②]

经过一系列改革，从形式上来看，英国政府科学办公室隶属于创新、大学与技能部，且一并隶属于商业、创新与技能部；从内容上来

---

① 贝尔纳：《科学的社会功能》，34 页，桂林，广西师范大学出版社，2003。
② 嵇成：《英国科技概况》，载《科学学与科学技术管理》，1980，1（1）。

看，它通过财政预算来支持和推动公共领域的研究，利用各个机构或部门的优势资源，推进科技成果转变，进而提升英国的国际竞争力。基于此，政府科学办公室出台了一系列关于学术问题的准则，宏观上引导科学工作者的学术行为，在符合规则的前提下开展学术活动，产出高水平学术成果。

1. 2007 年颁布《科学家通用伦理准则》

英国政府经过一系列整顿，于 2007 年由商业、创新与技能部和政府科学办公室联合颁布了《科学家通用伦理准则》（*A Universal Ethical Code for Scientists*）。这是一份关于科学家价值和责任的公开声明，点明了商业、创新与技能部的职能，旨在全方位地为英国提供经济发展所需的教育和技能。《科学家通用伦理准则》分析了机构领导人和首席科研顾问的责任，指出他们要向首相和内阁成员提供科学建议，并确保建议的质量。它从严格、尊重和负责任三方面展示了科学家和社会之间的信任关系。其中，严格意味着科学工作中运用技能和管理个人信息时需小心谨慎、诚实地公布利益冲突。尊重意味着要注重个体生命、法律和公众利益，将影响降到最低。负责任代表着在交流、倾听和告知学术数据、学术理论、学术问题时的态度。它将鼓励伦理研究、鼓励科学家积极反思他们工作的影响、支持科学家与公众就复杂易引起争论的问题进行沟通作为目标。

作为规范国内所有学术工作者的通用伦理准则，它同样具有自身的局限性。首先它并不试图替换涉及特定专业或研究领域的准则，而是以一种各管各的模式来运营，特定领域的准则依旧适用。以皇家工程院（Royal Academy of Engineering）为例，它仍将问题聚焦于工程专业，要求工程机构或学校在日常管理或教学中渗透伦理原则，并与学位的授予挂钩。其次是它不具有强制性，只是鼓励科学家和机构遵守这些准则，并讨论如何将这些指导方针与他们的实际工作联系起来。以英国中央兽医实验室（Central Veterinary Laboratories，CVL）为例，它要求对所有新入职的科研人员、学生、正在访学者进行面对面的培训，期望"他们在日常行为中遵守上述的三原则"，并没有强制性质。

2. 其他学术治理方面的政策

纵观发生学术不端行为的人群，除了有学生、教师等专门从事科研工作的人员之外，还有管理层面的人员，他们或是出于职业发展需要，或是屈从于利益诱惑，也可能出现学术不端行为。其不端行为可能来自和他人一起申请项目，或者运用职权透露被试信息等。出于对管理层面人员的管理，英国在 2007 年之后开始考虑对他们进行制度规范，进而构建一个良好的管理集体。

2010 年 3 月 24 日，英国政府科学办公室出台了有关管理科学的建议与原则。该原则适用于部长与管理部门人员、科学顾问委员会成员、统计学家、社会研究者等，不适用于雇佣人员。具体内容涵盖了主体间的角色和责任、行政上的独立性、执行中的透明性和公开性以及针对问题所提出的解决原则。

其中，文本规定了政府要"尊重学术自由、专业地位和专业知识"，科学顾问要"尊重政府的决定"，彼此之间要保持互信，并推进与其他主体间的交流。在学术建设中，科学顾问"有权公布自己的研究成果""有权受到保密的限制""有权直接和媒体接触"来直接管理，这种学术上的独立性是允许的。当然，他们在享受这些权利的基础上要受到一定的限制，要"签署保密协议"，要及时和相关人员进行讨论，公平公正地对待每一件事，还要随时保证管理的透明性，让学者对管理层更加信任。

2011 年 11 月 22 日，又颁布了《科学咨询委员会实践准则》（*Code of Practice of Scientific Advisory Committee*），将为英国提供独立建议的部门作为陈述主体，在其具体的工作实践中来分析该委员会的具体职责，其中"依据已有的程序和信息的敏感度来处理保密信息""按照原则来解决与各资助主体不一致的意见""无论是在出版还是在会议又或是在提交的建议中要保持公开性和透明性"等都是和学术治理有关的规范。通过分析，我们不难发现该准则在形式上阐述了科学咨询委员会（Scientific Advisory Committee）的各项工作，在内容上对委员会成员提出了工作要求，尤其是对待学术问题的行为，据此，英国学术治理主体又扩大到了科学咨询委员会。

英国在 2014 年与 2015 年分别颁布与出台了相关政策。一是从法律视角入手分析了管理中的民事赔偿责任和刑事责任，将管理置于法律视域中，使得管理层面更具可靠性和合理性。二是对更为具体的管理部门进行工作介绍，在此基础上谈及对他们行为的治理。

从整体来看，从法律的视角入手表明英国开始正视管理层面的学术问题。虽然相关文件不具有法律效力，但它要求相关的管理部门对此做出回应，提醒各主体要有关于学术问题的意识，对于那些特别严重或无法有效解决的问题，应和上一级领导进行内部交流，进而提出解决措施。随后，英国政府部门从微观视角入手，对具体委员会、管理部门进行了行为准则限定，甚至从法律入手，将管理者的行为用法律来保障或制约。

其实，无论是发布学者层面的通用伦理准则还是公布管理层面的行为规范，英国都在国家层面上对学术问题进行过思量。规范主体的变化意味着学术的受治主体也在变化，这标志着英国在国家层面已经开始正式关注学术问题，并将其纳入了国家管理层面。它给英国的学术治理带来了一个质的飞跃。

（二）英国国家法律中的相关规定

1. 1998 年的《数据保护法》

1995 年欧盟通过了《欧盟数据保护指令》（*Data Protection Directive*），英国应其要求也颁布了《数据保护法》（*Data Protection Act*），

对涉及个人信息的获得、维持、使用等内容进行了重新规定，将种族或伦理起源、政治观点、宗教信仰或其他相似的本质信仰、是不是贸易联合的成员、身体或精神健康条件等内容归入数据保护行列。科学研究已从自然科学扩展到社会科学，开始研究人类的一些行为或活动。该类研究将人类作为被试，人类的各种信息作为研究内容开始纳入研究范畴中，于是不可避免地要对个人信息进行保护，对那些可公开或非公开的个人信息做出管理规定，以便保护被试人员的尊严。

以处置个人数据为例，主要对"雇员已经被认可同意处理其个人数据""该处理是执行其他法定或合同约定义务或要求所必需的""该处理是出于对数据主体利益的保护""该处理是公司维持其正常运营的需要"等方面的个人数据予以相应处理；针对处理敏感性个人数据的情况，"必须符合上述条件中的至少一条，该处理是满足对医疗的需要，或者该处理是为满足不同种族雇员同等劳动机会的需要"。如若科研工作者在活动中违反了其中的一条，则会带来相应的科研不端行为，进而受到一定的惩罚。

当然，《数据保护法》并没有明确指出什么是不当行为，它只是从被认可的数据保护方面入手做出规定。各学术团体和高校依据这些被认为合理的行为判断是否会出现学术不端行为，一旦违反了这些被认可的行为要求则会受到调查乃至制裁。

2. 2005 年的《信息自由法》

1997 年 2 月，英国政府发布了题为《你有权知道》（*Your Right to Know*）的白皮书，为信息自由法案的制定提供了群众基础。2000 年国会通过了《信息自由法》（*Freedom of Information Act*），决定在 2005 年实施。该法案对获取公共机构的信息或为人们提供服务的个人信息给出了规定，明确指出：任何人，不管是否拥有英国国籍，也不管是否居住在英国，都有权利了解包括中央和地方各级政府机构、警察、国家医疗保健系统和教育机构在内的约 10 万个英国公共机构的信息，被咨询机构必须在 20 个工作日之内予以答复。《信息自由法》对于公众而言，代表其拥有了获取公共机构相关信息的权利，它在很大程度上增强了政府机构工作的透明度，使其更加公平、民主和开放地制定与实施相关政策。

以皮尔唐人事件为例，考古学家将一个拼凑的"人类"头骨，涂上类似于化石的颜色，并将其埋在英国皮尔唐附近，然后以此来欺骗科学界。此事件给英国学术界带来了一定的困扰。其实，在学术治理中，无论是哪一主体都有权知晓科研成果的各种信息，这就需要教育机构或学术团体及时公布学术成果、成果获得的路径及科研成果的其他信息，保护公众的知情权。但在一些学术试验中，部分学者为了获得自己想要的结果，可能会出现对公众的欺瞒现象。一旦技术不允许，公众就不可能对其进行相应的检测，这样便带来了学术欺诈，给各方带来不必要的伤害，因此随时保持研究的透明性才可实现真正的信息自由。

（三）《维护科研诚信协约》的内容与签署

2012 年 7 月 11 日，英国大学联合会基于 2010 年 9 月英国科研诚信未来工作组（UK Research Integrity Futures Working Group）的一份报告出台了《维护科研诚信协约》（*The Concordat to Support Research Integrity*）。该报告指出，如若解决了周遭的科研诚信问题，形成一个治理新系统，那么英联邦和科研工作者都将从统一标准中受益。

从该报告出台的目的来看，它旨在为科研工作者开展良好研究行为和管理部门进行学术治理提供一个国家层面的综合框架；从其签约方来看，有英国研究理事会（Research Councils UK，RCUK）、就业和学习部门（Department for Employment and Learning，DEL）、英格兰高等教育拨款委员会（Higher Education Funding Council for England，HEFCE）、威尔士高等教育拨款委员会（Higher Education Funding Council for Wales）、国家卫生研究院（National Institute of Health and Research，NIHR）、苏格兰拨款委员会（Scottish Funding Coun-cil）、英国大学协会（Universities UK）和维康信托基金会（Wellcome Trust）等；从其未来发展来看，支持者仍旧在增加，影响范围也在扩大。以 2012 年在英国心理学会主办的《心理学家》（*The Psychologist*）杂志上发表的《支持科研诚信》（*Supporting Research Integrity*）为例，仍有一些大学或是机构签署该项协议，来共同维护英国科学研究的严谨性和诚信性。

从《维护科研诚信协约》的具体内容来看，分为三部分。

第一，内容概述。

一是通过翻译与整理，《维护科研诚信协约》在内容上论述了研究会要开展的几方面工作：①在所有工作中坚持严谨和诚信的价值标准；②确保现在的工作符合伦理、法律和专业性义务；③形成一个支持严谨和诚信的高标准研究环境；④在处理研究不端指控中采用透明、完整和公平的程序；⑤为保障研究诚信机制的合理性和恰当性，进行持续的检测、必要的改善。[①]

二是《维护科研诚信协约》针对每一个方面进行了相关论述。以第三个方面为例，为了较好地渗透研究诚信文化，大学、研究机构、资助者、专业和代表性团体、规范性组织应以该协议为指导工具，积极形成良好的环境，支撑科学研究的发展。具体做法是：①有清晰的政策、实践和程序支持研究者；②给予研究者发展所需的适当学习、培训和监督机会；③完善的管理体系来保障涉及研究、研究诚信和研究行为的政策的实施；④研究者应意识到他们需要达到的高标准；⑤在研究早期阶段，识别研究环境中潜在的关注点，并提供必要的援助。

第二，处理研究不端指控。

《维护科研诚信协约》认为学术自由是产生良好研究的基本要素。

---

① 王丹：《英国科研不端行为治理文本研究》，硕士学位论文，河北师范大学，2016。

这意味着不端行为的发生与个体研究者有直接关系，然而，研究中的雇佣者和资助者在保障研究诚信的过程中也承担重要的角色。

首先，对学术不端行为的形式进行了规定，包括伪造、造假、抄袭、不符合伦理法律和专业性义务、不正确处理学术不端指控几个方面。值得一提的是其中不包括诚实的错误、在解释或判断研究结果时采取不同的研究方式，不涉及研究进程的不端行为。

其次，分析了研究雇佣者在调查中的基本责任，保障调查人员有足够的知识、技能、经验，他们有责任采取措施纠正调查中的任何情形。比如，实施惩罚措施，修正研究记录，向监管与法定机构、研究参与者、资助者和其他专业团体等报告任何行为，履行合约义务和成文的法律要求命令，明智地处理违纪案例。

再次，阐述了研究者的义务，一是在指控或参与调查中应该诚实，二是向各主体报告不端行为应以合适的方式。为了保护研究者，研究雇佣者应该有清晰、明确、保密的指控不端行为的机制，处理不端指控应该有完善、透明和公平的程序，保证研究者知晓指控的联系方式和程序，确保研究者不受到告发或迫害，给各主体提供调查信息，在研究者向专业团体提供信息上给予帮助。

最后，指出研究资助者的责任是对研究不端的组成要有清晰的预期、使受资助者意识到关于调查和报告研究不端行为时需被公开的需求。

第三，加强研究诚信的承诺。

《维护科研诚信协约》要求所有的签约方致力于发展研究诚信文化，提供处理机制，这是一项持续性工作，将会在人力、系统和程序方面满足变革需求，给英国科研诚信建设提供保障。因此，《维护科研诚信协约》要求签约者呈现一份年度报告，内容涵盖行为与活动的总结，为处理不端行为进程更加透明、完善和公平提供保障，为任何正规调查提供高水平的陈述，且使该论述公开化；定期审核他们的工作进程、政策等以保证完成任务；研究资助者、研究雇主和其他机构依据签约方提供的数据进行年度陈述；签约者应该相互学习和广泛传播良好实践，建议举办年度研究诚信论坛，以便各部门交流经验，吸取教训。

纵观英国国家层面的学术治理，包含政府出台的实践准则、法律中的相关规定以及现行的治理框架——《维护科研诚信协约》。虽然英国在国家层面存在一定的规范，但要指出的是它们并不具有法律效力，没有实际的管理权限，仅仅是作为一种行为规范存在着，是高校、第三方机构出台政策的依据。

三、日本国家层面对学术治理的探索

20世纪五六十年代，日本经济取得了前所未有的发展。1968年，日本GNP超越了原联邦德国，成为位居美国之后的资本主义世界第二经济大国。在两次石油危机的影响下，1975年，虽然日本经济开始转入低速增长，但直到20世纪80年代末，日本从未从世界经济优等生的行列中滑出，一度被称为"世界第二超级经济大国"。20世纪90年代初泡沫经济崩溃后，日本经济虽然陷入低迷，但日本以雄厚的科技优势、人才优势、资本优势和企业经营管理优势为基础，仍然是世界上经济发达的强国之一。[1]

如此强劲的发展离不开日本政府推行的"科学技术创造立国"方针。其实，一个国家或地区能否在未来的世界竞争中占有一席之地，在很大程度上取决于其是否具备一定的科技竞争力，这是维护国家安全、增进民族凝聚力的核心因素。科技创新已经成为各国推动科技进步与经

---

[1]　王玉珊：《日本教育及其在经济发展中的作用研究》，4页，北京，中国社会科学出版社，2012。

济发展的国家战略，日本同样如此。据报道，日本 2016 年的研发经费占 GDP 的 3.67%，排在世界的前几位，政府和企业资助科研才使得一些研究能持续下去并获奖。[①] 从日本诺贝尔奖获得上来看，截至 2016 年，日本已成为仅次于美国的第二大"诺奖大户"，有 25 人获得该奖项。[②]

但如此强大的科研实力和投入依然抵挡不住部分科研工作者们不诚实的科研行为。可以说，21 世纪之前，日本并没有出现过重大科研不端行为，一直保持着科研领域高投入高产出的成效，其科研成果给社会经济发展带来了巨大效益。正如日本学术会议（Science Council of Japan，SCJ）在其《科学家行为准则》（*Code of Conduct for Scientists*）中强调的那样："科学知识活动是人类生活不可缺少的一部分，知识产权应被全人类分享，科学家承担着促进社会健康发展的责任。"在这样纯粹的学术环境中，日本各层面管理者齐心协力维护日本科研声誉，为年轻科研工作者提供良好的学术氛围。

进入 21 世纪，日本研发经费的投入比例逐年增高。与此同时，日本科学界同样存在经费竞争激烈、非终身制人员急剧增长以及科研成果生产急功近利的现象，这在很大程度上动摇了科学家的学术诚信和学术自主性，从而使得科研不端行为日渐增多，一些震惊科研界的学术失范行为也由此产生。如日本旧石器文化研究所考古造假事件、小保方晴子 STAP 细胞事件、东京大学多比良和诚教授 RNA 数据造假事件、姐齿抗震强度伪造事件等[③]，这些事件给日本的科研环境带来巨大的冲击。鉴于此，为了维护日本学术界声誉，政府、学术机构、大学纷纷出台整治科研不端行为的具体措施，其中涵盖了应对科研不端行为意见、应对

---

① 张田勘：《日本再获诺贝尔医学奖的启示》，载《新京报》，2016-10-04。
② 韬略哥：《当我们抢房子的时候，日本人在抢诺贝尔奖！》，载《凤凰财经综合》，2016-10-07。
③ 主要国家科研诚信制度与管理比较研究课题组：《国外科研诚信制度与管理》，171 页，北京，科学技术文献出版社，2014。

基本政策、处理规程、研究者行为规范等，希望借此来遏制科研不端行为，完善学术治理制度。

日本政府主要通过两种方式向高校和公共科研机构提供科研经费。一种是运营费补助金（相当于事业费），主要用于支付研究人员以及辅助人员的工资，最低限度研究经费，研究基础运营费（保养、维护设施费用、设备费）等，这类经费成为高校和科研机构的主要经费来源，大概占总经费的70%。另一种是竞争性研究经费，也就是竞争性研究资金采取重点资助富有创新意识的研究人员从事独创研究开发的机制，主要由内阁府、总务省、文部科学省、厚生劳动省、农林水产省、经济产业省、国土交通省以及环境省等各省府来分配，包括科学研究费补助金、科学技术振兴调整费、战略性创造研究推进计划等，其中科学研究费补助金的资金规模最大，约占整个竞争性研究资金的50%。① 为了发挥科研经费的最大效益，遏制科研不端行为，日本首先从政府层面严格把守，相关部门纷纷颁布并完善法规、政策，推进日本较为完善的政策体系建设。

（一）20 世纪 80 年代出台的《科技工作者行为规范》

1.《科技工作者行为规范》颁布的背景

无规矩不成方圆，良好科学研究行为的产生，无疑需要一定的基本法规加以规范与指导，《科技工作者行为规范》（*Charter for Scientific Researchers*）的颁布就是基于对科学研究行为的规范与指导。就其颁布的背景而言，可以从食物领域的两次国际会议说起。

（1）关于食物领域营养规划的国际会议

1980 年 4 月 15 日至 18 日，中美洲和巴拿马营养研究所在危地马拉

---

① 王玲：《浅析日本独立行政法人研究机构研究资金的来源和用途》，载《世界科技研究与发展》，2007，29（4）。

安提瓜举办了一次关于食物领域营养规划的国际会议。[①] 会议的建议如下。

第一，向政府提出建议。

扩大粮食和营养规划的范围；为确定的人口制定紧急全球政策和直接行动方案，优先考虑较贫困阶层；为方案规划和实施创建多部门结构或系统；培训人力资源担任公共行政职务；为粮食和营养规划过程所需的具体结构和实际研究提供支持；获得社区全面参与，以改善社区成员的营养和健康状况；建立有效的协调机制，更好地利用国际资金和技术援助提供的资源。

第二，对大学的建议。

根据发展中国家的情况，扩大对粮食和营养科学家的培训；在经济、农业、教育和社会科学部门的课程中涵盖粮食和营养教学，并在医学和健康科学中加强；组织关于食物和营养规划的特别课程，以满足对稀缺人力资源日益增长的需求；举办有关公共事业，如关于全球发展中的粮食问题的研讨会和短期课程；赞助关于粮食和营养的生物和社会研究；协调在这一领域提供短期课程和研究生学位的大学之间的关系。

第三，对国家和国际融资组织的建议。

使技术和财政合作政策适应粮食和营养规划的项目目标；加强各组织与各国政府之间的协调，以便将所有资源集中在优先领域。

第四，国际合作。

发展中国家应通过建立国家机构来协调整合国际技术合作资源，主要依托一个规划办公室。

本次会议从政府、大学、国家和国际融资组织、国际合作视角指引了学术研究方向，提供了可供参考的实践指南，为开展高水平的科研活

---

① Scientific Meetings，"Food and Nutrition Bulletin"，*United Nations University*，1981（3），p. 61.

动奠定了学术基础。

(2) 萨赫勒①农村人口营养状况工作组会议

1980年4月28日在巴黎举行了萨赫勒农村人口营养状况工作组 (A Working Group on the Nutritional Status of the Rural Population of the Sahel) 的会议，由国际发展研究中心 (International Development Research Centre，IDRC)、国际食品科学与技术联合会 (International Union of Food Science and Technology，IUFoST)、国际营养科学联合 会 (International Union of Nutrition Sciences，IUNS) 和联合国大学 (United Nations University，UNU) 承办。② 会议取得了如下成果。

第一，一般性建议。

针对雨季萨赫勒地区村庄经历的非常严重的粮食短缺问题，认为应 该解决以下六个方面的问题：①应该加强谷物（小米和高粱）和豆科植 物的生产；②改进谷物和豆类的保存和加工技术；③推广使用由当地产 品制成的断奶食品；④通过提高母亲的照顾质量来解决儿童营养不良的 问题；⑤建议在萨赫勒地区的村庄鼓励一切形式的畜牧业；⑥解决供水 问题。

第二，研究性建议。

此次会议针对研究本身提出了一些要求。①样本容量太小通常会限 制研究结论的适用性，因此在这些研究中，抽样不具代表性不能用于规 划目的。②为了允许比较研究数据，必须仔细对待标准化测量和呈现结 果的方法。③必须特别注意测量幼儿的体重和身高。这些测量是在蛋白 质-热量营养不良的严重性和流行率方面评估群体营养的最可信和最常 用的量具。④在允许测量蛋白质-热量营养不良的程度的生化测试中，

---

① 萨赫勒是非洲南部撒哈拉沙漠和中部苏丹草原地区之间的一条超过3800千米长的地带，从西部大西 洋伸延到东部非洲之角，横跨塞内加尔、毛里塔尼亚、马里、布基纳法索、尼日尔、尼日利亚、乍 得、苏丹共和国和厄立特里亚9个国家。

② Scientific Meetings，"Food and Nutrition Bulletin"，*United Nations University*，1981 (3)，p. 61.

血浆白蛋白测试仍然是最重要的，至少对于横断面研究适用。⑤针对萨赫勒人群中贫血的高发病率，无论其目标是什么，都需要在每次营养研究中至少测量血液中血红蛋白的水平。为此建议使用血红蛋白测定仪进行分光光度测量氰基血红蛋白。⑥建议研究注重维生素 C 的摄取水平。⑦为了更好地对最贫困的个人实施干预方案，需要了解同一村庄的不同家庭群体和单一家庭群体中的不同成员之间不平等分配粮食的原因。因此需要全面了解萨赫勒农村地区的社会经济条件和每个不同族裔群体的饮食习惯。

第三，研究需求建议。

为了提高科研水平，此次会议提供了一些可供研究的主题、倡导提出新的评价方案、确定各国人体测量标准，为研究奠定基础。

两次会议尽管都集中在食物领域，但为实施良好的科研行为提供了参照物。它们对科研活动本身的约束便于学术工作者以身作则，更好地规范科研活动，维护科研最初的本质追求，产出高质量、高水平的学术成果。众所周知，学术无国界，20 世纪 80 年代初期的日本开始产能转型，以电子技术产业为中心的新兴知识密集型产业，逐渐代替重化工产业成为经济主导产业，成本高、耗能大的基础制造业被淘汰，电子技术和航空等高技术制造工业不断被扩大。经济发展离不开高要求的科研活动，甚至说更大程度上要依赖于国家重大科研项目。日本学术会议为了促进日本科学研究的良好发展，曾在 1962 年和 1976 年两次建议政府颁布《科学研究基本法》（*Basic Act on Scientific Research*），以确定其责任。日本学术会议准备并借此发布《科技工作者行为规范》，以补充拟议的《科学研究基本法》，并决定遵守本规范。基于此，日本学术会议公开了科学研究人员的责任，期望日本的研究人员按照规范完成任务。

2. 《科技工作者行为规范》的内容

科学通过理性探索真理，通过事实丰富人类生活，并在实践中应用成果。在科学研究中寻求真理和应用其结果属于人类最高的智力活动，从事这些活动的科学研究人员必须真诚地对待现实，排除任意决定，保持头脑的纯洁性。①

科学研究不仅是人类社会的需求，而且是科学研究者的责任，用以促进科学的健康发展。为了履行其职责，每个科学研究者都需要采取以下五点行动。

①研究者意识到自己研究的目的性和重要性，并为人类的福祉与世界和平作出贡献；

②捍卫科学研究的自由性，尊重研究和发展的原创性；

③重视科学各个领域的和谐发展，在广大公众中传播科学态度和知识；

④防止忽视和滥用科学研究，并努力消除这种危险；

⑤高度重视科学研究的国际性，努力促进与世界科学界的交流。

3. 《科技工作者行为规范》的实施效果

21 世纪之前，日本并未发生过震惊世界的科研不端行为，但从日本学术会议 2005 年 7 月发布的有关学术不端行为的研究报告来看，在此前的 5 年中，揭露有学术不端行为的学会有 113 个，占学会总数的 13%。②

2000 年，日本业余考古学家藤村新一往遗迹中埋入石器，随后将这些事先准备好的石器挖掘出来当作人类文明的证据——这一行径被埋伏的记者拍摄了下来；2006 年，日本大阪大学化学家杉野昭夫（Akio

---

① " 'Charter for Scientific Researchers' Issued by the Science Council of Japan", *United Nations University*, 1981 (3), p. 61.

② 中华人民共和国科学技术部：《国际科学技术发展报告 2006》，81 页，北京，科学出版社，2006。

Sugino）因学术不端被解雇；2013 年 11 月，日本爱知县警方以涉嫌伪造有印公文及违法使用伪造公文的罪名逮捕了中京学院大学原副教授久野辉夫等四人。[①] 一系列的学术不端行为昭示着 20 世纪 80 年代初的《科技工作者行为规范》并没有起到应有的规范作用。与此相反，日本学术不端行为屡有发生，使得日本政府不得不加大管理力度，继续出台应对措施，以期治理学术不端行为。

（二）综合科学技术创新会议政策

进入 21 世纪，日本接连发生科研不端行为，2005 年，日本政府部门相继出台了若干有关学术诚信建设或者防止学术不端的规章制度。随着日本对科学技术创新政策（Science，Technology and Innovation Policy，STI）概念的认知变化，日本科技体制也进行了改革。

科技政策中央咨询决策机构是政策形成机制中占有重要地位的决策机构，主要经历了两次改革。第一次是从科学技术会议（Council for Science and Technology，CST）到 2001 年的综合科学技术会议（Council for Science and Technology Policy，CSTP）。2001 年，日本政府根据《内阁府设置法》相关条例在内阁府成立了综合科学技术会议。它直接由首相负责，讨论议题覆盖科技政策方面的所有问题，在政策形成机制中占有重要地位。综合科学技术会议无论在规模、组织，还是权威、职责上都远远超过了其之前的科学技术会议。[②]

在综合科学技术会议管辖期间，2005 年 12 月出台的有关科学技术的政策意见中指出：国家和各科技工作者团体等都应制定研究活动的具体规则，同时，综合科学技术会议也将与政府各部门协作，共同制定相应的基本规则。2006 年 2 月，综合科学技术会议又发布了关于应对学术不端行为的专门文件，强调科学技术研究是一种基于研究成果累积的

---

① 张超：《日本频发学术不端行为 数千学者将接受伦理教育》，载《法制日报》，2013-07-30。
② 平立群：《日本科技创新政策形成机制的制度安排》，载《日本学刊》，2016（5）。

伟大的创造性活动，将虚伪带进这一真理世界的行为，不仅损害了科技工作者的诚信，还会阻碍研究活动的进行，会在很大程度上对技术发展造成负面影响。因此，全国科技工作者都要加强自律，同时，各科技工作者团体、政府部门、大学和研究机构也必须从不同的角度出发，为遏制科研不端行为制定相应的规范，采取相应的措施。2006 年 11 月，又对上述意见进行了修订，强调竞争性资金项目的管理部门及相关承担机构应加强对资金项目申请和实施过程中科研不端行为的管理。①

2013 年 9 月 17 日，综合科学技术会议分享了"第 5 回欧洲委员会生命伦理国际对话"的内容，主题为《研究安全和安全研究的伦理》（*The Ethics of Research Security and of Security Research*）。从内容上看，涵盖了会议程序、主要观点（非欧盟国家观点、国际组织的观点）、京都同志社大学教授龙一（Ryuichi IDA）的演讲三部分。

其中龙一的演讲从生命伦理学视角切入，将研究者个人信息、有目的地使用数据、数据保护与防泄露、研究者的不端行为以及研究者的安全纳入研究安全中。而安全研究是从军事安全、国家安全、信息安全、新威胁安全层面论述的，宏观上强调安全的重要性，以法律惩戒为终结。他在研究安全中指出了日本研究安全的现状，一方面强调学术安全的自主性，一方面点明日本最早做出的努力，即 1995 年日本学术会议出台的《学术不端行为报告》以及 2006 年建立的《科学家行为准则》。两个问题（研究安全和安全研究）的共同点是均考虑到了人权，无论是对研究者本身还是被试信息均要求确保保密性、自主性。

通过此次会议，日本与欧洲委员会互通了科学研究中的安全问题，对研究伦理尤其是涉及科学工作者和研究被试的安全问题进行了阐述，不仅完善了综合科学技术会议的工作内容，还给科研工作者带来了研究

---

① 主要国家科研诚信制度与管理比较研究课题组：《国外科研诚信制度与管理》，172 页，北京，科学技术文献出版社，2014。

新气息，为督促科研人员自律提供了学习空间。

2012 年 12 月，时任首相安倍晋三在发表施政方针演讲时，提出要把日本建设成为"世界最适宜创新的国家"，综合科学技术会议就是建设"世界最适宜创新的国家"的指挥部。因此，要对其统揽创新政策的职能加以强化，这需要进行彻底改革并制定具体措施，使其在权限与预算方面发挥前所未有的强大推动力。2013 年 6 月制定的《日本再兴战略》再次强调应"强化综合科学技术会议的指挥部作用，破除省厅间的纵向分割，在战略性领域实施政策资源的集中投入"。为进一步强化综合科学技术会议主导科学技术创新政策的功能，2014 年日本政府把综合科学技术会议改组为综合科学技术创新会议（Council for Science，Technology and Innovation，CSTI）。综合科学技术创新会议强化中央咨询决策机构作为指挥部的职能，构建由"政治家主导"的"自上而下"的政策形成机制，实现与原有的由"官员主导"的"自下而上"的政策形成机制的制度的对接与有机融合，进而推动政治主导型决策机制的建设。[①]

综合科学技术创新会议管理期间，于 2014 年 7 月 23 日以东京研讨会为契机，发布了《维护科研诚信，防止科研不端行为的良好指南》（*Best Practices for Ensuring Scientific Integrity and Preventing Misconduct*）。该指南涵盖了学术不端行为的种类与影响、处理不端行为的方式、针对不端行为指控的回应、调查学术不端行为、国际考虑、原因与阻止几方面。其中学术不端行为的种类包括学术不端行为核心，有关数据的不端行为，个人不端行为，研究实践本身存在的不端，出版过程中的不端，经济上的不端及其他不端行为（同行评审、滥用科研资助金、作出不实的或恶意的不当行为指控等）。

值得一提的是，其中涉及的调查学术不端行为并不是具体的调查过

---

① 平立群：《日本科技创新政策形成机制的制度安排》，载《日本学刊》，2016（5）。

程，它没有详细具体的审查流程，而是指出了调查机构需要考虑的问题，如成员人数及其隶属关系（来自指控有不当行为的机构内部/外部）、委员会成员需要的专业领域（包括专业/司法/程序性）、避免利益冲突（以及如何界定利益冲突），包括地方一级委员会对保护家庭机构声誉的潜在偏见。该指南指出，学术不端行为与个人研究者及其职业因素相关、与科学和研究企业不断演变的性质因素有关。其实无论是内因还是外因，日本学术不端行为并没有因为该指南的颁布而减少，正如结尾所说："以这些行为标准的存在来教育研究者，在制度层面展开对科研不端的讨论，设计一个透明可信的学术不端行为处理系统，公布已经调查的结果，将雇用、晋升和资助审查的过程精简合理化。"[①]

综合科学技术创新会议在 2014 年 9 月 19 日又提出了关于如何解决学术不端行为的报告，基于将调查者行为合法化，确保有关行为者采取的行动不是逐案反应，而是符合国际上通用的完整性方法，因此，对科学技术研究中的参与者提出如下要求。

1. 关于研究者和研究团体的要求

研究人员应重新确认其保持研究诚信的责任；通过课程和日常研究活动不断改进研究伦理；并在此基础上，将研究诚信作为其研究活动的一个组成部分。研究人员和研究团体应该努力培养一种文化，其中研究诚信受到高度尊重，如通过日常研究活动将已经获得的研究伦理传递给青年。

2. 关于研究机构的要求

预防。研究机构应继续开展有效的研究伦理教育和培训，并努力提高其有效性，在考虑到研究环境的多样性的同时还应建立一种机制，将研究完整性作为其运作的一个组成部分，并不断评估和改进这一机制，

---

① Peterson M J. "Best Practices for Ensuring Scientific Integrity and Preventing Misconduct", Organization for Economic Cooperation and Development, Paris, 2007.

以提高其有效性。

事后措施。研究机构应始终准备能够快速、准确地回应任何关于学术不端行为的指控。当发现学术不端行为时，研究机构应彻底调查不端行为的原因和背景，以防止类似案件再次发生，并制定有效措施。

3. 关于资助机构的要求

资助机构应努力采取措施以提高研究诚信，如要求研究人员在提出资助申请时参加研究伦理课程。

4. 关于相关部委的要求

相关部委应检查和评估学术不端行为，以确保其管辖下的研究机构诚信。

5. 关于科学技术创新委员会的要求

科学技术创新委员会应监督研究机构和相关部门的活动的总体情况，并在需要时与其进行适当的互动。科学技术创新委员会应提供一个开放平台，收集和共享信息，包括研究伦理教育和各种研究领域中常见的良好做法的信息，以确保个别行为者开展的活动能够整体运作。

报告指出，每个行动者都必须采取行动，充分认识到对学术不端行为的治理将有助于完成科学技术研究的任务，加强科学技术研究的力量，建立科学、技术和创新型国家。

综合科学技术创新会议在 2015 年 3 月 30 日公布了《推进日本开放科学——开拓科技进步的新时代》（*Promoting Open Science in Japan*：*Opening up a New Era for the Advancement of Science*）报告，以"开放科学"为研究视角，论述了"开放科学"的重要性，强调全球发展需要"开放科学"，指出对"开放科学"全球趋势的回应。在整个"开放科学"发展过程中，确保研究结果的质量和透明度是备受瞩目的，因此，开放科学专家组提出如下建议。

第一，必须设计系统，使公开的研究成果成为确保社会信任的手段。

第二，必须承认避免诸如未来几代人的无能，科学技术进一步发展的时代，确认或篡改过去成果等问题的可能性。为此，需构建能够提供物品和研究数据长期存储的平台。

第三，从防止学术不端的观点来看，公开披露文章和研究数据也很重要。我们必须采取步骤，确保科学技术进步和研究活动的透明度和公正性。

综合科学技术创新会议作为日本政府科技政策最高决策机构，在学术诚信建设过程中发挥着重要作用，随着机构名称的改变，相应的政策也随之而出。从 2005 年开始，综合科学技术创新会议不断提出纲领性报告，为日本各界科研团体进行学术规范提供了治理依据，同时也指导着政府其他部门根据自身特点出台应对学术不端行为的规章制度。①

（三）文部科学省政策

冷战之后，日本进入经济低迷和政局混乱时期，在五年的时间里，完成了行政改革。行政改革是桥本龙太郎时期提出的"六大改革"之一，对日本经济社会体制转型具有关键作用。这次行政改革的核心即中央政府机构改革于 2001 年 1 月正式启动，中央政府机构由 1 府 22 省厅减为 1 府 12 省厅。原文部省、科学技术厅合并为文部科学省（Ministry of Education，Culture，Sports，Science and Technology，MEXT），主要负责日本国内教育、科学技术、文化和体育事务，是科技政策操作平台。②它在学术诚信建设和防止学术不端方面也做了很多工作，出台了部门规章制度。

2006 年 8 月 8 日，文部科学省发布了关于应对科研不端行为的指南——与科研不端行为有关的特别委员会报告书。其中第二部分是关于应对与竞争性资金有关的学术不端行为的指南，分别从指南制定目的、

---

① ② 董武：《日本的行政改革及启示》，载《北京行政学院学报》，2005（6）。

不端行为的定义、举报受理、与举报有关的事件调查、针对举报者和被举报者采取的措施，以及对已经被认定为学术不端行为者采取的措施六个方面进行了系统规定。[①] 虽然其内容全面，但是缺乏足够的法律效力，对学术不端行为的治理力度有限。针对其缺乏足够法律约束力的弊端，文部科学省于 2014 年启动修订工作，并于当年 8 月 26 日通过了《关于应对科研不端行为指南》（「研究活動における不正行為への対応等に関するガイドライン」），自 2015 年 4 月 1 日起施行。

《关于应对科研不端行为指南》主要从基本理念、事前预防、应对程序、处罚措施四个方面增强了学术不端行为治理力度，强化研究机构在学术不端行为治理中的管理责任。

第一，关于学术不端行为治理的基本理念。既要严肃处理，又不能阻碍学术自由和大胆探索，必须铭记强化学术不端行为处理是为了活跃研究活动的初衷。

第二，关于学术不端行为的事前预防措施。为了实现对不端行为的事前预防，规定了两项具体措施。其一，形成抑制不端行为的良好环境，需满足四点要求：①研究机构应制定"研究伦理教育责任者"等必要制度，面向广大科研人员定期开展研究伦理教育，并要求教育责任者适当参与提高课程的学习。②各大学应结合专业领域的特殊性，针对学生开展研究伦理教育，使学生掌握有关研究伦理的基础知识，形成遵守研究伦理的规范意识。③资助机构应采取促进研究伦理教育的普及、固定和提高的措施，要求依靠其管理的竞争性资金开展研究活动的所有人员修读与研究伦理教育有关的内容，并为研究伦理教育者的知识和能力提高提供支持。④研究机构应保存研究人员在一定时间内的研究数据和资料，并履行必要情况下的公示义务以确保适当和有效地运用研究数据

---

① 主要国家科研诚信制度与管理比较研究课题组：《国外科研诚信制度与管理》，173 页，北京，科学技术文献出版社，2014。

和资料。其二，实施学术不端事件公开，要求文部科学省及时公布学术不端行为的调查结果，公开事件的概要和资助机构、研究机构的处理情况等信息，以此实现抑制学术不端行为发生的目的。

第三，特定学术不端行为的界定与处理程序。首先，要明确特定学术不端行为的定义。其次，要求资助机构和研究机构适当制定并公布与特定学术不端行为调查程序和方法有关的各项规则，确定负责不端行为处理的责任人及其职责和责任范围，彻底为举报人员保密，明确举报后的处理程序。最后，规定特定学术不端行为举报的受理、预备调查、正式调查、认定和申诉、发布调查结果的详细程序和方法。

第四，特定学术不端行为的处罚措施及管理责任。首先，资助机构可以根据调查认定的学术不端行为的具体情况采取以下四种处罚措施。①暂停批准学术不端行为人所涉及的竞争性资金项目或资金划拨决定；②停止划拨或指示相关机构停止执行资金划拨；③资助机构要求研究人员及其所在研究机构全部或部分返还已经分配的竞争性资金；④限制研究人员对竞争性资金项目的申请和参与资格。其次，明确规定了研究机构未遵守《关于应对科研不端行为指南》时需承担的管理责任。①文部科学省和资助机构可以针对研究机构体制不健全等问题，对研究机构附加管理条件并削减其间接经费。文部科学省每年度确认管理条件履行情况，若履行情况不被认可，则资助机构可以按照一定比例削减该研究机构下一年度以后的间接经费，上限可以达到间接经费总额的15%。②停止划拨经费。若达到可以削减的间接经费的最高额度后，研究机构仍然没有履行附加的管理条件，资助机构可以停止划拨该研究机构第二年度以后的竞争性资金。③延误学术不端行为调查的处罚。若发现特定学术不端行为疑似事件后，研究机构在缺乏正当理由的情况下延误调查，资助机构可以最高削减该竞争性资金项目在下一年度以后全年间接经费的10%。

综上所述，通过对日本关于学术治理的三个国家层面法规与政策的分析，可以得知，日本学术会议、综合科学技术创新会议、文部科学省三个政府下设机构通过制定相关法规与政策，分别就科学研究的基本规范、学术诚信体系建设以及国内教育、文化、科学技术与体育事业的发展做出了相应的规范与引导。具体而言，其主要从对科学研究者所应采取的行动，到各界科研团体学术规范的引导，再到应对学术不端行为指南的颁布，较为全面地反映了日本国家层面对制定学术治理法规与政策的探索。

四、丹麦国家层面对学术治理的探索

在较早时期，丹麦的学术领域就已经出现了学术不端行为，但当时丹麦并没有专门的管理机构来应对国内发生的学术不端行为。随着学术不端问题日趋严重，加上其他发达国家，尤其是美国对于学术不端行为治理力度的加大，丹麦也开始探索建立一个自上而下的学术诚信治理体系。

（一）丹麦科研不端委员会

经过多年的探索与发展，1992 年，丹麦医学研究理事会建立了丹麦境内处理学术不端行为的最高国家机构，即丹麦科研不端委员会。它隶属于高等教育与科学部（Ministry of Higher Education and Science），其秘书处位于丹麦科技创新署内。它使丹麦成为欧洲最早成立学术不端行为应对机构的国家。丹麦科研不端委员会向上连接高等教育与科学部、科学技术与创新部（Ministry of Science，Technology and Innovation）、科学技术与创新局（Bureau of Science，Technology and Innovation）三个负责管理学术研究、协调丹麦科研不端委员会工作的政府组织。它在上级部门的监督和管理下，进行学术不端行为治理及学术诚信建设。它向下对接丹麦民间的第三方科研组织，以及丹麦高校内部的科研管理机构，为下级组织处理内部的学术不端行为提供指导。

丹麦科研不端委员会在刚刚成立之时，内部成员主要包括一名高级法官、七名具有职业健康专业技能的委员，以及相应的七名候选人。当时，丹麦科研不端委员会受理案件的范围仅限于医学领域。经过多年演变，丹麦科研不端委员会作为国家层面独立的学术不端行为监管机构，已经于内部成立了三个子委员会，而且受理案件的范畴也已经扩展至在丹麦国内发生的或由政府有关部门资助的所有学术领域的不端行为事件。

丹麦科研不端委员会下设三个子委员会，分别为卫生与医药科学委员会（Committee for Health and Medical Sciences，USF）、自然技术和生产科学委员会（Committee for Natural Science，Agricultural and Veterinary Science and Technical Science，UNTPF）、文化与科学委员会（Committee for Social Science and the Humanities，UKSF）①。这三个子委员会均由一名主席、六名委员、六名候补委员组成。其中，卫生与医药科学委员会主要负责营养学等与人类健康相关领域的不端行为案件，处理范围包括科学和临床研究的各个层面，以及针对人类健康和疾病而做的动物样本实验。自然技术和生产科学委员会应对在自然科学、计算机科学以及数学等研究领域出现的不端行为问题，并进一步审查和讨论在技术、生产等方面涉及的基础研究案例，以达到从实践的角度处理问题，并拓展解决问题路径的目的。文化与科学委员会专项处理人文和社会科学范畴内发生的学术不端行为问题，范围涉及认知学、文字学、政治学、审美学、语言学、经济学、社会学和法学等学科。这三个子委员会的工作人员分别为对应领域的专家人士，如此，便保证了案件处理的专业性和规范性。与此同时，三个子委员会各司其职，所受理

---

① 三个委员会的缩写均为丹麦语，所以和英文单词首字母不能一一对应。

的案件各有侧重，保持了很好的独立性和公正性。三个子委员会所担负的任务和职责均包含学术不端行为的治理、不端行为的预防、学术诚信建设这三个层面。[①]

（二）学术治理相关法规与政策

为保障丹麦科研不端委员会顺利运作，政府相关部门还制定了一系列的法规、政策，构成法律制度体系，作为委员会高效而有序工作的坚实后盾。

1. 出台《研究咨询系统法》

2003 年 5 月，丹麦政府制定并颁布了《研究咨询系统法》（*The Act on Research Advisory System*），主要负责处理丹麦国内已经发生的学术不端行为案件，是丹麦科研不端委员会治理学术不端行为依据的最高法案。

首先，《研究咨询系统法》主要从法律视角对学术不端行为进行了界定。认为学术不端行为是指在申请、操作和提交研究成果过程中发生的伪造、篡改、剽窃，以及故意或重大失误等严重违反良好科学实践的行为。该定义与美国《关于研究不端行为的联邦政策》中的相比，适当扩大了范围。

其次，清楚地对丹麦科研不端委员会的职责和权限作了相应的界定。法案规定了委员会具有查处学术不端行为案件的责任。这些案件不但包括在丹麦发生或受雇于丹麦的人员操纵的学术不端行为案例，而且还涵盖由丹麦政府资助的对丹麦研究领域产生恶劣影响的学术不端事件。不仅如此，该法案还规定只要委员会认定某案件存在学术不端行为就可以插手调查，并接受丹麦科学技术与创新部的监督。

最后，规定了委员会受理案件的有关程序和处罚举措。主要包含：根据程序调查处理学术不端行为，并将结果和查处过程通知当事人；调

[①]　宇文彩：《国外科研不端行为的政府监管机制研究》，硕士学位论文，河北师范大学，2016。

查结束后根据要求向上级部门报送相关处理细节；提出相应的裁决建议，如停止研究计划，或者由相关机构监督科研活动等；通过与其他部门协作不断采取新措施加强学术诚信教育；定期总结委员会工作内容，并发布年度报告。

2. 颁布《丹麦科研不端委员会的行政令》

基于最高法案的指导，丹麦科学技术与创新部制定了《丹麦科研不端委员会的行政令》（*Executive Order on the Danish Committee on Scientific Dishonesty*），为治理学术不端行为案件提供了参照框架。

首先，在对学术不端行为进行定义的基础上，进一步明确了不端行为涉及的细节。《丹麦科研不端委员会的行政令》及其修订案指出学术不端行为具体包含以下几个方面：第一，篡改、伪造或毫无依据地更改和捏造研究数据；第二，无端删减或扭曲地显示研究数据和成果；第三，进行研究时选择模棱两可的科研方法；第四，未能科学地阐明科研结论；第五，抄袭或窃取研究成果，在署名问题上造假，为使研究结果符合自己的预想而虚构信息或数据。

其次，深入明确了科研不端委员会的结构和职责。它不仅明确指出了构成科研不端委员会的三个子委员会，而且对各个子委员会成员的选拔数量、聘用规则以及个人所应负有的责任给出了明确的规定。

最后，为三个子委员会在查处学术不端行为的流程方面做出了参照框架和行为依据。在《丹麦科研不端委员会的行政令》的指导下，三个子委员会各司其职，处理不同范畴内的学术不端行为。

3. 制定《丹麦科研不端委员会执行准则》

1998 年，丹麦科研不端委员会制定了《丹麦科研不端委员会执行准则》（*Rules of Procedure for the Danish Committees on Scientific Dishonesty*），于 2006 年生效。它与《丹麦科研不端委员会的行政令》共同明确了丹麦科研不端委员会的结构、人员组成及其职责，对学术不端行为的界定，以及丹麦科研不端委员会对于学术不端行为的调查处理程序和处罚措施等。

《丹麦科研不端委员会执行准则》明确了丹麦科研不端委员会的组成及各自职责。它不仅对委员会组织结构及其各自的管辖范围做了详细的说明和规定，而且对委员会主席、秘书处等负责人员以及机构的职责与权力进行了划分与明确。就主席的职责权限而言，《丹麦科研不端委员会执行准则》强调，丹麦科研不端委员会主席由一名经验丰富的高级法官担任，在各方做出案情分析的基础上，对该案件的受理有自主决定权，并将决定受理的案件按照需要分派给相应的子委员会，同时对各子委员会处理程序的一致性予以保障。就秘书处的职责权限而言，明确秘书处主要负责将必要信息与举证证据等及时传达给委员会主席和相关机构，以保证相关人员和机构充分占有举证材料与相关信息。秘书处协助主席和委员会搜集与整理相关的材料数据。另外，其职责还包括为临时委员会提供保密服务，以确保其查处工作顺利进行。《丹麦科研不端委员会执行准则》明确了丹麦科研不端委员会在处理学术不端案件时的调查程序和处罚措施等。丹麦科研不端委员会主要负责科研领域发生的不端案件，只要委员会认定某一案件会对人类健康和社会利益产生重大影响，不管有无指控方，都可自行启动查处程序。

案件被投诉到丹麦科研不端委员会后，委员会将根据案例所涉及的专业领域移交给相应的子委员会进行调查处理。在此基础上，相应的子委员会会将材料转交给被指控人，并要求被指控人在一定限期内提交书面答辩材料。此后，子委员会再将这些材料转交给指控人，并要求指控人在规定时间内对被指控人的答辩材料做出回应。这一过程要在指控人和被指控人之间反复数次，以保证材料的真实性和充分性。之后，委员会对该案件涉及的所有资料进行审查，做出是否受理该案件或将该案件移交司法部门的初步决定，并将结果告知当事人或相应机构。如果案件被受理，委员会通常会成立一个调查委员会对案件进行全面调查，该调查委员会通常由丹麦科研不端委员会的委员或候补委员构成。通过对相关案件的全面调查，调查委员会将调查实际情况、当事人回应，以及临时委员会的分析与建议形成研究报告，并提交给丹麦科研不端委员会。随后，丹麦科研不端委员会主席和相关成员对该案件做出裁决，并做出最终决议，将最终结果告知当事人或机构，且对外公布相关结果。在此调查过程中，当事人或机构如对调查委员会的处理结果有任何不满，可向丹麦科研不端委员会提出上诉，进而启动听证程序。

在不端行为证据确凿的情况下，丹麦科研不端委员会的委员们一般会根据委员会的相应准则形成一致意见，对案件做出处罚决定，然后由委员会和被指控人所在研究机构共同执行惩罚。该准则保障了当事人的权益，并对案件处理过程中的特殊情况做出具体说明。

在整个调查取证过程中，相关当事人不仅有上诉的权利，而且在遇到困难或遭到阻力时可采取倡议等方式得到相应的支持和帮助。另外，当事人或机构在案件没有结论之前有权维护自己的合法权益，如信息的保密权、知情权等。

为了增强案件每一个调查处理程序的可操作性，准则还专门就案件处理过程中可能遇到的一些情况做了以下几方面的说明和规定。①委员会通常会根据案件涉及的专业范畴交给某个子委员会，由该子委员会负责调查，但在案件涉及领域涵盖多个子委员会查处范围的情况下，委员会应依据案件重点涉及的内容，责令相应子委员会承担主要责任，而其他相关子委员会负责协助，来共同完成案件的调查处理工作。在此基础上，这几个子委员会发布联合声明。②倘若被指控方并非一个当事人，而是一个群体，委员会需弄清该群体中的各个成员涉及的研究及贡献，并由承担主要责任的子委员会做出有关决议。③如果被指控人想排除自身的学术不端行为嫌疑，他必须针对被举报的问题向委员会做出明确解释和说明，或者通过有力的证据来说明指控的无理性。④在委员会委员们共同商议的基础上，委员会对案件做出裁决。通常委员们会争取达成全体一致的决议，在委员们无法达成一致决议的情况下，要遵循少数服从多数的原则做出最终决定，并在公布案件结果时，对那些不同意见做出相应说明。

4. 发布《丹麦研究诚信行为准则》

2014 年 11 月，丹麦科研不端委员会的上级政府机构高等教育与科学部发布了《丹麦研究诚信行为准则》（*Danish Code of Conduct for Research Integrity*），明确了科学研究的每一过程都要严格遵循的原则，规定了各方面负责任研究的行为标准，说明了学术诚信在教育、培训和监督方面推进的方法，清楚地规定了处理学术不端行为时各部门的职责并给出了相关建议。

首先，在科研要遵循的原则方面，《丹麦研究诚信行为准则》明确了诚信、透明、责任制是整个研究过程都要严格遵守的三大原则。其中，诚信原则是指，研究人员要实事求是地报告研究目的、所用研究方法及数据、研究框架以及研究结果等，因此，不论是在科研资助申请、审查和评估环节，还是报告研究成果等阶段，研究人员均要秉承诚实、客观的态度。透明原则是为保障研究过程和研究结果的公正、真实而提出的原则，所以该原则要求公开报告相关利益冲突、研究规划、研究方法以及研究结论等。责任制原则指的是，明确研究过程中各个利益相关者的责任和义务，以从根源上确保科研过程的准确性和可靠性，从而防止权利不明晰而使有意向伪造、篡改和剽窃的不法分子有机可乘。由此可见，所有参与学术研究的有关人员或机构都要对研究成果的精确性和可靠性、研究诚信文化的形成、违反负责任研究行为的惩治三方面承担相应的责任。

其次，对于相关负责人的研究行为标准，《丹麦研究诚信行为准则》

主要在涉及学术诚信的六个方面明确了行为标准，包括研究计划与行为、数据管理、研究成果发布与通信、合作研究、写作署名、利益冲突的揭露和处理，并且对执行主体的职责权限进行了明确。具体而言，在研究计划与行为方面，明确了如何规范地使用研究方案、策略和协议等类型的工具，研究人员或机构有责任按照相关政策规定对研究计划进行评估、审查和管理。在数据管理方面，要求研究人员要对与之相关的全部研究记录负责，主要包括相关研究的储存方式、保留期限，以及保密和安全措施的选用等。在研究成果发布与通信方面，明确指出，研究人员要对研究成果发表方式、内容的分析和阐述，以及引用观点或文献的解说等承担相应的职责；同时，其他相关人员或研究机构也要维持研究成果传播、发表、评审等良好的科研氛围。在合作研究方面，提出全部合作方都要尽可能保障研究的真实性，并为合作研究在知识产权、数据应用、利益冲突等方面制定共同协议。在写作署名方面，对作者所具有的权利和应履行的义务，以及如何进行署名和相关研究贡献者如何署名等问题，进行了明确规定。对于利益冲突的揭露和处理，《丹麦研究诚信行为准则》同样做出了明确规定，研究人员应该对与其研究相关的利益冲突进行揭露，而在利益冲突的解决过程中，科研机构要采取合适的方式予以应对。

再次，就学术诚信教育、训练和监督而言，科研机构、科研人员，以及研究责任人和导师需要通过恰当的方式开展诚信教育，以对科研人员进行诚信教育、负责任研究的训练和监督。《丹麦研究诚信行为准则》明确提出，研究责任人和导师要依从准则的相关规定和负责任研究的行为标准对科研人员进行诚信教育、训练与监督，并在此过程中以身作则，以起到示范和榜样作用，从而确保研究过程的每一环节都严格按照规范标准执行。不仅如此，它还特别规定本科生（学士）、研究生（硕士）课程中应涉及关于学术诚信准则与负责任研究的介绍及相关内容。

此外，对于博士生和博士后课程，明确要求其包含具体的学术诚信教育及训练，并且对博士生和博士后也要开展学术诚信指导，进而保障该阶段诚信教学的实效性。

最后，在学术不端与负责任研究违规行为方面，《丹麦研究诚信行为准则》从制度层面对相关具体问题进行了规定。负责任研究违规行为主要包括两种类型：一是出现违反国家或研究机构规定的相关行为，但该行为并未包含在学术不端定义范畴之内；二是情节较为严重且触及学术不端定义范畴的行为，应由科研机构出面，建立一个负责任研究违规行为的专门监管机制，包括监管主体的委派、法规政策颁布、准则条例制定、查处程序规范等，以与国家层面的科研管理体制相互补充，从而更好地发挥其维护丹麦科学领域良好研究氛围的效力。①

五、德国国家层面对学术治理的探索

德国政府对于本国的学术治理除了建立相应机构，制定一些法规、政策之外，还侧重于对科研人员科研经费申请及使用情况的管理，而学术不端行为在科研经费使用方面的直接表现便是运用欺骗手段获得资金资助或贪污科研经费、公款私用等。德国从一开始就非常重视这方面的工作，建立了有效的反腐机构，颁布了相应的法规、政策，所以极少出现学术腐败、学术欺诈等现象。

（一）德国学术治理机构及相关政策

早在1993年，德国联邦政府就成立了反腐败工作机构——腐败案件清理中心（Corruption Case Clearance Center），设于检察院，隶属于司法部，主要负责对各种贪污、贿赂、渎职等腐败案件的受理。1997年1月，德国两名著名的癌症研究人员赫尔曼（Friedhelm Herrmann）

---

① 宇文彩：《国外科研不端行为的政府监管机制研究》，硕士学位论文，河北师范大学，2016。

和布拉赫（Marion Brach）被举报在 4 篇论文写作中涉嫌造假。德国腐败案件清理中心立即成立调查小组，对该事件进行调查并公布了几十页的调查报告。两人伪造数据的情况被彻底曝光，两人也被迫辞职。[①] 1996 年，德国联邦最高行政法院制定了处理学术不端行为的法律法规。[②] 1997 年，德国颁布的《反腐败法案》（*Gesetz zur Bekämpfung der Korruption*）提高了对贿赂罪的量刑幅度，加大了对各种腐败案件的处理力度。一旦被发现存在学术造假、学术腐败、伪造信用记录等不道德行为，都会受到一定的惩处，需要强调的是，德国把受贿处罚金额定为 5 欧元，连续三次受贿 5 欧元将会被开除公职。[③] 2004 年，联邦内政部制定了新的《联邦政府关于在联邦行政机构防范腐败行为的条例》（*Federal Government Directive Concerning the Prevention of Corruption in the Federal Administration*），加强了对腐败行为的预防，并在附件中将可能发生的腐败迹象主要分为两类：中性迹象和报警性迹象。它对腐败的标准进一步明确，更加有效地指导实践工作。

德国研究联合会（Deutsche Forschungsgemeinschaft，DFG）[④] 是德国政府中主要的科研资助机构，旨在促进基础研究、应用研究与工程研究，除了为科研人员提供资助外，还为联邦政府制定科学政策提供咨询服务，为工业与科研机构、机构与机构之间的交流与合作创造机会。1997 年，该联合会针对 20 世纪 90 年代发生的赫尔曼论文造假事件提交了《关于保障良好科学行为的建议》（*Proposals for Safeguarding Good Scientific Practice*）的报告，提出了涵盖良好科学行为的主要原则以及学术不端行为指控调查程序的六项建议。主要包括：①要求高校

①③　曹文泽、周燕、王冉国：《德国：大学教授搞学术腐败，曝光没商量》，载《检察日报》，2011-11-23。

②　王飞：《德国科学界应对科研不端行为的措施及启示》，载《长沙理工大学学报（社会科学版）》，2013（3）。

④　德国研究联合会 1920 年由德意志科学家提出成立，成立初期称作"德意志研究联合会"，现译为"德国研究联合会"。

和科研机构确立良好科学实践的规则，该规则包括一般性规则和针对特定专业领域的特殊性规则。②高校和高校以外的科研机构应制定良好科学实践规则，并要求其全体成员遵守执行。这些规则应是教学和年轻学术人才学习的重要内容。③根据学术单位规模的不同，各高校和各科研机构的领导有责任建成一种适当的组织架构，确保领导的任务、监督机制、矛盾冲突的处理和质量保障等分工明确，落实到位。④重视对年轻学术人才的培养。相关培养原则应由高校和科研机构负责制定，并让各个学术单位的领导对此负起责任。⑤高校和科研机构应指定深孚众望之人，独立开展工作，使其成员在遇到矛盾冲突和学术不端行为问题时能向其求助。⑥高校和科研机构应以质量与独创性优先于数量为评价尺度，制定考核、学位授予、晋升、雇用、聘任、科研资金分配等方面的绩效与评价标准等。高校和科研机构还应确立良好的科学实践规则，制定处理学术不端行为指控的程序等。1998 年 1 月 19 日，德国研究联合会学术自我管理委员会详细阐述了关于提倡良好科学实践和处理涉嫌科研不端行为的指南。2003 年 11 月，德国研究联合会召开了主题为"学术不端"的监察员代表联合研讨会，讨论内容包括各科研机构存在的不端问题以及监察员在处理问题行为时的职责、义务和惩罚措施等。

除此之外，德国物理学会（Deutsche Physikalische Gesellschaft，DPG）、德国社会学协会（Deutsche Gesellschaft für Soziologie，DGS）等机构也颁布了相应的学术规范。德国物理学会是德国最大的物理专家学会，主要资助、管理与评估德国物理方面的研究。它于 2007 年 7 月颁布了针对德国物理学会新成员的行为守则，主要包括道德准则、学术不端行为处理程序及协调员制度等内容，强调所有成员必须"做到诚实守信，对研究过程及成果要严格负责，禁止任何剽窃、欺诈等学术不端行为"。2014 年，德国社会学协会制定了学会道德守则，确保所有学会成员严格遵守"科学诚信性、客观性""个人权利的保障""科研评估"

和"专业管理人员"等原则，鼓励诚信、负责的科学研究，研究人员在具体研究中必须遵守相应的道德和伦理规范等。

（二）德国学术治理相关法律法规

德国作为一个典型的法治国家，对于学术不端行为惩处，在其《刑法》《民法》《版权法》与《高等教育法》（*Framework Act of Higher Education*）等相关法律中，均有一些细致的、操作性较强的条款与规定。德国《刑法》规定，随意处理或者事后更改实验记录等情节严重者，将按照《刑法》第 267 条、第 268 条关于"伪造文件""伪造技术资料"的规定予以起诉，并受到制裁；在申请项目资助过程中，研究人员出现"提供虚假信息""不正确陈述"等严重造假行为，根据《刑法》第 263 条规定其造假或试图造假的行为就可能受到惩处。对这些规定还有较为细致的说明，如果不正确陈述是因诚实的错误所致，其研究人员不会受到惩罚。可是如果研究人员剽窃他人成果谎称是自己所得，将会受到惩罚。即便是由于粗心、马虎使用了不准确的数据也将受到惩罚。如果研究人员的实验结果不可重复，仅凭一次性的实验数据来说明问题，同样会受到惩罚。研究人员由于伪造或篡改数据研发出新的治疗方法和药物，对受试者或他人健康造成人身伤害甚至死亡的，他可能因故意（德国《刑法》第 223 条、第 212 条）或疏忽（德国《刑法》第 222 条、第 223 条）导致他人伤害或死亡而受到惩罚。除此之外，德国还会根据《民法》等相关规定作出民事处罚。如对于因数据造假对他人造成人身伤害甚至死亡的，在给予涉事者刑事惩处的同时，还可以依据《民法》第 823 条的规定，以伤害罪进行惩治。如果评审专家在同行评议中滥用职权、徇私舞弊、将他人的观点据为己有或者给不该通过的项目开绿灯，根据《民法》第 826 条规定，研究人员可对评审专家不道德的行为提出控告等。

另外，如果研究者剽窃了同行的研究成果，未加声明或致谢，并且故意不承认，根据《版权法》第106条的相关规定，将因侵犯原创者版权的剽窃、抄袭行为而受到相关处罚并赔偿受害者的损失。《版权法》在第97条提出了详细的赔偿要求。德国《高等教育法》和各州的规范性政策均规定，凡是为一个研究项目或著作作出贡献的都应该在出版物中有所标明。这种规定适合所有出版物，不仅包括纸质印刷品，同时还包括网上资源或大众媒体等电子类形式的出版物。在出版物的开头或结尾标注每个人的名字并说清楚每个人的具体贡献，确保对文章作出贡献的所有人都获得相应的荣誉等。①

由此可见，德国政府非常重视学术不端行为治理工作，从一开始就积极制定、颁布相关政策，有效指导和规范相关机构的科研行为。无论是宏观上对腐败行为的惩治，还是具体有针对性的专门管制，都做了非常大的努力和尝试，尤其是联邦法律对学术不端行为的惩罚做到了细致入微，相关法律都有具体的条文来应对学术不端问题。像《民法典》第826条，《版权法》第97条、第106条等都对学术不端行为做了详细的处罚规定。这样做可以将对不端行为的治理上升到法律层面，国家法律与机构规范有效配合，双重制裁，双管齐下，既可以树立起法律权威，使科研规范与法律相辅相成，还能够有效防范学术不端，营造一种违规与违法等而视之的氛围，可谓一举多得。另外，德国对学术自治这一宪法权利非常重视，还没有建立专门防治学术不端行为的行政机构，而主要由学术机构来担负此职责。例如，德国研究联合会在20世纪90年代出现赫尔曼论文造假丑闻之后，立即成立了科学职业自律国际委员会，并于1997年制定了《关于保障良好科学行为的建议》报告。2000年，德国马普学会也颁发了相关科研中的道德规范的报告。该报告分五个章节对科研中的道德规范、出版和署名、项目和计划、利益冲突的处理等

① Stegemann-Bochl S，"Misconduct in Science and the German Law"，*Science & Engineering Ethics*，2000，6（1），pp. 57-62.

做了详细的说明。

六、澳大利亚国家层面对学术治理的探索

澳大利亚政府在大力支持科研工作的同时，也非常重视学术诚信制度建设，以确保其科研人员负责、诚信的科研行为。为此，澳大利亚政府从一开始就将资助的科研项目置于社会公众或专家同行监督的视域中，将科研活动实施、经费使用等情况公之于众，使信息完全公开。无论是立项申请，还是项目评审、评估等过程，政府都要求其保持极高的透明度，用以防止出现暗箱操作、学术欺诈及学术腐败等不端行为。为方便公开监督，澳大利亚还将有关科研活动管理的大量信息在网上直接公布。

（一）澳大利亚廉政体系

澳大利亚廉政体系具有较为高效和实用的特点，在沿袭西方传统三权分立治理结构的基础上，形成自己独特的体系，由行政决策的司法审议、投诉专员公署、审议办公室、无审查媒体、州立廉政公署、议会、大众质询机制七个子系统构成。它主要采用司法手段对有关人员追究法律责任，强调科研工作中的预防和监督。2007 年，澳大利亚在原教育、科学与培训部（Department of Education Science and Training，DEST）基础上成立创新、工业与科研部（Department of Innovation，Industry Science and Research，DIISR），通过制定与颁布相应的学术诚信政策与规范，指导和监督各研究机构对学术不端事件进行处理。作为国家的科研统筹管理部门，它发挥着推动国家科研事业发展、鼓励知识创新和科学研究、建设国家创新体系、推动工业可持续增长的重要作用。同时，为了更好地管理、协调和处理科研事宜，澳大利亚设置了三个决策咨询机构：首席科学家（Chief Scientist），总理科学、工程与创

新理事会（Prime Minister's Science，Engineering and Innovation Council，PMSEIC），科技协调委员会（Coordination Committee on Science and Technology，CCST）。它们主要针对科研事业发展和管理以及重大学术不端事件提出决策建议，以协调相关事务。

（二）澳大利亚国立健康与医学研究理事会及其相关政策

隶属于政府部门的澳大利亚国立健康与医学研究理事会（National Health and Medical Research Council of Australia，NHMRC）是澳大利亚规模最大、最具权威的医学研究资助机构。1990 年，澳大利亚国立健康与医学研究理事会颁发了《NHMRC 关于科学实践的声明》，明确了科研工作人员的职责，并在此基础上强调了正确科研行为的重要性。1992 年，澳大利亚国立健康与医学研究理事会还出台了一项有关国家健康与医学研究的法案，指出澳大利亚国立健康与医学研究理事会负责提出并制定有关学术研究的行为规范。1997 年，澳大利亚国立健康与医学研究理事会和澳大利亚大学校长委员会（Australian Vice-Chancellors Committee，AVCC）联合制定并公布了《NHMRC 与 AVCC 关于科学实践的联合声明与指导原则》，旨在通过提出一个关于"科研共同体对公众及自身责任"的"最低可接受性标准的综合框架"，给相关单位和研究人员制定各自的政策规范和处理程序提供参照标准和意见，倡导科学的科研实践，进而遏制学术不端行为。

2001 年，发生于澳大利亚新南威尔士大学的霍尔（Bruce Hall）事件，使政府与基层科研机构认识到，建立预防和查处学术不端行为的规章制度来提高研究人员的自制能力势在必行。随后，澳大利亚一直在努力探寻制定一种适用于全体机构和学科的通用条例。2007 年 2 月，澳大利亚研究理事会（Australian Research Council，ARC）、国立健康与医学研究理事会和澳大利亚大学校长委员会共同牵头，起草发布了《澳大利亚负责任研究行为准则》（*Australian Code for the Responsible*

Conduct of Research）。它适用于全体学科，主要对研究机构与个人如何较好地开展研究活动进行了规定与指导。《澳大利亚负责任研究行为准则》不仅明确规定了科研机构在制定和实施学术诚信规范和营造良好的研究环境方面应该承担的责任和义务，而且对其研究数据的记录和管理、研究人员的培养和监督、研究成果发表、作品署名、同行评议、利益冲突以及合作研究等方面的相关问题进行了详细规定。同时，它还就研究机构如何查处学术不端行为提出了指导意见和具体要求。例如，第一章第一条规定：为营造良好的科研氛围，必须坚持诚实守信；尊重人类研究及动植物研究的参与者；管理好应用于研究的公共资源；负责任的研究结果或数据分享等原则。第二条规定了研究机构的职责，包括：①促进负责任研究的开展；②建立良好的组织和管理体制；③负责教育培训，包括研究方法、道德标准、数据处理与保留等方面的培训与指导；④加强监督；⑤确保安全良好的科研环境。在数据处理方面，它规定机构要保留研究数据和原始材料，能够提供安全可靠的数据、信息储存设施，可以明确研究数据和原始材料的所有权，确保研究数据和材料的安全可信等。研究人员在处理数据时要细致：第一，确保研究方法、项目申请批准和研究过程等数据和信息的清晰准确；第二，确保提供和分享的研究数据和材料安全可信，即便它们未被使用；第三，提供相同的研究记录和保护设备，如实验室笔记本等；第四，保留研究数据，电子数据要在长时间内可被搜索和检索；第五，制定方便可行的研究数据目录等。它虽然不是以政府名义制定的规章，但是鉴于澳大利亚研究理事会和澳大利亚国立健康与医学研究理事会的影响力，事实上已经对全国科研机构的学术诚信行为构成了约束。

（三）澳大利亚科研诚信委员会及其相关法规与政策

虽然澳大利亚学术界非常重视科研机构的自主管理，但国家为了更加有效地保障科研诚信，澳大利亚联邦政府在努力加强学术诚信制度建设的同时，还专门成立了科研诚信监管机构。早在 2009 年 11 月，澳大利亚联邦政府就发布了由创新、工业与科研部以及两大国家科学基金机构——澳大利亚研究理事会、国立健康与医学研究理事会等共同起草的关于成立澳大利亚科研诚信委员会（Australian Research Integrity Committee，ARIC）建议的草案，开始就澳大利亚科研诚信委员会的筹建公开征询意见。2010 年，澳大利亚联邦政府科技部成立了科研诚信委员会，并于 2011 年 2 月公布了《澳大利亚科研诚信委员会章程》（*Australian Research Integrity Committee Framework*），对工作职能、责任和义务做了详细阐明。其中第三条规定，澳大利亚科研诚信委员会的主要职责就是通过审查的方式，对各科研机构或单位的学术不端案件调查处理活动实施程序性监督。在案件处理的具体过程中，任何单位或个人因某组织机构的调查处理活动而受到负面影响或者侵害，都可以对该组织机构在处理程序上的公平性、正当性等问题，向科研诚信委员会提出申诉请求。不过，澳大利亚科研诚信委员会实行的这种审查机制，具有较为突出的被动性，最明显的一点就是其审查监督的责任，一般而言仅针对学术不端调查处理活动的程序层面，不涉及涉案主体问题。对此，第三条还专门指出了六个不属于科研诚信委员会职责范围的事项，从消极层面进一步界定并强调了其职责范围：一是不予受理具体的学术不端行为举报；二是对于科研领域以外的不端行为调查问题不得进行审问；三是对于具体的学术不端调查结果不得进行审问；四是不过问依托单位做出的学术不端处理及处罚决定；五是不过问资助机构对受资助方学术不端行为做出的处罚决定；六是对没有处理完毕的程序问题不予过问，除非发现依托单位对某项可靠的举报予以故意拖延。

澳大利亚科研诚信委员会的主席由澳大利亚研究理事会和澳大利亚国立健康与医学研究理事会任命，同时由这两个部门直接管理。澳大利亚科研诚信委员会在每次调查结束之后，都要将有关调查情况向上级官员即澳大利亚研究理事会或澳大利亚国立健康与医学研究理事会的负责人如实汇报。而澳大利亚国立健康与医学研究理事会将根据情况向被调查单位或机构通报有关事宜并给予相应建议。需要强调的是，在某些特殊情况下，如果某一学术不端事件涉及联邦政府资助的研究活动，且单位在向资助机构提交的报告中，对于相关处理情况的汇报中存有隐瞒性、误导性或欺骗性信息等不端行为，则联邦政府将基于资助关系做出相应处罚。[①] 总而言之，澳大利亚科研诚信委员会的职责主要是通过审查的形式，对各学术研究单位的学术不端调查处理活动实施程序性监督，确保其能遵照《澳大利亚负责任研究行为准则》对学术不端行为投诉或指控做出正确反应。

从澳大利亚联邦政府在学术治理方面的表现中不难看出，其更侧重于制定相关学术诚信规范进行宏观指导与监管，由其下属科研资助机构制定、颁布具有全国影响力的学术规范和政策。例如，澳大利亚政府出台的由澳大利亚研究理事会、澳大利亚国立健康与医学研究理事会和澳大利亚大学校长委员会联名起草的《澳大利亚负责任研究行为准则》；2011 年 2 月，澳大利亚科研诚信委员会公布的《澳大利亚科研诚信委员会章程》等。其中《澳大利亚负责任研究行为准则》是作为一种适用于全国科研机构的普遍性规范，相关机构都必须按照此准则来进行学术治理；而澳大利亚科研诚信委员会颁布的《澳大利亚科研诚信委员会章程》是作为一种纲领性文件，明确政府的职责和义务，这表明科研诚信委员会只是作为监督机构存在，并不直接介入学术不端的治理工作。同时澳大利亚政府非常重视基层科研组织的自治能力，将学术治理的主导权让位于基层科研机构，充分发挥基层科研组织的积极性和主动性。

---

① 唐伟华、王国骞：《澳大利亚联邦政府学术诚信法律制度概论》，载《国家行政学院学报》，2011 (6)。

第二节　非政府机构关于学术治理的探索进程

　　各国对学术治理的探索不仅包括国家层面制定与实施相关政策与法规，而且非政府机构探索也是不可忽略的。各国非政府机构对学术行为的治理不仅包括通过制定与实施相关政策来规范科学研究活动或通过教育、宣传来保障学术诚信的良好持续，而且对于国家层面政策与法规的制定与实施也起到了重要的推动作用。需要明确的是，各国非政府机构关于学术治理的探索并不是其国家层面相关行为或规定的衍生或附属品，甚至在有些国家如英国、德国、澳大利亚等，其非政府机构开展的学术治理具有更为明显与实际的效果。

一、美国非政府机构对学术不端行为治理的探索

　　根据形势要求和 2000 年《关于研究不端行为的联邦政策》规定，美国非政府机构——美国国家学院（National Academics）与美国科学促 进 会（American Association for the Advancement of Science，AAAS）、美国物理学会（American Physical Society，APS）、美国化学学会（American Chemical Society，ACS）等通过颁布和实施一系列的相关政策，来治理学术不端行为。此外，还有为支持大学生诚信教育而设立的美国国际学术诚信中心（International Center for Academic Integrity，ICAI）。

　　美国国家学院主要包括国家科学院（National Academy of Sciences，NAS）、国家工程院（Academy of Engineering，AE）、医学研究所（Institute of Medicine，IOM）、国家研究理事会（National Research Councils，NRC）四个机构成员，主要负责科学家行为规范、科学道德、研究伦理、学术诚信的研究，以及教育培训和宣传推广等一系列相关事务。美国国家学院及其四个机构一直处于执行美国政府政策与法规的前沿，而且对相关政策与法规的制定及修正均起到了积极的推动作用。例如，在 1989 年，医学研究所陆续制定并出台了《健康卫生科学中的负责任研究行为》（*The Responsible Conduct of Research in the Health Sciences*）、《学术或研究型企业中的政府－大学－产业合作或协商研究之科学与技术》（*The Government University Industry Research Roundtable's Science and Technology in the Academic Enterprise*）两份研究报告。1992 年，国家科学院制定并发布了《负责的科学：确保研究过程诚信》（*Responsible Science：Ensuring the Integrity of the Research Process*）。

美国物理学会对于学术诚信也非常重视，2005 年"四月会议"召开期间，专门设置了"政府的科学诚信"专题，时任白宫科技政策办公室主任马伯格先生，受邀进行了相关主题的发言。美国物理学会共提出八个与道德观和价值观相关的声明，其中有五个与研究诚信直接相关。例如，美国物理学会在 2002 年修订的有关职业行为的指南中明确提出"诚实是科学道德的基础"，学术诚信既能够反映物理学家自己和所在单位的信誉，又能够反映出物理专业在科学同行、政府和公众心目中的可信度。尽管美国物理学会对科学道德和研究诚信非常重视，基于指南、声明等方式对会员进行指导，但未对具体的违规行为做出调查与处理的相关规定。

美国化学学会对会员提出了很高的道德标准：1937 年的《学会规章》中明确提出了"通过高水平职业道德标准、教育和成就，提高化学家的成就"的目标；1965 年在《化学家信条》（*The Chemist's Creed*）中指出，化学家对公众、同行和科学负有职业责任；1994 年，对《化学家信条》进行了修订，明确了化学家对公众、化学科学、职业、雇主、雇员、学生、助手、客户等的职责；除此之外，还对"化学家"这一名词作出界定，并对学生、博士后、教职员工和机构之间的相互职责进行了规定。综上所述，可以看出，美国化学学会并没有对会员的学术诚信进行直接管理，只是向化学家"推荐接受并实施指南"。

1992年，美国国际学术诚信中心成立，共包含美国200多所高校、教育组织以及500多位知名学者。它主要负责相关会议、出版物的发起，致力于学术诚信方面的信息在成员之间分享交流，得到威廉和弗罗拉·黑尤赖特基金会（William and Flora Heyyoulet Foundation）、约翰·泰姆普雷顿基金会（John Tam Preton Foundation）的支持。其网站提供了由罗格斯大学唐纳德·麦凯布（Donald McCabe）主持的关于大学生学术不端问题的研究项目，努力向公众传递"学术诚信问题至关重要"的信息。美国国际学术诚信中心使得大学对学术诚信问题的界定迈出了重要一步。其主要通过学术诚信评估指导对相关成员学校进行评估，对各学校学术诚信氛围的建立作用重大。主要涉及对当前学术诚信项目与政策进行评价；对教室、图书馆和考试教室的设置进行评价；需要加强的鉴别领域——从制裁到教育项目；发展特殊计划，改进对学术诚信标准的遵守程度；强调校园中关于学术诚信的对话；提高教师、学生和管理者对学术诚信项目的了解程度等。这些评估指导对各成员高校明确学术诚信标准，形成学术诚信氛围，以及对大学生学术诚信建设均起到了积极的推动作用。

除此之外，美国大学联盟（Association of American Universities，AAU）、美国医学院联盟（Association of American Medical Colleges，AAMC）、美国医学研究所、国家科学院等团体的活动对于促进学术诚信也发挥了重要作用。例如：1953年，美国大学联盟发布了《大学和员工的权利和责任声明》，提出大学应该对违反学术诚信的问题进行判决和惩罚；2005 年 9 月，美国医学院联盟主席在联盟月度报告中提出了"研究诚信是第一工作"的口号；1989 年，美国医学研究所发布报告，建议代表研究团体的相关科学组织开展相关培训活动，促进研究诚信的宣传；1992 年，国家科学院、国家工程院和医学研究所共同开展了一项关于学术诚信影响因素的调查研究，在此基础上发布了名为《负责任的科学》（*Responsible Science*）的研究报告。[①] 此外，许多学术组织意识到，虽然道德规范很重要，但促进学术诚信等道德观念的形成还有很长的距离，还需要通过一系列的活动予以加强。1999 年，美国科学促进会通过相关调查发现，57% 的团体已经或准备开展促进研究诚信的活动，活动种类多种多样，主要包括：在年会或区域会议中涉及与学术诚信相关的内容、成立道德委员会、在专业期刊开设专栏或发表有关文章、印制研究道德的发行物、召开研讨会、设立讨论小组、开展导师项目、针对学生及培训人的特别活动，以及对开展诚信研究的模范会员进行奖励等。[②] 总之，高校的教学、科研职能使高校与校外学术团体之间向来就存在千丝万缕的联系。研究者除了受学校学术诚信政策的内部约束之外，同时也处于所在学科专业学术团体学术诚信规定的外部约束之下。因此，学术团体在高校建立学术诚信道德标准中具有十分重要的作用，各学术团体促进学术诚信的举措也会对高校学术诚信行为产生正面影响。

二、英国非政府机构对学术不端行为治理的探索

在学术治理中，英国政府并没有实际的权力，而是将权力下放给第三方机构和高校，让它们处理科研活动中的学术行为。第三方机构是指

[①] 杨艳：《美国高校学术诚信制度建设研究及启示》，硕士学位论文，首都师范大学，2011。
[②] 秦艳：《美国大学生诚信教育及其对我国大学生诚信教育的启示》，硕士学位论文，西南大学，2009。

独立于政府和大学之外的服务机构，自己独立承担责任，独立构成学术治理主体。在学术治理中具有典型特点的第三方机构有英国研究理事会、英国研究诚信办公室（UK Research Integrity Office，UKRIO）、科研诚信前景工作小组（Research Integrity Foreground Working Group，RIFWG）。

（一）英国研究理事会

英国政府对教育来说是以引导者的身份存在的，它并不直接干预教育发展，而是通过财政预算来间接管理教育事业。英国政府管理教育的执行者就是英国研究理事会，它通过财政拨款来资助大学和科研机构进行科研活动，推进英国科研发展，提升英国的综合国力和国际竞争力。2002 年 5 月，英国研究理事会经过一系列重组与合并后掌管七大理事会[①]，按照霍尔丹原则[②]分配科研资金。因此，七大理事会也成为政府的延伸，虽不属于政府部门，却是依据英国皇家宪章建立的独立法人实体。这样，英国研究理事会便具有了协调各理事会之间工作的角色，推进英国各领域的研究。

1.《保障良好科学行为声明》

1998 年 12 月，英国研究理事会的总司长和首席执行主任发布《保障良好科学行为声明》（*Safeguarding Good Scientific Practice*），囊括了避免学术不端行为和确保良好科学行为要素两部分。第一部分，基于越来越多的学术不端行为，各资助主体强烈要求英国研究理事会出台管理准则，约束学术行为。同时指出捏造研究成果、抄袭、不当引用都是学术不端行为。第二部分，指出了良好科学研究的内涵包括"科研工作的基本要素，即维持职业操守、研究结果成文、分析自己的发现、如实承

---

① 艺术与人文科学研究理事会（AHRC）、生物技术与生物科学研究理事会（BBSRC）、工程与自然科学研究理事会（EPSRC）、经济与社会科学研究理事会（ESRC）、医学研究理事会（MRC）、自然环境研究理事会（NERC）、科学与技术设施理事会（STFC）。

② 所谓"霍尔丹原则"，即资助研究项目的决定权最好由研究者掌握。

认他人的贡献；研究团队中的领导和合作；对青年研究人员有特别需求；妥善保存原始数据"。在这四个方面的论述中，首先，发布者表达了对良好科研活动的期许。其次，要求各研究机构大力宣传该准则，且要有必要的培训计划和教材。再次，要求各机构建立调查学术不端行为指控的程序，其中要涵盖对举报人和被告的权利保护，同时，该程序还要得到大家的认可。最后，分配了评判工作的专家和委员的职责，要求管理层采取必要的保密措施，不得泄露个人信息。

2.《良好科研行为管理的行为准则和政策》

随着学术不端行为频出，世界各国纷纷制定学术治理措施来遏制本国学术不端行为的发生。2009 年 7 月，英国研究理事会发布《良好科研行为管理的行为准则和政策》(*Code of Conduct for Responsible Research*)，具体内容包括：①良好科研行为管理指南；②良好研究行为准则；③不可接受研究行为的报告和调查准则。2013 年 2 月，英国研究理事会对其进行了修订，内容上也进行了改动，调整为：①良好研究行为的适用范围和期望；②改善良好研究行为的准则；③学术不端行为；④报告和调查学术不端行为的准则。

就具体内容而言，它适用于高校、研究机构、研究委员会的所有研究人员、管理人员和申请研究者；期望将良好研究行为渗入具体实践中；学术不端行为包括捏造、篡改、抄袭、误传、违反谨慎原则、处理不端行为指控不当六个方面。就具体调查过程而言：首先从非正式询问开始，谨慎调查证据和给原告提供陈述机会；其次依据证据的性质决定是否进行正式调查，在这个阶段除了成立调查小组进行相关调查外还要尽量避免小组成员间的利益冲突，保证调查的公平性和准确性；最后是进行制裁。它特别强调，在经过调查后发现学者没有学术不端行为或者指控被撤回，机构必须保护个体利益，公示结果并告知资助者继续进行资助。

（二）英国研究诚信办公室

2006 年，英国研究诚信办公室由英国高等教育基金会（Higher Education Funding Council for England，HEFCE）、各科研委员会、政府部门和英国制药工业协会（Association of the British Pharmaceutical Industry，ABPI）共同支持创建。它是一个独立的慈善机构，为公众、研究者和机构在医学等科学研究领域提供良好的实践指导。英国研究诚信办公室成立之初就定位于改善医学等科学研究的行为与管理，分享关于处理不端行为、非伦理行为的良好实践，在特殊研究项目、案例、问题和争议等中给予保密性、独立性和专家性建议。2014 年，英国研究诚信办公室处理了 90 多个案例，遵守其准则的成员逐年增加，包括 50 多所大学以及一些资助主体和专业性组织。

1. 《科研不端行为调查程序》

2008 年 8 月颁布了《科研不端行为调查程序》（*Procedure for the Investigation of Misconduct in Research*），作为调查研究中欺诈和不端行为指控的手册。其中的调查程序已经被许多大学、国家卫生服务部门、维康信托基金会等采纳，是解决学术不端和欺诈行为指控的一个程序系统，能够全面、客观、公平、灵活地解决重要问题。《科研不端行为调查程序》分为三部分，第一部分分析使用该程序的背景，用于解决一些不理解或是不一致的相关行为；第二部分论述预备步骤，指出要有指定人员和预备人员，并规定了各自的责任，同时要求进行符合原则的调查工作，最终提供一个报告；第三部分是程序，包括调查的四个步骤即初级阶段、预选阶段、筛选阶段和正式调查阶段。

在初级阶段，指定人员首先要审核举报的性质，其次要考虑是否对调查人员、当事人等采取保护措施，以免他们受到不必要的伤害，最后要确保过程中信息的保密性。在预选阶段，一方面要保证信息和证据的安全；另一方面要对举报人呈上来的材料和记录进行备份，保留副本。

这两个阶段，时间限制在 10 个工作日内。在筛选阶段，要鉴别举报行为的正确性，对于恶意的、轻率的、诬告性的举报不予受理，对于有一定可信度但又不绝对可信的则要成立筛选小组，由它来衡量举报的可信度，同时将结果上报给指定人员以及举报者和被举报者，让他们评述报告的事实准确性。在正式调查阶段，应首先建立调查小组，要与被举报者和举报者面谈，秉承尽快调查的原则。他们不会按照既定的时间表行事，调查小组要及时向指定人员上交月度调查报告。除非出现特殊情况，否则该报告不会被修改。该报告内容应包含总结调查行为、记录所有不同意见、就调查期间认定的学术不端行为给出建议、陈述是否支持举报几个方面。

2.《科研行为准则：促进良好实践，阻止科研不端行为》

2009 年 9 月，英国研究诚信办公室出于对良好科研行为的鼓励以及对学术不端行为阻止的考量，颁布了《科研行为准则：促进良好实践，阻止科研不端行为》（*Code of Practice for Research：Promoting Good Practice and Preventing Misconduct*），成为科研人员和机构进行高标准研究的一个参考工具，提醒他们在进行研究的过程中要时刻遵守法律和伦理要求，明确自身所承担的职责。

从内容上来看，它将力争优秀、诚实、诚信、合作、负责、培训和技能、安全作为科研人员应遵守的原则，从总的指南、领导和监管、培训和辅导、研究设计、合作、利益冲突、涉及人和任何数据的研究、涉及动物的研究、健康和安全、知识产权、经费、数据收集、同行评审、学术不端、发表与原创作者、监督与审议方面进行了论述，对整个研究活动中涉及的方方面面都给出了理论性论证，为旗下的科研人员开展学术活动提供了理论支持，有助于开展规范的学术研究。

下面以"知识产权"为例分析英国研究诚信办公室的规范。在进行科学研究前，"研究机构和研究者应该签署知识产权合同或协议"，其中知识产权包括研究数据、研究结果、想法、过程、软件、硬件、装置和设备、物质和材料、艺术和文学作品——包括学术和科学出版物。在研究中，"研究机构和研究者不得在结果公布前披露研究内容，否则会带来商业产权问题"，还要求机构和研究员"遵守其资助团体有关知识产权规定的政策"，机构应该"表明标准不适用的情况，如大学放弃在期刊和书籍中出版的文章的版权"，研究人员应该"尝试预测可能出现的任何问题，事先与所有成员商定并解决该问题"。

英国研究诚信办公室的这些政策中，有调查程序指南，有良好科研诚信规范，有翔实可操作的准则为所有的科研人员提供了行为对照表，给管理人员带来了执行中的便利。英国研究诚信办公室已经变成一个被担保的有限公司，虽没有正式的法定权力，但承担着为雇主和公众提供建议与服务的责任。

（三）科研诚信前景工作小组

2009 年春季，英国研究理事会、大学协会和卫生部联合成立了科研诚信前景工作小组，主要负责对英国有关研究诚信的已有安排加以衡量、2010 年以后关于研究诚信的其他安排、任何涉及利益相关者和举办者关系问题的结构和管理安排、资金和资源需求、研究者与举办者所需要的服务等几方面。2010 年 9 月，科研诚信前景工作小组发布了报告，认为英国应该建立一个全国性的机构，以便应对各个学科和研究机构面临的共同问题。该报告在内容上涵盖了背景介绍、工作程序、当前英国地位的优势与劣势分析、之后五年的主要需求、清晰划分定义、实施建议等方面。科研诚信前景工作小组希望每年能从政府获得经费，虽不具备监管职能，但可以为科研诚信问题提供建议、搜集数据、提供保证，推进英国学术诚信建设。

三、日本非政府机构对学术不端行为治理的探索

(一) 科研机构对学术不端行为的治理

根据北京市科学技术研究院对日本科研机构的分类，本书主要将其分为科研资助机构和研究机构两类。第一类包括日本学术振兴会（Japan Society for the Promotion of Science，JSPS）、日本科学技术振兴机构（Japan Science and Technology Agency，JST）和新能源与工业技术发展组织（New Energy and Industrial Technology Development Organization，NEDO）；第二类主要以日本产业技术综合研究所（National Institute of Advanced Industrial Science and Technology，AIST）和理化学研究所（RIkagaku KENkyusho/Institute of Physical and Chemical Research，RIKEN）为代表，这些研究机构大多隶属于文部科学省、经济产业省、总务省和环境部。本部分以日本学术振兴会和理化学研究所为例进行介绍。

1. 日本学术振兴会

2003年10月1日，日本学术振兴会成立，主要由文部科学省负责管理。其目的主要是推动日本学术研究、资助培养研究人员、促进国际学术交流并组织开展与学术振兴有关的业务活动。日本学术振兴会对学术不端行为治理的相关措施受到文部科学省关于如何处理学术不端行为相关政策的影响。2006年12月，日本学术振兴会制定了适用于其所管理的资金和项目的应对学术不端行为的指南，成立了受理学术不端行为投诉的办公室。指南规定，关于学术不端行为的投诉一般由投诉对象所在机构进行受理，只有所投诉行为详细、有相关人员信息或有明确证据时该机构才会受理。正常情况下，投诉对象所在机构成立调查委员会进行调查，将调查结果报告给日本学术振兴会。对于确定的学术不端行

为，日本学术振兴会有权结束相关资金资助，并要求退还未使用的经费；拒绝相关项目负责人有关其他项目的申请；对于发表论文的相关作者及其他相关人员，依据情节轻重拒绝其 2～10 年内申请日本学术振兴会项目。

除了这些通用的学术不端行为处理措施，日本学术振兴会还出台了针对竞争性项目的处罚规定，并进行了明确说明：首先是终止资助，讨回部分或所有已拨付的资金；其次是涉嫌学术不端行为的人员将不允许继续申请项目；最后是规定涉及学术不端行为的研究人员将被禁止申请竞争性及其他公共资金资助项目。同时还指出，这些惩戒性措施及相关信息要及时向公众披露。

2015 年 4 月，日本学术振兴会出版的著作《科学的健康发展：诚实科学者心得》，以"怎么进行科学研究"为切入点，从研究活动责任、研究计划、研究实施、研究结果呈现、如何进行合作研究、合理使用研究资金、确保高质量科学研究、社会项目等方面进行论述。日本学术振兴会希望这本书能够在日本研究的各个领域得到推广和应用。

这本书在研究活动责任中将"学术诚信"着重指出：科学研究是建立在科学家诚实承担科学研究的基础上，科学家在计划开展、实施、结果汇报等方面要时刻践行学术诚信；科学家要致力于构建良好的科研环境和伦理氛围，还要正确评估和尊重其他研究者的研究成果。在研究实施中指出了由日本学术振兴会认定的学术不端行为，包括适用于研究活动和研究者的对科研数据的捏造、伪造和抄袭三种，并通过列举美国贝尔实验室造假和日本代文药物造假两个实例来说明。

在这本书中，日本学术振兴会对学术研究活动中可能出现的有争议性的问题进行了规定，无论是强调学术诚信的重要性还是界定学术不端行为，又或是对个人数据的保护、对作者署名的规定、科研合作、科研资金的使用等方面都进行了明文说明，而且将其置于网站首页，便捷的获得渠道凸显了该书的重要性。

2. 理化学研究所

1917 年，涩泽荣一成立了一个大型自然科学研究机构，即理化学研究所。该研究所隶属于文部科学省，大约由 3000 名研究人员组成，每年的预算大概 62 亿元人民币，研究经费主要来自政府，是日本唯一的自然科学研究所。它涉及的研究领域非常广泛，主要包括物理、化学、生物学、工学、医学、生命科学、材料科学、信息科学等相关领域。该研究所在日本享有较高的学术声誉。

2004 年，理化学研究所发生了第一例学术不端事件，两位研究者对 DNA 分析结果的数据进行了篡改，并将结果以三篇论文的形式发表在美国医学期刊上。学术上的造假给理化学研究所带来了极大的声誉影响，但是，当时无论是在国家层面还是在机构层面都没有针对学术不端行为的正式制度与文件。理化学研究所对其进行了内部调查与解决：先是内部专家开展初步调查，然后由内部和外部专家成立调查委员会。在检查试验记录、与相关人员沟通后，理化学研究所采取了一定的惩戒措施。理化学研究所建议主要作者以及第一作者撤销论文，同时解聘相关工作人员。

事件发生以后，理化学研究所开始制定有关学术不端行为的内部制度，并于 2005 年 11 月 2 日，出台了相关声明，指出科研人员对待科学研究应该始终保持自律、诚信的探究态度与精神。理化学研究所是日本殿堂级研究中心，遗憾的是它已然存在捏造、伪造、抄袭等学术不端行为。科学家必须意识到科研活动中的欺骗是背信弃义、卑鄙的行为，它辜负了社会的期望。以此要求科学家努力做到以下几个方面：第一，在任何时候都要捍卫对真理的追求，不能欺骗他人；第二，不能默许来自其他人的欺骗；第三，作为监督管理人员，要时刻保持对下属科研人员的监督，使他们没有机会进行学术不端行为活动，还要保障所有的实验数据以及文档都得到合理保存；第四，论文及专著的作者，有责任并必须时刻准备为其研究结果进行客观解释和支持。

2006年1月23日，理化学研究所公布了关于如何应对学术不端行为的政策，界定了学术不端行为，将伪造、篡改、剽窃（Forgery，Falsify，Plagiarism，FFP）作为该机构认定的学术不端行为；指出该政策适用于日本理化学研究所的所有人员；必须严格遵守行为和实践标准，即科研人员要以所进行的活动为荣，坚持这一工作岗位赋予的责任，做到不从事学术不端活动，不帮助或支持学术不端行为，不允许其他人采取学术不端行为。实验室、科研小组及部门负责人要做到：合理检查本部门的研究报告、各种数据、研究过程记录；实验室里的笔记本及记录媒体不属于个人财产，必须由实验室负责人定期进行维护和管理；实验室的笔记本及其他纸质或电子数据记录应该归档并至少保留五年；在联合发表的文章中，要澄清作者之间的责任。

政策在针对学术不端行为的投诉、调查和处理方面也进行了规定。其中审计与合规办公室主要承担关于学术不端行为的咨询、调查、报告的申请工作，与此同时进行初步的询问调查。在这个过程中它有权采取以下措施：禁止调查对象上班；禁止调查对象与其他利益相关者接触；暂时关闭实验室；确保所有数据资料可以被调查；理化学研究所负责人在审计与合规办公室初步调查结果的基础上决定是否进行正式调查，还要考量是否引进外部专家。政策在处理学术不端行为方面有冻结科研经费、追回部分或全部已经资助的经费、公布调查结果等措施。

该政策提出了关注点：一旦进行学术不端行为调查活动，理化学研究所将提供多方面支持，包括心理层面，保护调查中的合作人员，合作的职责，要求所有调查人员和被调查人员配合开展调查。

（二）第三方机构对学术不端行为的治理

除了政府、科研机构对学术不端行为出台相应的政策外，日本学术团体等第三方机构也会根据号召出台并发布相关文件,完善学术不端行为治理体系。其中,日本学术会议在 2005 年 10 月,成立了科学家行为准则委员会,起草了《科学家行为准则》和《科学家自律行为》(「科学者の行動規範」)两份文本。2006 年 4 月,在分析调查问卷结果的基础上,将《科学家自律行为》改为《将科学工作者的自律行为进行到底》(「科学者の自律的の行動を徹底するために」),对《科学家行为准则》进行了补充,使二者更融合。

《科学家行为准则》主要对科学家责任、科学家行为、业务探究、公开说明和科学揭秘、研究活动、建立公平的研究环境、遵守相关法令、保护研究对象、合作关系协调、消除歧视、回避不正当利益 11 个方面进行了规定。在具体研究活动,如课题立项、计划、申请和制定实施报告过程中,它对科学家的行为规范进行了严格规定,要求相关研究调查数据的记录严格按规定进行处理和保存,杜绝篡改、捏造和盗用等违法行为。该准则是一个纲领性文件,日本学术会议希望大学、学院、研究机构和其他学术团体都制定关于研究行为的准则或道德规范,建立专门的咨询渠道,保护举报人人身安全,将调查结果向公众公布。

《将科学工作者的自律行为进行到底》要求广大科学工作者面对科学研究工作严格坚持诚信与自律原则,相关机构与组织制定道德纲领对研究活动与行为予以规范,并且对相关科学工作者实施道德与诚信教育,建立相应制度对学术不端行为进行严格处理。

四、德国非政府机构对学术不端行为治理的探索

马克思·普朗克学会(Max Planck Gesellschaft,MPG)简称马普学会,是德国所有科研机构中历史悠久、地位突出的全国性学术机构,主要由德国政府资助,是德国开展基础研究的大型研究组织,类似于中

国科学院。1997 年，马普学会提出了解决学术不端可疑案件的程序规定，同时还发布了关于提倡良好科学实践和处理涉嫌学术不端行为的指南，对科研人员的行为进行了相关规定，指出科研人员不能伪造、篡改数据，不能出现剽窃和欺诈行为，更不能强占他人学术成果等。同年马普学会的评议会还通过了《质疑科研不端行为的诉讼程序》（*Procedure for Questioning Misconduct in Scientific Research*）及《科研不端行为的处罚规则》（*Rules of Procedure for Dealing with Scientific Misconduct*），详细介绍了学术不端及科研不端等行为的界定、调查程序以及处罚措施等内容。2000 年 10 月，马普学会颁布了两项非常重要的规范——《良好科研实践规则》（*Rules for Good Scientific Research Practice*）和《可疑学术不端行为案件处理规定》（*Procedure in Cases of Suspected Scientific Misconduct*），把不端行为分为四类：第一类，故意的虚假陈述（false statement）；第二类，侵害他人知识产权（infringement of intellectual property）；第三类，破坏他人研究工作（impairment the research work of others）；第四类，联合作伪（joint accountability）以及其他具体情况。同年，马普学会还发布了关于科学研究中的道德规范的报告，主要对科学研究中的道德规范、出版和署名、研究项目计划以及利益冲突等五个方面进行了详细论述，并对学术不端行为的认定以及处理做出了明确说明。

莱布尼茨学会（Leibniz Gemeinschaft）联合德国各专业领域研究机构，将基础科学研究与应用研究相结合，与高校、工业界及国内外其他研究机构开展紧密合作。其成员范围广泛，包括 82 家非大学研究机构。莱布尼茨学会每年的研究预算超过 10 亿欧元，其研究成员大约有 5700 人，博士生有 1000 人。

1998 年 11 月，莱布尼茨学会根据德国研究联合会发布的关于保障良好学术规范的建议，提出了一组针对该学会研究人员的建议。这些建议大部分与马普学会的指南一致，但也包括一些根据莱布尼茨学会中出现的学术不端情况出台的处理办法和措施。1999 年 10 月，莱布尼茨学会制定出适用其所有成员的学术规范指南，强调各研究机构在制定规范与制度时，一定要保证规范与制度的科学有效实施。该指南主要包括两部分内容，第一部分着重对良好学术规范的原则和定义进行了详细阐述，第二部分列出了莱布尼茨各研究机构执行指南的标准。

五、澳大利亚非政府机构对学术不端行为治理的探索

澳大利亚研究理事会是澳大利亚重要的科研资助机构，在制定相关学术法规、建立健全研究伦理监管制度等方面承担着十分重要的职责。1999 年，该机构与澳大利亚国立健康与医学研究理事会一起制定了《涉及人类研究的伦理行为的国家声明》（*National Statement on Ethical Conduct in Research Involving Humans*），最终作为政府文件公开发布。2007 年，两大理事会又对该声明进行了修订，统一规定了公共资助研究领域对相关人类研究伦理审查、监督和问责等制度，强调接受两大理事会资助的相关单位，如高校、医院以及其他与人类研究活动相关的非营利性机构等，均应该成立人类研究伦理委员会（Human Research Ethics Committee，HREC），主要对相关单位受资助项目是否涉及人类研究伦理问题进行审查。2001 年澳大利亚研究理事会颁布了《2001 年澳大利亚研究理事会法案》（*Australian Research Council Act* 2001），指出在调查和处理学术不端行为方面，依托单位享有绝对的自主权，进一步明确澳大利亚研究理事会的权限和职责，规定其没有直接介入具体的学术不端行为调查与处理事务的权利；2003 年，澳大利亚研究理事会又与国立健康与医学研究理事会共同就联合声明与指导原则中的经验和问题进行修订，最终于 2007 年以政府文件形式发布了《澳大利亚负

责任研究行为准则》。其发布与实施标志着澳大利亚学术治理制度的进一步完善和创新，使得政府管辖范围内的所有机构与人员有了必须遵守的基本行为规范。就内容而言，它可以分为两部分：第一，明确规定了所有科研人员和机构应该遵循的原则和行为准则；第二，对违反《澳大利亚负责任研究行为准则》者以及学术不端行为给出了明确的处理方案，并针对学术不端行为的具体方案和处理程序做出了详细的规定与说明。《澳大利亚负责任研究行为准则》作为澳大利亚通用规则，各类科研机构必须遵守。

第三节　大学层面关于学术治理的探索进程

学术活动的特殊性与复杂性决定了学术治理的过程仅仅依靠国家层面和非政府机构的第三方机构的治理是远远不够的，也是不现实的，更为实际的做法是结合真正从事科学研究活动的大学来进行治理。通过对西方各国学术治理法规、政策探索进程的梳理可以发现，各国在大学层面也都对学术治理进行了探索，并发挥了非常积极的作用。

一、美国大学对学术不端行为治理的探索

2000 年 12 月 6 日，在美国白宫科技政策办公室提议下，《关于研究不端行为的联邦政策》最终生成并公布于众。该政策明确指出了美国所有高校和科研院所对该政策和政府其他部门相关规章的遵守与执行情况。就此可以发现，包括本科院校和综合性大学在内的许多研究机构，都在该政策的基础上，就如何防范学术不端行为进行了相关政策以及举报查处程序的制定与设计。与此同时，为了更好地执行联邦政府和卫生

与公众服务部科研诚信办公室的相关政策，相关高校还制定了关于受试者保护、动物福利、同行评审、信息数据管理、导师与研究生合作关系、利益冲突等方面的组织执行政策与处理程序。尤其是以教育、研究和训练计划为主旨的"负责任研究行为"（Responsible Conduct of Research，RCR）项目的开展，对于预防、控制学术不端行为，培养研究人员的科研诚信具有十分重要的现实与指导意义。

除此之外，美国医学院联盟于 1982 年发表了题为《在开展研究中保持高伦理标准》（*The Maintenance of High Ethical Standards in the Conduct of Research*）的报告；美国大学联盟在 1983 年发表了题为《关于科研诚信》（*On Research Integrity*）的报告；一些高校如哈佛大学、耶鲁大学等，在经历了学术不端行为影响之后，制定了应对和预防学术不端行为的相关制度与方案；20 世纪末，美国主要研究型大学陆续制定了有关学术不端行为的政策和处理程序，内容既包括为事前预防而进行的学术诚信教育和指导政策，也涵盖为事后探查和处理而出台的规章程序。不论是政策的颁布还是程序的制定均以《关于研究不端行为的联邦政策》为模板，以美国科研诚信办公室为指导来进行规划和限定。其中，在预防学术不端行为方面，采取的具体措施和限定的内容主要包括：将高校发生学术不端行为的主体纳入政策的制定和发展当中，以保证政策的有效性和合理性，在此基础上通过制定学术诚信守则和相关政策来帮助教师和学生等研究者明确其在研究过程中，不论是项目申请、执行过程还是成果发表阶段应该遵循的行为规范，并清楚了解各自在行使权利的同时应该承担的责任和义务。以杜克大学为例，在开展学术诚信教育的同时，该校积极实施新的荣誉准则，并加入负责任研究行为项目，开展学术不端行为的预防教育等活动。而在学术不端行为处理方面，一个非常重要的部分是明确处理可疑学术不端案件的程序。通常要根据校内规章制度明确是否允许教师自行处理可疑不端案件这种非正式解决方式存在。如果允许使用非正式解决方式，政策必须明确规定应当遵守的严格程序。而一般情况下，大多数高校以美国科研诚信办公室制定的处理流程为向导，以各学校内部制定的查处程序为执行准则来进行学术不端案件处理。其关于学术不端行为指控的正式处理程序通常包括：对接收到的关于学术不端行为的指控进行初步判定，相关案件在被确认之后，将对其展开调查，并在调查结束之后，由高校相关管理部门做出审核与初步裁定。之后，提交政府相关部门进行复审与最终裁决，然后根据裁决结果实施相应处罚。在整个案件的处理过程中，如果被举报者对上述任何一个环节的处理存在不同意见都可以对其进行上诉，可以要求相关调查部门举行听证会，并针对其不同意见进行申辩，在此基础上形成最终判定。学术不端行为一旦被证实，将会受到相关部门的严肃处理。陪审团对案件相关证据进行听证，以确定研究者是否有违规行为（负有责任），如发现有违规行为则做出处罚。对此，《马里兰大学学术诚信准则》（*University of Maryland Code of Academic Integrity*）曾明确指出，"诚信听证会不是一种民事的或刑事的程序，与敌对的、对抗性的系统不同，不存在相同的社会功能。诚信听证会不同于法庭。确切地说，它是一种只针对构成学校的学术群体的学术程序"。因此，虽然正式听证会必须保护被指控研究者对于应有程序的权利，但是它并不要求民事或刑事审判所要求的所有复杂外部特征。以此为依据，明确各项处罚措施以及具体执行准则和方式之后，相关部门对行为主体进行教育和补救。

高校对学术不端行为的治理，无论是事前预防还是事后处理，均可从政府或相关部门制定的与高校学术行为有关的政策和措施中找到相关参照物或支持与指导政策。这些政策既包括政府机构为高校顺利开展科研提出的统一要求，如科研诚信委员会发布的《科研诚信委员会关于研究中的诚信和不端行为报告》（*CRI Report on Integrity and Misconduct in Research*)、国家科学基金会颁布的《研究生教育和研究训练项目一体化》(*Integrative Graduate Education and Research Traineeship Program*)政策等,均与高校教师和研究生科研行为密切相关,也涵盖为与高校有合作关系的相关权威机构提供的指导和规范标准,如美国行政管理与预算局(Office of Management and Budget,OMB)制定的《关于高等教育机构、医院和其他非营利组织资助的要求》(*Uniform Administrative Requirements for Grants and Agreements with Institutions of Higher Education*,*Hospitals and Other Non-profit Organizations*),国立卫生研究院对与其有合作关系的高校颁布的《关于接受和获得国立卫生研究院资助的分散生物医学资源的原则和指南》(*Principles and Guidelines for Recipients of NIH Research Grants and Contracts on Obtaining*),等等。[①] 另外,还涉及高校为加强自身科研治理出台的一系列内部法规程序。以哈佛大学为例,它不仅制定了详细、具体的处理程序,如文学院制定的《关于科研不端行为指控的调查处理程序》(*Inquiring into Allegations of Scientific Misconduct*),而且在预防学术不端行为方面出台了一系列政策,如文学院制定的《哈佛大学研究准则》(*Research Proposal Guidelines-Harvard University*)、肯尼迪学院颁发的《教师科研诚信手册》(*Teachers' Scientific Research Credit Policy*)等。

二、英国大学对学术不端行为治理的探索

英国公立科研机构为其经济发展、综合国力提升做出了重要贡献,然而在开发市场、积累资本方面,公立科研机构稍逊于私立机构。于是

---

① Richard Horton, "UK Declaration Made on Research Misconduct", *The Lancet*, 1999, 354 (9190), p. 1623.

英国政府从 20 世纪 70 年代开始着手对科研机构进行改革，分为基础性科研机构和应用型科研机构，起初受到社会各界的非议，改革步伐缓慢。但到了 90 年代，政府尤其是梅杰政府高度重视公立科研机构改革，积极进行公立研究机构私有化，使得大多数科研机构与政府脱钩，成立了独立的技术公司或研究主体。其中，基础性科研机构成为七大研究理事会的下属非营利机构或公司，应用型科研机构转变为私营公司。[①] 经过一系列变革与重组，英国科研力量主要集中于研究理事会下属的研究所、实验室和大学。因此，对于英国而言，大学对学术行为的治理发挥着至关重要的作用。以时间为线索，可以将英国大学对学术不端行为治理的探索进行如下分析。

（一）英国大学协会的设立

英国大学协会起源于 19 世纪的一个非正式会议，与会者为大学副校长和学院院长。1918 年举行了第一次协商会议，当时包括 22 所大学和学院，1988 年审查了该机构所承担的任务和结构，产生了选举委员会。1992 年，成员增加到 100 多个，2000 年 12 月 1 日，更名为英国大学协会，还对下属机构的名字进行了更换。

从机构设置来看，英国大学协会下设英国大学医院协会（British University Hospital Association）、卫生院长理事会（Council of Health Directors）、高等教育医疗科学委员会（Medical Science Committee of Higher Education）、牙科学校议会（Dental School Council）、卫生服务研究网络（Health Service Research Network，HSRN）、医学院委员会（Medical School Committee）、NIHR CLAHRC 伙伴计划（NIHR CLAHRC Partnership Program）、医药学校议会（Medical School Council）、英国高等教育国际部（British Higher Education International Department）等机构，它们在日常活动中努力遵守本机构的学术

---

① 谷俊战：《国外宏观科技管理体系比较研究（一）》，北京，中国科学技术信息研究所，2005。

诚信规范。以高等教育医疗科学委员会为例，它公布了如何进行良好的科学实践的报告，旨在为专业性的行为和实践设置原则和标准，从专业性实践、科学性实践、临床性实践、研究和发展与创新、临床领导力几方面抓学术诚信。[①] 其中，临床性实践要求大学随时更新临床技能，且承担符合角色的职责，在具体的研究中要以恰当的方式向同行呈现数据、研究发现和创新性方法。

英国大学协会作为英国代表大学呼声的学术团体，其成员一直在增加，但它没有发布专门的法规和政策来管理学术行为。其下属机构依据部门特点颁布了内部适用的良好实践准则，对获得其资助的大学进行约束，规范学术人员的行为，确保成果的质量，维护大学的声誉。

（二）英国大学的法规、政策变革与演进

几乎所有英国大学拥有皇家特许状、教宗诏书和议会法案，而且还要在英国枢密院备案，只有满足上述条件才可以授予学位。截至 2013 年英国有 100 多所大学，尽管由英国高等教育拨款委员会资助，但它们是独立自治的机构，不属于政府管辖范围。基于学术自治的传统，英国大学在治理学术不端行为时也不受政府限制，依据本校的规章指南行事，自行管理学校中的学术诚信问题。下面选取英国剑桥大学和牛津大学为例，通过分析它们的政策来解析英国大学的政策变革。

1. 剑桥大学

剑桥大学是研究型书院联邦制大学，由 31 所独立自治书院和 6 所学术书院组成，虽然本身属于公立性质，但私立机构存在于享有高度自治权的书院中。从剑桥大学的学术诚信体系来看，学校有专门的诚信网站；出台了《研究诚信标准》（*Research Integrity Statement*）、《良好研究实践准则》（*Code of Fine Research Practice*）、《科研不端行为调查程序》；为了保障这些主导性文本的落实，颁布了一些辅助性政策；各学

---

① 谷俊战：《国外宏观科技管理体系比较研究（一）》，北京，中国科学技术信息研究所，2005。

院成立了伦理委员会等。剑桥大学通过这些举措来规范学术氛围，营造良好的学术环境，激励科研工作者开展良好研究。

（1）《研究诚信标准》

剑桥大学一直致力于追求卓越科研水平，维系其在世界学术界的地位，因此它要求研究者保持高标准的诚信。为此，它出台了适合本校研究人员、管理人员和受访者的诚信指南，要求他们遵守国家层面、欧洲层面和国际层面的学术诚信标准，涵盖如下方面：在呈现研究目标、报告研究方式与程序、收集数据、感谢其他工作者的工作、使用研究结果做出正确解释方面的诚实；在得出研究结果的过程、展示研究方法、遵守协议方面的严谨性；在陈述利益冲突、汇报研究方法、分析数据方面的透明与开放性；对所有参与者，无论是人还是物都要表现出尊重和关爱；还应该开展符合伦理、法律、专业要求的研究，以诚实的态度对待同事，以合作的形式进行科研活动。

《研究诚信标准》是剑桥大学基本的学者行为规范，要求学者在实际的工作中积极践行诚实、严谨、透明的品质，同时还要兼具尊重和关爱，在保障人和物各自利益的前提下开展符合法律伦理需要的学术工作。作为良好科研行为的基本范式，它要求学者们时刻提醒自己注意自己的科研行为，谨防出现学术不端现象。

（2）《良好研究实践准则》

剑桥大学自己制定实践指南，一直强调准则中的诚实和严谨，同时指出准则的性质是信息性，不具有规范性和强制性，仅仅给研究人员提供行为帮助，以便他们将自己日常的行为自然而然地带到科研情境中。剑桥大学的《良好研究实践准则》颁布于 2011 年，其学术委员会规定每三年进行一次修订。至 2020 年，已经出现了两个版本，无论哪一个，都从正面引导科研工作者进行学术活动。

从目录上看，《良好研究实践准则》包括简介、诚信、开放性、专业性指南和法律、领导与合作、监督、培训、基础数据、样本和设备、宣传和出版、智力财产、伦理实践、患者和消费者、协作、致谢、相关大学政策和指南、国际指南等部分。第二版在目录上添加了研究成果的宣传和出版、合作方面的信息，同时，将第一版中的部分信息进行了拆分与重组。

从内容上看，基于资助者的需求，剑桥大学出台了适用于所有科研工作者的准则。它将创作过程或报告结果中的伪造、抄袭、欺骗，实施研究中故意或者过失以偏离可接受实践的行为，不遵守协议，或是伤害人类、其他科学家或环境的行为，以及那些通过预谋隐藏行为以便于学术不端行为发生的现象定义为学术不端行为。大学鼓励研究者积极和其他学者、公众一起讨论，增长知识和见解，同时赋予他们选择出版地方和内容的自由，确保相关数据和材料对其他研究者可见。当然，还存在专业性法律来保护人和动物的权利，如《健康与安全法》（*Health and Safety Act*）、《数据保护法》、《信息自由法》以及相关的伦理指南。

（3）其他保障性规范

剑桥大学除了颁布主导性规范外，还出台了一系列保障性规范，或是针对学院特色而立，或是针对英国政治趋势而立，又或是依据实际工作需要而立。随着科研活动开展，这些规范在一定程度上补充了大学规范，使得剑桥大学的政策体系日臻完善。从剑桥大学网站上可以看出，这类规范有《反对腐败和贿赂的政策》（*Policy Against Bribery and Corruption*）、《剑桥大学研究伦理评审诉求程序》（*University of Cambridge Research Ethics Review Appeals Procedure*）、《涉及参与主体和个人信息的伦理研究政策》（*Policy on the Ethics of Research Involving Human Participants and Personal Data*）、《研究和教学中动物使用的政策》（*Policy on the Use of Animals in Research and Teaching*）等。

以《涉及参与主体和个人信息的伦理研究政策》为例，我们来深入解析剑桥大学的保障性规范。剑桥大学科研伦理委员会作为规范的颁发者，旨在保护各方人员，包括参与者、研究者、学生和第三方的尊严、权利、健康、安全和个人信息。为了保护主体和个人信息，大学"积极繁荣科研文化、提供清晰易理解的准则、为教职工和学生提供培训和支持、实施伦理审查来减少伦理风险"。从伦理审查主体来看，学院层级的研究伦理委员会进行初次审查，如有必要则上升到学校层级的伦理委员会，同时它还需要外部主体的参与，如国家研究伦理委员会（National Research Ethics Committee，NREC）。从公平性视角来看，在伦理审查进程中，如果没有意识到一些其他存在的材料信息，审查的程序不当，存在具有偏见、歧视和不充分特色的证据，则允许研究者对委员会的决定上诉，来保持审查的公正和透明，同时保护举报人的权益。

从整个治理流程来看，剑桥大学颁布《研究诚信标准》宏观上对科研工作者的学术行为进行了规定。随着 2011 年《良好研究实践准则》的颁布，剑桥大学开启了自己的学术治理进程，颁布了一系列关于诚信的规范，出台了针对各学院特色或学科特色的保障性文本。作为《维护科研诚信协约》的签约方，剑桥大学积极回应协约要求，每年颁布诚信报告，汇报学校在学术治理中的进展，同时还会通报学术不端行为案例，以此来警示科研工作者。学术不端虽然已经不是一个新名词，但剑桥大学发生学术不端的情况少之又少，从《委员会年度诚信报告 2013—2014》（*Annual Integrity Report* 2013—2014）、《委员会年度诚信报告 2014—2015》（*Annual Integrity Report* 2014—2015）两个报告来看，并没有发生学术不端行为，即使存在一些关于学术不端的指控，但经过调查都不成立。

2. 牛津大学

牛津大学是世界上存在时间第二长的古老大学，是英国公立大学，既是英国罗素大学集团的核心成员，也是欧洲科英布拉集团的核心成员，素有"天才与首相的摇篮"的称号，其授课历史可以追溯到 1096年。牛津大学共设有 39 个学院，所有学院都设有属于自己的首席研究员。除了学院外，还有学部，它们主要承担大学的教学和科研活动，需要指出的是，学部不是自治单位，它们是跨学院的，并不属于任何一个学院，但学部中的教师必须是学院的一员。

从牛津大学学术治理体系来看，和剑桥大学有所不同，它没有广泛适用的《研究诚信标准》。为了追求高质量的科研活动，牛津大学在网站上开设了研究诚信窗口，引导学术活动；颁布了《研究中的学术诚信：实践准则和程序》（*Academic Integrity in Research：Code of Practice and Procedure*）；公布了一些保障性措施。牛津大学通过这些举措来管理本校的学术诚信建设。

（1）《研究中的学术诚信：实践准则和程序》

牛津大学和剑桥大学一样，依据大学的特色设置学术指南，于2014 年 6 月颁布了《研究中的学术诚信：实践准则和程序》，期望学校内的师生、校外访问人员、使用大学设施或受到大学资助的研究者都遵守该诚信准则，开展符合规则的学术活动。

从内容上来看，《研究中的学术诚信：实践准则和程序》首先将"在创作、实施和报告研究中要诚实，要求自己熟悉英国研究理事会和大学联合会的诚信标准，遵守监管部门的道德和法律义务，保护被试的安全、尊严和福利，透明地管理利益冲突，保障各领域研究人员得到必要的培训和技能，认识到自己的责任，遵守任何专业团体的准则"，作为良好科研实践的标准。一旦科学工作者不遵守这些行为规范就可能会产生学术不端行为，进而受到机构的惩罚。

其次是将"在设计、开展或者报告研究结果时出现的伪造、抄袭或者欺骗行为；不遵守协议而导致对人、动物或者环境伤害的行为；通过勾结、隐匿给学术不端行为带来便利的行为；擅自使用、泄露、删除与研究有关的财产①"的行为定义为学术不端行为。这里要指出的是，其中不包括在诚实前提下出现的错误，在解释或判断研究结果时采取不同的研究方式，导致不当研究结果的行为。

再次是肯定了主体的责任和保密性。明确指出大学内的任何人都有权利和义务报告并指控学术不端行为，当然这种指控不能是恶意指控，否则会给指控者带来一定的惩戒。管理人员要确保对所有指控进行秘密调查，必要时通知相关资助团体、期刊和法律组织，一并采取措施进行调查或是制裁学术不端行为。

最后详细论述了研究中调查可疑学术不端行为的程序。它从举报人以书面形式给处长递交举报信开始，处长经过确认，决定是否需要进行初步审查。如果不需要进行初步审查则要告知举报人；如果需要进行初步审查，则需要资深学术成员或考务人员进行协助。在正式调查阶段，需要成立调查小组，小组成员有三个，其中一个必须是学院内的专家，另一个必须是校外人员。同时还要避免成员彼此间的利益冲突，并告知举报人和被告。在正式的调查中除了要听取举报人和被告的观点外，还要听取其他相关人的说法，进而出具一份报告，既要呈给处长还要给举报人和被告，由处长做出决定后再进行公示，告知资助主体。

《研究中的学术诚信：实践准则和程序》无论是在标准要求上还是在学术不端行为的定义上又或是在调查程序上都给出了明确的细则，保证了调查的公平性与透明性，为管理层级提供了便利。同时，作为科研工作者的行为守则，它内含可操作的工作流程，在界定学术不端行为方面、在论述学术行为标准层面都要求学者将其融入日常的学术活动中，时时规范自己的行为。

（2）其他保障性规范

与剑桥大学一样，牛津大学除了上述规范外，还颁布了《涉及参与

---

① 包括材料、笔记、数据、软硬件或一些其他的物质或设备。

主体和个人信息的伦理研究政策》《研究和教学中动物使用的政策》等，这些方针或指南从微观上保障了良好科研行为，使得学术研究中的各步骤有"法"可依，遏制不端行为的发生。

以《研究和教学中动物使用的政策》为例，来分析牛津大学的保障性措施。牛津大学生物医学研究处于创新和科学转换的前沿，一些基本的生物学问题如动物福利、养护、生态、进化和遗传得到世界科学界的公认。有时为了研究生命体内错综复杂的交互作用，研究者选取动物作为被试。大学正尽量减少在研究中使用动物，如果必须使用，须符合大学的 3Rs 规范，即替换（replacement）、减少（reduction）、优雅（refinement）。其中，替换要求研究者尽可能使用其他东西来做研究，如果没有其他选择才可使用动物，并且需要获得动物使用许可证；减少意味着如果使用动物应尽可能地少用；优雅代表着一旦使用了动物就要为它们提供高标准服务和较好的居住环境，提供护理文化。

通过分析牛津大学的学术治理情况，我们看出，它是总指导文本和保障性文本一同构建的一个体系。随着时间推移，牛津大学相应地对其进行改革，加入人文色彩、人本气息。准则的可操作性和规范性、辅助性措施的学院化和学科化加快了学术治理步伐。同时作为《维护科研诚信协约》的签约者，牛津大学也竭力回应其要求，每年更新学术诚信报告，如在 2015 年发布的诚信报告中指出，2014 年共接到 17 例关于学术不端行为的指控，但真正成立的只有 1 例，至报告发布时还有 1 例在调查中。

三、日本大学对学术不端行为治理的探索

日本来自大学的学术不端事件日渐增多，2006 年东京大学多比良和诚教授关于控制遗传基因的医学论文造假事件、早稻田大学松本和子

教授挪用科研经费事件，2007 年大阪大学杉野昭夫教授数据造假事件，2012 年东京大学加藤茂名教授捏造、篡改实验数据造假事件……一系列的学术不端事件促使日本部分大学加快了健全学术伦理规范的步伐。

（一）东京大学

东京大学诞生于 1877 年，可以称为一所世界级的著名的研究型国立综合大学，其本部设立于日本东京都文京区。其不仅是日本国内最高的学术殿堂，同时在全世界范围内享有极高的声誉。东京大学最初设有法学、理学、文学、医学四个学部，1886 年更名为"帝国大学"，这也是日本建立的第一所帝国大学。1897 年，为了和当年在京都新创建的京都帝国大学进行区别，它又改名为"东京帝国大学"。1947 年 9 月，其正式定名为"东京大学"。到 2014 年，东京大学的毕业生中出现过一大批学术名家、工商巨子、政经精英，主要包括 1 名菲尔兹奖得主、6 名沃尔夫奖得主、8 名诺贝尔奖得主、16 位日本首相、21 位（帝国）国会议长，可以说，这些校友在日本国内享有无可比拟的影响力和知名度。

尽管东京大学拥有悠久的历史和较高的学术声誉，但也发生了学术不端事件，科研活动中的不纯洁给东京大学带来了很大的声誉损失。为了给科研工作者提供公平的科研平台，构建融洽的科研氛围，东京大学颁布了一系列行为规范和准则，来维护它在学术界的地位和威望。

2010 年 9 月 15 日颁布了专门的伦理准则，按照学校章程的精神，学校所有成员都将在符合章程原则的情况下进行教育和研究。东京大学的教师、工作人员、研究人员和学生在学校的研究和教育活动的实施过程中要遵守研究道德规范。

第一，研究必须诚实、客观。在设计实验和观察、分析数据与解释结果时，必须避免偏见。伪造或抄袭其他人的研究结果或数据，是违反科学标准的行为，是不能容忍的。

第二，科学研究中的原创性是最值得重视的。个人原创的研究项目积累成知识产权可以流传下来，这将会让人们更深入地了解自然的真理。研究者必须竭尽全力客观、准确地展示自己的研究成果，同时也要正确认识和理解其他科学家的研究成果。从道德和法律的角度来看，他们必须尊重以前研究人员的知识产权。

第三，尽可能用最有效的方法证明已经如实地对研究中的过程和结果进行了准确、客观的记录。特别要求，研究人员必须保存数据，用于建立有效性和重复性的研究结果，如果需要使用试剂和样品，须在使用方法和操作过程中加以说明。

第四，出版物（包括学术学位论文和在学术期刊发表的论文）或口头报告必须准确传达研究结果的内容和意义。如果出版物出版后发现材料不准确或错误，被修改或撤销，作者必须予以公布。不能出现不适当的行为，如多个出版物涉及同样的工作。适当的出版物有助于社会知识产权和文化资产交流，它们还方便作者与公众沟通，促进研究成果的应用。

第五，每个研究人员参与联合研究，观察研究小组的所有成员都被赋予了责任，以确保研究伦理的恰当性。

第六，教师应承担领导角色，确保研究小组所有成员遵守研究道德。作为教育工作者的基本组成部分，他们被赋予了与学生和博士后交流正确的研究原则和方法的责任。

2014 年 3 月，东京大学出台了《科研伦理实施计划》（*Action Plan for Research Ethics*），将高水平研究伦理定为东京大学的精神气质，并且对科研伦理的概念进行了界定，同时还论述了学术研究行为应该遵守哪些科研道德。为了使学术不端行为得到有效的治理，《科研伦理实施计划》首先从提高研究人员的伦理意识入手，具体措施包括让学生接受研究伦理教育，提高教师和科研人员的研究伦理意识。其次是改善机构和环境，一是改善研究活动回应系统，二是改善研究活动的环境，以此来加强科研工作者之间的交流与合作。再次是处理学术不端案例，在改进调查方法的同时让科研工作者以具体案例为依据进行学习、交流、反思。最后要求每个部门进行独立活动和后续保障活动，来维系政策的正常运转。

2015年4月，东京大学对科学研究行为进行了明确规定，对科学研究的重要性、学术不端行为的影响与危害进行了明确和强调。同时，还对学术不端行为进行了界定，将伪造、篡改、剽窃界定为学术不端行为，指出可疑科研实践行为包括署名不当、研究结果的错误呈现以及重复提交等，指明了研究行为所应遵守的规则，即确保可信性和客观性、确保数据和材料的保存、遵循引用规则。

（二）早稻田大学

1882年，早稻田大学诞生于东京郊区的一片稻田里，这使得其校名带有浓厚的田园气息。它是日本久负盛名的一所大学，前身为东京专门学校。早稻田大学经过一百多年的发展，已经成为一所较为成熟的综合性大学。

进入21世纪后，早稻田大学的学术不端事件时有发生，较为典型的是理工学部化学系女教授松本和子挪用科研经费事件。2006年年初，早稻田大学内部人士向学校举报了松本和子事件。学校于2006年12月在网站上发出公告，确认了其错误使用研究经费的问题。此次事件发生后，早稻田大学开始着手加强科研诚信建设，包括早期的《学术研究伦理宪章》以及2007年之后颁布的一系列防止学术不端行为发生的准则，有效地遏制了学术不端行为，为构建良好的学术氛围搭建了绿色通道。

早稻田大学早期制定的关于学术研究伦理的宪章是其所有科研活动必须遵循的主要准则，而且还是衡量各项研究活动是否开展了符合良知的研究的标准。其中指出，参与学术研究的人在社会及自然环境中产生了巨大的影响，应坚持继承早稻田大学的良好传统，经常遵从良心做自我钻研，勇敢地承担现代社会的挑战。

它特别指出学术研究要尊重人的尊严，尊重生命的伦理，尊重人类、社会、自然的和谐发展，保护社会，保护地球环境，积极贡献。学术研究要遵循国际规范、相关法令及校内的各种规定和精神，诚实、妥善地发表研究成果。注意学术研究与社会的合作活动中伴随着产生弊端的影响，应努力妥善管理。在涉及研究伦理的教育、进修以及研究环境的改善、整顿、安全管理等方面，努力做到不发生舞弊行为。

尽管早稻田大学早期颁布了这样并不具体的伦理宪章，但并没有起到实际的控制作用，仍然发生了松本和子挪用经费事件。因此，2007年又颁布专门的学术研究伦理准则以及防止科研活动出现不端行为的守则，从更为具体的层面规范科研活动。

早稻田大学关于学术研究的伦理准则适用于所有参与研究活动的教学和行政人员，以及其他与研究基金有关或正在使用大学设施或设备的人员。该准则明确了大学和研究人员的职责：大学应采取必要措施，以提高研究者对研究伦理的自觉性和有关的研究活动、行为及经费的处理能力，以防止发生学术不端行为；如果研究人员在研究过程中存在不恰当的行为，大学应采取迅速和适当的行动，防止其未来发生不端行为。大学还需妥善管理研究基金，对研究人员经费的使用进行严格确认和审核。

在人员职责方面，它从基本行为、研究信息和设备管理、研究成果发表、对他人的学术评价、保护个人信息、禁止骚扰等方面进行了详细规定，强调研究人员应按自己的良知开展科研活动，不得进行如伪造、篡改等学术不端行为。同时，该准则还强调在适当的时候以合理的方式保存和管理所需的数据、测试样品、材料及信息，以便将来使研究结果可以复制。

为了担负起大学在保证进行可靠、公平、自由的科学研究中的责任，学校从禁止学术不端行为、规范研究经费使用、培训指导、学术不端行为调查等多个方面进行了具体规定。

从学术不端行为界定来看：①捏造或伪造测试样品、材料和其他信息；②没有正当理由删除或变更研究人员通过实验所获得的样品、材料及信息；③随意处理或通过其他方式处理以致难以再次获取的测试样品、材料及信息；④侵犯版权或在难以澄清来源的前提下使用别人的数据，或剽窃其他人发表的信息；⑤通过非法手段获得测试样品、材料及信息；⑥除以上五种方式外，用其他方式非法获取测试样品、材料以及发布的信息。

从经费管理和使用来看，学校规定：大学应妥善管理研究经费并确认支出合理，研究人员和相关部门有责任按照学校的会计制度对研究经费进行管理，在使用资金时必须提交承诺书。

为了切实实施上述准则，应对学术不端行为，学校提出建立学术研究和伦理审查委员会，从学院委员会、研究生院委员会、督导委员会等遴选成员，进行相关的培训和指导、信息的收集与分析、学术不端行为的调查以及其他伦理事务。

对于调查学术不端行为，学校制定了明确的程序。当收到学术不端行为举报时，学术研究和伦理审查委员会应进行初步调查，如果需要进行全面调查，应建立一个调查委员会。成员包括学术研究和伦理审查委员会主席、经学术研究和伦理审查委员会主席与教学行政管理人员讨论后指派的两位人员和两位来自被调查部门的人员。他们要在一个月内做出中期报告，并在调查委员会成立三个月内做出最终报告。在调查期间，被调查人有权进行听证和请求律师援助，如果被调查人对结果不认可，可以在 10 天内向学术研究和伦理审查委员会提出书面申诉；学术研究和伦理审查委员会收到申诉后，应审查申诉内容，并决定是否重新进行调查。如果调查结果显示不存在学术不端行为，学术研究和伦理审查委员会将采取措施恢复被调查人的声誉。

（三）大阪大学

大阪大学本部设于日本大阪府吹田市，是日本著名的国立研究型综合大学。其理科是从 1838 年日本明治时期规模最大的"适塾"发展而来的；其文科是从 1724 年西日本第一汉学塾怀德堂发展而来的，其塾生福泽谕吉等后来成为日本明治维新的支柱力量。1931 年，东京等大城市掀起了"综合大学到大阪"的民间呼声，日本建立了国内第六所旧帝国大学——大阪帝国大学。在大阪大学的历届毕业生中曾诞生过日本第一位诺贝尔奖得主，以及沃尔夫奖、拉斯克医学奖、克拉福德奖得主，并有多位盖尔德纳基金会国际奖、日本国际奖得主，其在科学研究等许多方面可谓人才辈出、享誉世界。

为了更好地规范科研活动，大阪大学从 2006 年开始相继颁发和修改了一些防止学术不端行为发生的规则，对调查细则以及学术不端行为的调查规程都进行了明确规定。

2006 年大阪大学颁布了关于对不正当学术研究活动予以调查的实施细则，以及关于如何推进正规的学术研究活动的规则与程序。为了确保研究公正，大阪大学还制定了相关的规范。

从科研活动的重要意识入手，大阪大学详细论述了不正当研究行为包括捏造、篡改、盗用信息和其他不正当行为。为了有效治理学术不端行为，大阪大学又对不正当研究活动、研究人员职责、研究伦理教育官设立、服务窗口设置、投诉人保护、合作研究者的保护等进行了明确规范。其中学术不端行为包括伪造、篡改、剽窃、署名不当以及其他研究伦理偏差。大阪大学规定研究人员不得从事欺诈行为，确保证据的合法性：对实验和观测记录笔记、实验数据和其他研究材料进行适当的存储等。地方大学副校长是促进研究活动公平开展的人，负责监督大学，采取适当行动预防欺诈。大阪大学设立研究伦理教育官，要求其熟悉研究领域，明晰研究道德伦理，同时必须是一个负责任的人。大阪大学设立提供有关信息的窗口，便于科研人员时刻监督科研活动。

大阪大学具体论述了在出现学术不端行为时采取的措施，将调查细则分为预备调查和正式调查两个阶段。在预备调查阶段，首先，听取调查对象的自我陈述，包括举报人出示证词、听取调查对象论述。其次，对调查对象的笔记、实验记录、数据、报告原稿、发表记录以及科研资金等进行审查，明确规定利益相关者不得参与调查。最后，撰写调查结果报告书，然后转向正式调查。

2015年大阪大学研究公正委员会出台了关于如何预防学术不端行为的总则，涵盖了对学术不端行为的界定、良好研究成果的产生、研究材料的记录和管理、大阪大学预防研究活动欺诈窗口、各主体的研究职责等方面。其中在界定学术不端行为时，除了包括捏造、篡改、盗用外，还将署名不当、二次投稿纳入其中，扩大了学术不端行为的范围。

四、德国大学对学术不端行为治理的探索

大学作为人才培养和科学研究的基地，是一个民族和国家繁荣发展的文明堡垒。在提倡知识经济、重视效益的今天，越来越多的科研人员和科研活动不再是单纯地追求学识提升和精神满足，而是夹杂着个人私利，为了获得更多更好的利益和职位升迁，急于求成，铤而走险，置学术规范于不顾，视学术制度于无形。这使得学术不端行为在大学蔓延，严重污染了高校的学术环境和氛围，破坏了学术研究的有序进行。屡屡见诸报端的学术腐败行为和各种令人瞠目结舌的学术不端事件，给高校及其相关部门敲响了警钟，怎样防治高校学术不端行为，建立相对完善的学术诚信制度和体系变得越来越重要。

德国高校的学术水平和科研质量一直位于世界前列，这源于德国大学极为严谨的治学态度和自律的精神。为加强学术治理和对学术不端行为的防治，德国各大学积极颁布有效的学术规范和条例，从自身出发，严格规范本校的学术行为。随着布拉赫事件爆发，德国高校绷紧了神经，意识到了学术问题的严重性，亟须制定更为具体、明确、严格的规范制度，建立更加及时有效的治理机构，完善学术规范制度建设，德国对抗高校学术不端事件的战幕早已拉开。

德国研究联合会制定的《研究行为规范》（*Code of Research Conduct*）是德国各大学学术治理与诚信建设的主要依据。根据其制定的一些政策法规，德国所有的大学和科研机构均须制定本机构的学术行为规范与指南。每所大学为解决本机构年轻科研人员在研究活动中出现的学术不端等问题，都要设置一名调查员。德国特别重视学术不端行为调查和处理，德国研究联合会也将各大研究所是否依照《研究行为规范》制定具体规范作为是否提供资助的先决条件。

另外，德国非常重视对学生进行学术诚信规范教育。德国研究联合会在制定的相关学术规范和指南中，特别强调高校或其他研究机构要注重对年轻科研人员的教育与指导。其中包括：对年轻研究人员的教育和成长给予特别关注；研究部门领导要对每个年轻科研人员，尤其是研究生或优秀本科生的管理负起责任；研究部门领导必须确保团队内部良好的沟通与合作，对研究的各项工作施以科学管理；每个研究生除有一名专门导师对其进行指导外，还要有两名来自不同团队或学校的资深科学家对其进行监督管理，并提供建议和帮助等。

（一）海德堡大学

海德堡大学是德国非常著名的一所大学，被誉为德国九所精英大学之一。

1998 年 11 月，海德堡大学制定了《保障良好的科研行为条例》

（*Safeguarding Good Academic Practice*），包括前言、学术不端行为定义、细则以及对怀疑学术不端行为的处理程序四个部分。其中，学术不端行为的定义部分指出，"在科学研究过程中由于故意或者粗心大意而导致的虚假说明，造成他人精神、财产受到损失或以其他方式破坏他人研究等行为"都属于学术不端行为，并采取罗列的方式详细阐明。

例如，第一种"虚假说明"主要指"虚构、伪造数据"或"在说明或图示上弄虚作假"，"伪造申请书说明"包括"虚构文章出版单位、出版日期等"。第二种"对精神、财产的伤害"主要指"涉及他人著作或出自他人重要理论知识、假说和构想""未经允许私自使用或随意引用他人科研观点或思想（剽窃）""僭越或无故接受作为作者或合作者身份""篡改内容，随意拖延出版科研论文，著作以及相关理论知识、科研假说或构想没有被公开之前未经授权向第三方公开""未经授权私自在他人著作里署名独立作者或合作者""销毁原始数据，违背法律规定或原则上违背公认的科研工作原则""损坏科研工作（包括对实验秩序、仪器、资料、软件、化学药剂、细胞及微生物培养或其他人进行实验必需物品的损害、毁坏或任意操纵）""擅自挪用公共拨款或科研基金"等十种行为。在这十种行为中最为常见的一种是"侵占"，包括对他人学术思想或构想、知识产权、学术名誉，以及对公共款项、公共设施的侵占等。第三种"对学术不端行为负连带责任的行为"主要是指"参与他人的学术不端行为""进行出版物合作者的伪造""管理方面的粗心大意"等。由此可以看出，海德堡大学在对学术不端行为进行定义方面力求语言朴实易懂，很少运用专业术语，从细微方面入手，让每一名科研人员尽可能明白、弄懂哪些行为是科研禁区、道德红线，以此告诫全校师生要高度警惕学术不端行为的发生。

《保障良好的科研行为条例》的第二章主要分为"如何保证科研人员进行正确的科研行为"和"学校专门设立调查机构与处理程序"两大

部分，共七条来说明。第一部分就科研人员在具体研究过程中如何确保良好的、负责任的科研行为问题分四条进行了详细描述，其中突出的几点有：第一，强调"人才培养应该将对科研人员进行正确科研行为的教育与培训作为重要内容"，科研人员的研究能力和专业素养是在后天教育和学习的经历和训练中慢慢发展和提高的，有怎样的教育环境就会产生怎样的科研行为。在人才培养过程中，假如所有人都能受到严格的"良好科研行为教育"，便不会出现学术不端行为。第二，对项目负责人的职责提出明确要求。"每一位项目负责人都应该通过合理的组织机构来履行其职责范围内的监督、领导、管理以及质量保障等工作，并保证每一项工作都能合理分配与及时履行。"在数据保存方面，要求所有科研项目负责人必须保证，相关出版物的基本材料中包含的原始数据，可以有效并安全地保存 10 年以上。这些规定的出台是受当时德国出现的一系列学术不端现象的影响，同时也是对马普学会、德国研究联合会等相关机构规定的全面响应。第三，著作署名要尽力做到简明扼要。《保障良好的科研行为条例》指出"对相关科研工作有贡献的科研人员应该都是该项工作的合作者，如对于某一出版物中内容的设想、规划、构思、执行等内容由所有合作者共同负责"，另外，"贡献较小的不能出现在署名中的工作人员也应在致辞等部分被提及"。总而言之，不能发生学术署名或学术名誉等的独占与侵占等现象。

第二部分主要是对学术不端行为调查与处理的相关组织机构进行具体说明。学校除了有专门的治理机构即校长办公室设立了一个常务委员会对学术不端行为进行调查外，这一部分还着重介绍了协调员制度——协调员一般由来自各个专业领域的专家担任，负责协调处理学校各部门工作人员涉及学术不端行为的当事人，起到沟通和桥梁的作用，当怀疑科研中出现不端行为时所有科研人员都可以直接向协调员举报。一旦有足够证据证实确有学术不端行为存在，监察员可以直接向常务委员会报告。常务委员会一般由主席领导，在接到监察员有关学术不端问题的报告后，主席在第一时间召集委员会展开调查，在查明事实后，将所得的翔实情况上报给校长。常务委员会根据具体情况和事态严重程度确定审理程序，并保证各相关人员听证或申诉的权利，对文件的审查严格按照规定进行。

（二）不来梅雅各布大学

不来梅雅各布大学又称不来梅国际大学，地处德国不来梅州，是一所全英文授课的国际化学校。

不来梅雅各布大学针对学术问题专门制定了适用于本校全体师生的《学术诚信守则》（*Code of Academic Integrity*），就学术诚信定义、师生责任、学术诚信委员会的职责、师生违反规定相关处理等问题做了详细阐明和规定，并要求所有师生签名承诺自己熟读且严格遵守《学术诚信守则》。

关于学术诚信的定义，《学术诚信守则》在开篇就明确指出，各学术研究机构或其他共同体的所有成员都要坚守和推行以下基本原则：尊重自己和他人的学术研究工作与贡献，包括研究项目、专著和论文、演讲或者其他学术成果；涉及学术研究的各项活动都要合乎相关行为规范；诚实、准确地报告研究成果、事实和观点；公平、公正地对待学术共同体所有成员。不来梅雅各布大学所有师生必须严格遵守《学术诚信守则》，诚信科研，正确处理包括论文剽窃、抄袭及其他形式的欺骗行为在内的学术不端问题。

另外，《学术诚信守则》还规定了教师、学生以及学术诚信委员会等的职责。针对"教师职责"，《学术诚信守则》要求所有教师：第一，要营造和保持良好的学习环境和氛围，尤其是保证学生在听课、科研培训、研讨或考试中不受干扰。第二，要让学生了解修完规定课程的各项要求，清楚每项要求所占权重。第三，倡导学术诚信，坚决杜绝学生出现任何形式的不端行为，在学生考试以及课程作业方面避免出现作弊行为；明确课程作业中学生的合作程度和范围；公平对待学生课业完成的期限、成绩评定、论文答辩以及出现的学术不端问题；保密处理关于学生课业成绩评定的所有信息等。关于"学生职责"方面，《学术诚信守则》规定：学生要诚实地进行研究和完成课程作业；在研究过程中要尊重研究成员、同学与导师；承认他人在各项学术中提供的帮助；根据大学良好科研实践指南进行研究；要适当承担研究工作的分配、信息的分享以及其他责任；尊重与爱护大学的研究环境，不能破坏与研究相关的教学工作，严肃对待教学与研究机构资料的知识产权，诚实对待大学学术共同体的所有成员，保护保密的信息等。学术诚信委员会的基本职责是为学校所有研究活动营造良好、健康、诚信的环境氛围，对学术共同体所有成员有关学术诚信问题提供建议和帮助。具体表现为：准确、详细记录学校召开的所有学术会议内容，并进行阶段性的核实与确认；对涉及的学术问题必须秘密进行，会议记录要严格保密；学术委员会正式委员与候补委员须经过严格程序选举产生，享有投票表决权，每届任期为一年；对于涉及学术问题有争议的委员应及时回避，不得参加相关会议等。

对于学生违反学术规定的处理，《学术诚信守则》规定：对学生违反《学术诚信守则》的行为，教师可根据情节严重程度采取适当的惩处措施，对于超出权力范围的情况，必须尽快将案件提交学术诚信委员会处理。对于情节较轻的违规行为，处以书面通报批评、降低全部相关功课的分数、对全部相关功课给不及格分等；情节较严重的，可以勒令停修某课程，勒令退学但允许其重新申请入学，勒令退学并不再给学生重新申请入学的机会，剥夺学生做助教的权利等。

关于教师违反规定的处理，《学术诚信守则》规定学生或其他教师有权向学术诚信委员会揭发某教师违反《学术诚信守则》的行为，指控方可以首先与被指控的教师商谈此事，不过这种私底下的沟通不是必需的，如果指控方与被指控方私下无法达成一致，或者被指控方希望避开这一环节，指控方可以将案件向学术诚信委员会报告。

学术诚信委员会在收到此类举报时，将根据情节的严重程度作出判断：情节较轻的情况是指非故意地违反规定的行为；而情节较严重的情况是指故意的、有预谋的违规行为。对于违犯德国相关法律及一些机构的伦理指南等的案件则会移交给相关权力机构。一般针对教师违规行为，在正式调查程序启动之前，学术诚信委员会会承担调解的角色，或指派一名调解员，通过召开一次由所有相关方参加的联合会议，或者与有关方进行私下沟通商谈等方式进行。学术诚信委员会要保存所有相关会议记录。也就是说，在正式程序开始之前，学术诚信委员会要及时与案件涉事主体进行沟通并了解案件的具体情况，进行摸底，决定是否启动正式程序。一旦正式程序开始，学术诚信委员会就会立即通知被指控的教师，并召集有指控方和被指控方共同参加的联合听证会。学术诚信委员会的一名委员要撰写听证会的纪要，并确保其准确性。如果教师被认定为有罪，则会对其进行书面通报批评。如果教师被认为无罪，不再对其进行处罚。值得注意的是，学术诚信委员会在对某个教师的违规情况进行听证之前，须向被指控方所在学院的院长了解该教师先前的违规情况。如果该教师之前有违反学术诚信规范的前科，此次将被认为情节严重。

另外，无论是学生还是教师如果对违规行为的处理不满，或因为某种特殊情况而决定对此提出申诉，都可以要求学术诚信委员会对案件进行进一步的审查和处理。学术诚信委员会对提出的申诉有决定受理和拒绝的权利，如果决定受理，则必须尽快在下一次定期会议上就案件处理情况进行听证。学术诚信委员会就教师或学生上诉做出的决定是最终决定，并有参与案件审理的学术诚信委员会委员的签名。最终，会议记录会提交到大学事务办公室永久保存。

(三) 汉堡大学及其他高校

2001年3月,汉堡大学对如何确保进行良好的科学实践做出规定,比较详细地阐述了从学术不端行为认定到处理各阶段的注意事项和工作内容,包括科研实践原则、学术不端行为认定标准、学术不端行为指控注意事项及处理等。其中将"错误数据信息(数据伪造)""第三方侵权(剽窃)""未经作者同意发表其作品""私自破坏、任意操纵试验设备或更改条件、程序""消除或更改原始数据"等定义为学术不端行为。调查程序分为初审和正式调查两个阶段,初审主要是甄别关于学术不端行为的举报信息。上报的具体内容和信息可以是书面的,也可以是口头的。负责受理举报的监察员会给予举报人和涉事人双方辩论、举证的机会和期限,对信息真伪进行辨别,然后根据初步调查和筛选的结果决定是否进入正式调查。在这一阶段,举报人的个人信息要保密,确保其不受影响。正式调查由调查委员会全权负责,将经过甄别且确实存在学术不端行为的案件纳入正式调查程序中,经调查委员会专家评估和调查,采取恰当的应对方案和手段进行治理。另外,汉堡大学明确指出,将触犯联邦刑法、民法等严重的学术不端行为移交国家司法或行政机关处理。

2002年7月,柏林大学技术与经济学院制定了关于确保开展良好的科学实践和对学术不端行为处理的指南,对学术不端行为的处理做了细致、系统的说明,其中将监察员的主要任务概括为"收集学术不端可疑信息,掌握相关证据,并对学术不端行为的处理提出建议"。类似的规范,如2002年杜塞尔多夫大学制定的关于确保良好实践的原则、2003年6月汉堡应用科学大学制定的关于确保良好的科学实践和防止学术不端行为的原则、2007年4月柏林大学制定的关于良好科学实践的准则和2008年7月帕绍大学在其大学章程中制定的确保良好的科学实践和对学术不端行为处理的程序等。值得一提的是，有的学校制定的规范、条例还就科研道德、剽窃认定标准及怎样防止剽窃等具体内容进行了细致阐明，如 2003 年 1 月弗莱堡大学制定了本校的道德守则，明确规定了科研人员必须坚持"诚实信用原则，不欺骗公众，不隐瞒事实""要充分尊重他人的知识产权""如实记录实验结果和数据"等道德规范；而像 2006 年 7 月柏林大学制定的关于如何制止剽窃行为的决定、2010 年 6 月马尔堡大学制定的剽窃行为认定标准等，就具体剽窃行为认定和处罚方面进行了详细阐述。

(四) 德国高校联合会

2000 年，德国召开了高校联盟大会，形成了第 50 届高校联盟大会决议，规定被证实存在学术不端行为的人员，将被取消高校联盟的资格。同年，德国高校联合会（Deutsche Hochschulverband，DHV）针对高校学术不端行为颁布了相应的自我防治条例，从学术不端行为产生的原因和危害、科研工作的基本原则、政府职能以及高校教师的学术职责和义务等方面予以阐明，并建议高校成立由专家或权威学者组成的学术不端行为治理委员会，以便更好地应对学校的学术不端问题。2002 年 7 月，德国高校联合会针对学生的科研实践制定了相关决议，强调要"确保学生良好的科研实践，必须让其认真学习相应的科研规则，加强对学术不端行为的认识""从一开始就教授学生正确的科研知识和规范"，还指出"互联网是科研工作者获取知识资源的一个非常好的来源，但同时也方便了知识的盗用和窃取"，所以要对学生进行关于如何正确运用网络资源的教育，确保网络资源被科学地引用和表述。

综上所述，德国在大学层面对学术治理进行了较为积极的探索，这对于其整个学术生态的建设具有重要的意义。

五、澳大利亚大学对学术不端行为治理的探索

澳大利亚作为英联邦国家，其高校学术治理带有明显的欧洲色彩，它是非常重视高校自我治理的国家。这种重视自我治理的内在要求必然使得高校在学术治理和应对学术不端行为方面，要担负起主要责任。高校产生学术不端行为与内部管理出现问题相关联，不能仅凭国家或外部监管机构的治理达到预期目的，因而要有自我解决的智慧和能力。颁布相应学术规范，并针对具体问题不断调整、修改和完善，充分发挥基层优势，面对新问题、新现象及时有效解决正是高校的职责所在。为此澳大利亚各高校针对具体学术问题颁布了许多及时又有效的规范，并逐渐加大对各种学术不端事件的惩戒力度。

1992 年，澳大利亚高校组织澳大利亚大学校长委员会出台了针对研究实践及其过程中的学术不端问题的指导原则，进一步明确负责任研究行为，对怎样处理科研实践中出现的学术不端问题给予有效指导。澳大利亚的大学都十分重视科研诚信问题，分别制定和修订了本校的科研行为规范（表 1-2）。如 2004 年墨尔本大学在校规第 17 条 17.1.R8 款中制定的"科研行为规范"及 2005 年阿德莱德大学制定的《科研活动规范》（*Standardization of Scientific Research Activities*）、2009 年新南威尔士大学颁布的《新南威尔士大学研究行为准则》（*UNSW Research Code of Conduct*）等。这些规范不仅包括负责任与诚信科研行为指导原则、研究数据的管理、科研成果的发表和署名，同时还包括对学术不端行为的界定和处理措施等内容。又如 2009 年新南威尔士大学制定了《科研不端行为处理程序》，就学术不端行为举报、认定以及事后处理等程序做了严格规定，并详细阐明了相应部门在处理学术不端行为各个阶

段应尽的职责与义务。类似的学术不端治理程序规范还有 2011 年阿德莱德大学颁布的《科研不端行为处理程序》（*Procedure for Handling Allegations of Research Misconduct*）等。除此之外，澳大利亚还非常重视对科研人员的教育培训工作。悉尼大学学术委员会在 2011 年专门制定了《负责任的研究实践培训手册》（*Responsible Research Practice Training Manual*），对如何培训与管理学校科研人员的科研行为，尤其对新科研人员的预防教育工作做了详细说明。

表 1-2　澳大利亚部分高校颁布的有关学术诚信的规范条例

序号	学校	相关规范与条例
1	悉尼大学	2003 年，《负责任研究实践与学术不端问题指导原则》； 2005 年，《2005 学生守则——学术诚信行为》； 2011 年，《负责任的研究实践培训手册》； 2012 年，《课程中学术欺诈和剽窃政策》等
2	新南威尔士大学	2004 年，《负责任的科研活动行为规范》； 2009 年，《科研不端行为处理程序》； 2010 年，《科研诚信政策与程序》； 2014 年，《负责任研究实践》等
3	墨尔本大学	2004 年，《科研行为规范》校规的第 17 条 17.1. R8 款
4	阿德莱德大学	2009 年，《负责任研究行为规范》； 2012 年，《学生不端行为规则》； 2015 年，《欺诈、贪腐行为防治法规》等
5	蒙纳士大学	2011 年，《负责任研究政策》； 2013 年，《负责任研究调查有关科研不端行为的投诉》等
6	澳大利亚国立大学	2008 年，《负责任研究行为著作权》； 2009 年，《负责任科研实践》； 2012 年，《行为准则》等
7	昆士兰大学	2004 年，《大堡礁海洋公园研究行为准则》； 2011 年，《负责任研究行为政策》； 2015 年，《学生诚信与行为不端》等

上述高校制定的相关科研规范，除了引导科研人员树立良好的责任感、诚信感和道德感以外，还对学校、系、教研室的工作人员、教师以及学生应该履行哪些职责进行了详细规定。可以说，每所学校都对相关学术不端行为可能引发科研诚信质疑的关键环节做出了明确要求。新南威尔士大学制定的行为规范还涉及科研保密条款，包括知识产权相关的保密规定。各学校都对学术不端行为做出了明确界定，并列举了一些具体内容。对学术不端行为的处理，各学校也都制定了严格、规范的程序。大部分学校采取初审和正式调查相结合的模式，如果在初审阶段接收到相关举报，为了保护举报与被举报双方以及与之相关的学生、期刊及其他资助机构的利益，要对其进行谨慎处理。如果对学术不端行为的举报进行到初步调查阶段，有关调查活动则要以恰当的方式暗中进行。而对于已经调查核实的学术不端行为，相关高校应对其严格惩处，措施包括依据校规和工作合同在人事方面的处理，由学校向提供科研经费的单位和有关科研刊物的出版单位、新闻媒体通报调查结果。

对于正式调查，各学校的措施也不尽相同，有些调查会因某种原因中止或提前结束。例如，悉尼大学规定，在一位员工被举报有学术不端行为后，如果该员工辞职，调查工作应立即终止。对于这种情况，悉尼大学无权对其采取任何措施，对此类学术不端行为的调查已经没有必要。但是，如果该学术不端行为已经被证实对其他人员造成了严重影响，学校就会指派相关人员成立调查组对相关情况展开调查，并且对相关受害人员或单位提出相应的补救措施。新南威尔士大学对此类情况会采取不同的做法，其相关规定明确指出，学校相关负责人（负责科研的副校长）一旦接到对学术不端行为的举报，在经过调查核实的情况下，即使相关责任人向学校提出辞职或已经辞职，仍然要对该行为予以制止并采取相关措施，对其科研结果中的错误必须予以纠正。

六、丹麦大学对学术不端行为治理的探索

由于丹麦科研不端委员会只处理对丹麦具有潜在影响的学术不端案件，因此，一些学术不端案件是由丹麦的大学直接处理的。丹麦的大学没有义务向丹麦科研不端委员会报告关于学术诚信和学术不端的案件。丹麦学术不端委员会秘书处收集的数据显示，2000—2007 年，一所大学每年处理不到五起案件，其中只有少数案件被证明是严重的，可以被认定为学术不端案件。

丹麦的许多大学依据《大学法》（*The University Act*）制定了保障良好科学行为的守则。例如，奥胡斯大学 2000 年 6 月制定了关于如何保障良好科学行为的准则，对处理原则、委员会、调查程序、处罚、保密性等做出了详细规定。按照要求，大学校长任命一个内部的顾问委员会来处理奥胡斯大学在科研工作中可能出现的学术不端行为。顾问委员会由一名主席和来自各个院系的代表组成。

根据学术不端行为不断发展变化的新趋势，丹麦相关部门不断出台新的政策、措施，特别是针对某些处于学术不端行为边缘的灰色领域。经过不断探索，丹麦的多数大学已要求其所属科研人员提供其兼职、作为企业领导成员、顾问等与私营部门利益相关的信息。

第二章 各国学术治理制度变革与演进

基于上一章对西方主要国家在学术治理法规与政策方面的变革与演进的梳理，可以看出，随着学术界学术不端行为的逐渐增加，西方各国已经在国家、第三方机构以及大学等不同层面对学术不端行为的治理进行了积极探索，颁布并实施了相应的法规与政策。在此基础上，要想使学术不端行为得到更为有效的治理，在社会不断进步、科学技术不断发展的时代，各国需要将该治理行为系统化与制度化。对此，本章结合科学研究活动的特点及其相关因素，分别从学术奖励制度、同行评议制度以及教师晋升与评价制度等对各国学术治理的制度变革与演进进行分析。

第一节 学术奖励制度

1943年，美国心理学家马斯洛在《人类激励理论》（*A Theory of Human Motivation*）中首次提出人类需求理论，主要包括五个层次，其中安全需求为第二层次，包括基本的物质需求。高校教师作为自然人，不能摆脱对物质生活的依赖，首先需要满足低层次的物质需求。因此在学术奖励中，物质奖励可以让科研人员生活得更好，有助于免除他们的后顾之忧。同时，作为社会人，他们也需要实现自我价值，需要被他人和社会认可，期望得到精神上的肯定来表达对他们工作价值的承认，进而满足作为社会人的需求。当然，学术奖励还有助于稳定人才、对社会价值和科技领域发展发挥导向作用，在促进科研工作者成长的同时产出高质量的科研成果。

关于学术奖励的定义，学术界没有给出统一而明确的界定。通过查阅大量文献，分析和总结不同学者的观点，本书将学术奖励界定为由奖励授予机构对相关学术人员或研究组织做出的创造性研究成果给予某种物质或精神上的奖赏和鼓励。其中，奖励的授予机构包括政府、各类学术团体、民间科研机构以及高校等，其奖励的对象主要来自这些机构和组织中的个人和整个研究团体，他们或者是在自然科学领域，或者是在人文社会领域做出突出性贡献，另一主要奖励客体是研究成果而非其研究者。学术奖励的方式可分为两大类。一类是包含荣誉、声望等在内的精神性奖励，另一类是以实物、职位、薪酬、奖金等为经济回报的物质性奖励。因此，学术奖励制度就是以上述几方面为基础，结合相关机构制定的运行程序和操作准则等构成的规范体系。

学术奖励的制度化历程起源于欧洲，伴随着科学的发展和社会的进步，学术奖励制度在科学的体制化过程中逐步形成。早期，科学还未从哲学世界中分离出来形成一个独立领域，公众只是将科研作为一种兴趣而非谋生的手段。那时的科技奖励并未系统化和规范化，其表达的方式便是以研究者的名字来命名其研究成果，譬如牛顿运动定律、毕达哥拉斯定理等。这是科学界最原始和最传统的奖励形式。16 世纪开始，科研正式作为一种社会化活动蔓延开来，这个阶段的命名法奖励方式也变得尤为普遍。一门新学科的诞生，常常将其创始人冠以“某学科之父”。[1] 意在保护发明创造、促进新技术交流和转让的专利制度的出现代表学术奖励的一次创新与飞跃，这是国家对学术奖励的公开支持与倡导。14 世纪后，资本主义萌芽出现，商品经济产生，个别国家为提升本国经济实力，鼓励发明创造，并采取相应的保护措施与奖励制度，如

---

[1]　张忠奎、林志明：《科技奖励》，144 页，北京，科学出版社，1990。

持有发明创造成果的商人可以获得一定时间的免税或者独立经营权。这种由国家统治者对发明物或创造人给予认可和鼓励的办法既是现行的专利制度雏形,也被认为是现代科学奖励制度的萌芽。①

17世纪,欧洲各国科学家纷纷成立各种学会、科学院,大大加速了科学技术活动的社会化进程,大学、各种学派、科学机构大量涌现,科学活动实现了初步建制化。"与科学的进一步建制化相适应,基于对科学家角色进行内部评价和控制的需要,种种学术奖励、学位奖励制度日益发展并完善起来,各种科学学派设立了奖章、勋章、称号等多种形式的奖励制度,促进了科学技术在国家之间的交流。"② 例如,成立于1660年的英国皇家学会就逐渐发展成拥有很高学术和社会地位的科学团体,成为该学会的会员是一种崇高的荣誉和对学术贡献的承认。1731年和1800年英国皇家学会分别设立了科学类的科普利奖章和朗德福奖章,荣获该会颁发的奖章是另一种崇高的荣誉。③英国皇家学会设立的奖项对鼓励创新性科学研究起到了重要的作用。

在19世纪,德国实行了教育改革,使得大学不但成为教育中心,而且成为科学研究中心,这种科研与教育一体化的结构使得科学研究趋于职业化。后来,这种结构模式为南北战争时期的美国所效仿,而且,美国的一些名牌大学还创办了一种研究生院,使得科学研究更加专业化了。④ 这一时期,美国的一些学术机构也逐渐建立起来,科学研究日益组织化。与此相应,学术奖励制度在美国也逐步形成,并得到了进一步发展。

20世纪以来,科学获得了极大发展,科学活动高度建制化,科学研究表现为集体化、高度组织化的活动,大学日益成为科学研究的中

---

①③　张忠奎、林志明:《科技奖励》,145页,北京,科学出版社,1990。

②　焦贺言、赵宇彤:《"制度化"科学奖励回顾》,载《中国科技奖励》,2005(7)。

④　王炎坤:《科技奖励的社会运行》,19页,武汉,华中理工大学出版社,1993。

心，大学的学术研究备受关注，学术奖励活动也成为整个科学活动的重要组成部分。它在充分调动学术人员的积极性、促进科学技术进步和社会发展方面发挥着越来越大的作用。1901 年首次颁发的诺贝尔奖及其获得的成功，标志着现代学术奖励制度的确立。进入 21 世纪后，世界各国都普遍重视和积极开展各种学术奖励活动，建立了有利于本国科学技术发展的学术奖励制度。

一、美国的学术奖励制度

美国的学术奖励体系经过不断发展和完善，形成了由政府级奖励、民间学术奖励以及高校奖励三类学术奖励制度构成的相互独立的奖励体系。这一系列奖励从以总统名义设立的奖项，到联邦政府机构以及民间学术团体和大学等设定的奖励互不干涉，并且这三类奖励制度各具特色。

（一）政府级奖励

美国政府层面的奖励主要包括两方面，以总统名义设立的奖项和政府科研及有关部门设立的奖项。

以总统名义授予的奖励是最高级别的政府类奖项，有国家科学奖（National Medal of Science）和国家技术奖（The National Medal of Technology）。国家科学奖是科学领域的最高奖项，相当于美国本土的"诺贝尔奖"。该奖项设立于 1959 年，奖励范围涉及数学、物理、化学、生物学和工程学等领域，其评审主体在总统任命下，集合了 12 名各领域专家组成的独立的评审委员会。该委员会负责选出获奖候选人，向总统提交最终获奖名单，并由总统亲自授奖。其授予对象为美国公民或者于一年内已提出申请加入美国国籍的具有永久性居住权的相关人士，评选主要依据候选人的科研水平以及研究成果的影响力。美国国家技术奖代表美国技术领域的至高荣耀，该奖项于 1980 年设立，奖励范围较广，涵盖产品发明、先进制造技术、环保技术开发、技术转让、人力资源发展等方面，在以上领域做出杰出贡献的美国公民可获此殊荣。奖励名额比较少，自 1985 年授奖以来，每年平均 8 人获奖。

美国联邦政府及其部门，如美国国家科学基金会、能源部、教育部、国防部、农业部、商务部等均在学术领域设立了奖项。它们与总统授予的奖项共同构成美国国家级学术奖项。其中，美国国家科学基金会作为基础研究的主要资助部门，设置的奖项在学术领域具有较大的影响力。该基金会是美国联邦政府机构的一个独立部门，建立于 1950 年，奖励范围涉及科学、技术、数学、工程学等领域，奖励对象是对某学科的创新和发展具有特殊贡献的青年科学家或工程师，而且必须是美国公民或持有绿卡的人士。美国国家科学基金会设立的奖项主要包括支持年轻有为的学者潜心做研究的青年科学家总统奖，针对在各学科做出杰出成就的青年学者而设的沃特曼奖，以及费米奖。

（二）民间学术团体奖励

与我国学术奖励体系不同的是，美国拥有庞大的以民间学术机构为奖励主体的奖项，这类奖励形式丰富多样，数量繁多。其中，比较有影响力的民间学术奖励主体机构有美国国家科学院、国家工程院、美国化学学会、美国物理学会、美国科学促进会等。这类机构设置的学术奖项对该领域做出杰出成就的学者和研究人员同样具有较高的权威性和深远的影响力。这里以历史悠久的美国国家科学院奖和著名学术团体美国化学学会为例来阐明美国民间科技奖项的大体情况。

美国国家科学院设立于 1863 年，在为联邦政府各部门提供科技政策咨询的基础上，在生物、医学、天文和物理学、行为及社会学、化学、地球与环境科学、数学和计算机科学等领域设有多种类别的奖励。通过统计和分析，美国国家科学院设置的奖项主要有化学奖、数学奖、分子生物学奖、特罗兰德研究奖等。由于奖项分属不同的研究机构且涉及专业范畴各异，所以每个奖项的评选周期和奖励对象均无统一规定，但各类奖项对候选人的评价指标均以在本学科取得杰出成就或为社会做出卓越贡献为主。[①] 美国化学学会创立于 1876 年，下设 62 个奖项，其中奖励范围涉及化学学科的有 40 多种，如美国化学学会无机化学奖、化学学会理论化学奖、有机金属化学奖等，其他奖项覆盖教育、科普以及管理等领域，旨在鼓励在化学有关领域做出杰出贡献的人士。每个奖项都设有审查委员会，专门负责各个奖项推荐材料的提交以及候选人的提名审查工作。其评审主体是由美国化学学会会长任命的五名该学科专家组成的评审委员会，每三年为一周期，负责该奖项候选人的遴选。美国化学学会对评奖人的遴选标准除了需对该领域的发展有杰出贡献等指标外，还明确提出：一般情况下已获一种公认的科学奖项的个人或团体，除非提名为美国化学学会奖的候选人的研究成果是新的，否则不能再授予其该学会的任何奖项。这一标准避免了重复授奖，更能激发年轻科学家及未获奖学者的潜能。

(三) 高校内部奖励

相比之下，美国高校内部，尤其是研究型或综合大学所设置的奖项主要是为了鼓励本校学者的研究与创新，更具有针对性。大学奖励与国家级奖励和民间学术团体奖励不同的是，相比于物质层面，大学奖励更注重精神层面的奖励，并且荣誉性也没有后两者高。这些奖项有学校或者学院、系级层次的奖励，也有专门针对某一学科或者跨学科研究设置的奖项，还有为鼓励不同学校之间、校内不同学院之间合作而创立的奖项。这里以哈佛大学为例对高校层面的学术奖励进行介绍。

哈佛大学设置的奖项中，比较有影响力和权威性的有哈佛大学环境中心为促进学者在不同研究、不同学科之间开展合作研究并解决全球广

---

① 阎光才：《美国的学术体制：历史、结构与运行特征》，135～136 页，北京，教育科学出版社，2011。

泛关注的环境问题而设置的教员科研项目奖。该奖以校内和校外专家为评审主体，以同行评议的方式进行，评选周期为一年。为了鼓励脑行为领域学者之间的跨学科研究与合作，哈佛大学设立了脑行为研究奖。奖励对象主要是来自校内不同院系的相关研究人员，奖金高达 25000 美元，用来资助学者的进一步研究。此外，肯尼迪政治学院公共领导中心为鼓励和发展关于公共领导的学术研究，专门设置了领导学研究奖。该奖项的奖励对象涉及哈佛大学所有教职工，通过对论文、专著以及相关研究项目等进行审查，最终选出候选人，评选周期为一年。

二、英国的学术奖励制度

从世界史来看，以科学的建制化为分水岭，学术奖励或科学奖励也经历了从非制度化向制度化转变的过程。中世纪以前的古希腊、雅典时期，科学家将自己从事的研究活动看作一种休闲，虽说没有科学共同体，没有集体研究，但存在有一定学术理论和功底的智者和圣贤，且出现了命名形式的奖励方式，如毕达哥拉斯定理、阿基米德原理[①]、欧几里得几何、凯恩斯经济学等，以此来显现他们的伟大功绩。在学园或某个学派中，科学活动的组织形式是典型的师傅带徒弟，因此出现了一种尊称——"祖师爷"，这也是一种中古时期的奖励类型。这两种形式都属于科学体系内部的相互承认。

在中古时期以后，商品经济开始产生，并获得长足发展，伴随着专利制度的出现，以资助或肯定科学活动的奖励制度登上了历史舞台。十三四世纪，欧洲国家采用授予专利、特许权或垄断权、专管权的方式对科学技术发明成果予以承认。例如，1236 年，英国国王亨利三世将制作色布的垄断权直接授予一位市民，1331 年，爱德华三世授予约翰染

---

① 焦贺言、赵宇彤：《"制度化"科学奖励回顾》，载《中国科技奖励》，2005（7）。

布技术特权①，以此来保护与鼓励发明创造，促进经济发展。

这种随机、随意的奖励形式一直持续到 17 世纪。1624 年，英国颁布《垄断法案》（*Statute of Monopolies*），被公认为世界上第一部完整权威的专利法，使得专利权从恩赐变成了发明人一种应得的权利。18 世纪，英国出现了"悬赏"性质的奖励形式，1714 年，英国议会为了解决商品海上流通问题，悬赏 2 万英镑征集将精度精确到 0.5 度的测定方法②，推动了商品经济的发展。1731 年，英国皇家学会设立了科普利奖章（Copley Medal），成为世界上第一个具有制度化性质的科技奖励③，自此拉开了英国科学奖励的序幕。到 20 世纪，英国形成了相对完善的奖励体制，包括英国政府奖励和社会力量奖励两个方面。

（一）英国政府奖励

20 世纪，美国著名社会学家默顿说过："一旦科学成为牢固的制度之后，除了它也许能带来经济效益以外，它还具有了一切已确立的和复杂的社会活动所具有的吸引力。"④ 这里所说的吸引力是指科学的奖励体系，其实，学者希望自己的研究能被社会认可的渴望从古至今从来没有改变过。⑤ 奖励的含金量在很大程度上推动了科学家的研究，进而推动着每个国家都或多或少地开发国家级奖励，英国也不例外，它的国家级奖励有六种，还增加了一些奖励计划，激励并鼓舞科学家和研究者的科研工作。

1. 奖章团体奖励

1966 年英国设立团体最高奖励，即女王企业奖（The Queen's Awards for Enterprise），主要包括旨在推动国际贸易发展的国际贸易

---

① 张忠奎、林明智、陈万才：《科技奖励》，145 页，北京，科学出版社，1991。

② ［英］亨利·莱昂斯：《英国皇家学会史》，陈先遗译，179 页，昆明，云南省学会研究会，1989。

③ 李朝晨：《英国科学技术概况》，216 页，北京，科学技术文献出版社，2002。

④ ［美］R. K. 默顿：《科学社会学》上册，鲁旭东、林聚任译，科学、技术与社会：科学社会学中一个发展着的研究纲领的预示 6～7 页，北京，商务印书馆，2009。

⑤ 姚远：《近代英国学术期刊体制及学术奖励的发端》，载《经济社会史评论》，2015（3）。

奖、促进经济可持续发展的创新奖与可持续发展奖。这三种奖励中的国际贸易奖颁发给在海外盈余上出现增长的企业，创新奖涵盖技术、设计、市场与管理方面的创新，可持续发展奖是对在产品、服务和管理方面为社会和生活环境做出的突出贡献的奖励，这几种奖项不颁发给个人，而是授予一个团体或机构。随着经济的不断发展，奖项分布日益增多，1990年英国又相继设立了不同行业与科学的合作奖项，包括"科学与工程合作奖""工业与学术界合作奖""技术转让奖"等。这些奖项激发了科学家的研究动力，推动了科技创新与发展。1992年设立"女王环境成就奖"，颁发给那些在环境保护中有突出贡献、为改善世界环境问题贡献力量的机构和单位；1994年设立"潜力奖"，旨在推动基础性科学研究和前瞻性战略研究活动，该奖项的一大特色是政府、产业界、商业界一起承担科研费用。[1]

2. 奖励计划

在20世纪，运用科技带动经济快速发展已成为各国政府的主要着力点，各国相继设立专门的机构管理科学研究，纷纷颁布政策为科研保驾护航，英国亦加入了该潮流，出台了相关措施，制订了一些计划来推动研究的发展。

英国政府启动了"大学挑战计划"和"科技企业挑战计划"，前者主要是继续开发科研人员的创意直至工业界可以使用[2]，或是资助高校使用风险资本促进科技成果产业化。后者是在英国的大学中建立企业中心，以此来支持研究成果商业化，将企业教育融入科学和工程教育中。整体上来看这两项挑战计划是一种潜在的奖励形式，这种项目需要各方冷静思考、认真考量，以评估项目的未来价值。

---

[1] 王果：《中英科技奖励法制比较研究》，硕士学位论文，山西大学，2011。

[2] 傅忠明、吴波：《英国国家科技创新政策的探索》，见《第四届中国科学学与科技政策研究会学术年会论文集（I）》，南京，2008。

(二) 社会力量奖励

英国学术治理是非政府机构主导的,虽然大学的教师隶属于大学,但其亦同属于机构和相应的学科团体,因此,该国的科技奖励体系主要是建立在各学术机构和专业学术团体基础上的,他们接受国家层面、机构层面的奖励。在众多的社会力量奖励中,大部分由英国皇家学会颁布。英国皇家学会是一个并行于政府的独立机构,扮演着国家科学院的角色。这也就决定了奖励的重要性,毫不逊色于政府的奖励,有的甚至超过了政府奖。① 下面以英国皇家学会的奖励为例,介绍英国社会力量奖。

科普利奖章:英国皇家学会最古老、最有声望的一个奖励。它没有国家地域的限制,没有创造结果的时间限制,第一次授予定在 1731 年,早于诺贝尔奖 170 年。很多科学家被授予科普利奖,包括富兰克林、爱因斯坦、达尔文、霍奇金、霍金等。它旨在奖励那些在物理或生物科学研究领域中做出卓越贡献的科学家,每年轮流奖励,1831 年,改变了奖励条件,给予一座银质奖杯和 25 万英镑的奖金。

皇家奖章 (Royal Medal):又称女王奖章,由乔治四世在 1825 年设立,在 1826 年至 1964 年一直授予两个奖章,1965 年,增加了应用科学奖章。这三个奖章也是银质的,同时奖励 1 万英镑的资金。因此,现如今的皇家奖章由三个构成,通常每年由君主依据英国皇家学会的意见颁发,授予在生物、物理和应用科学领域有突出贡献的人,桑格 (Frederick Sanger)、佩鲁茨 (Max Perutz)、克里克 (Francis Crick) 都曾获得过此殊荣。该奖项每年在物理和生物科学领域授予那些"为改善自然知识"有最重要贡献的人,共计两个奖章,第三个奖章授予在应用科学领域有杰出贡献的人。

克鲁尼安奖章和演讲 (Croonian Medal and Lecture):开始于 1738

---

① 王果:《中英科技奖励法制比较研究》,硕士学位论文,山西大学,2011。

年，是英国生物科学的首要讲座，由英国皇家学会举办并授予 1 万英镑的资金。它由克鲁尼安（William Croonian）提出，后来由他的遗孀实施。

贝克瑞安讲座（Bakerian Lecture）：开始于 1775 年，是英国物理科学中的首要讲座，每年由英国皇家学会举办，授予一个奖杯和 1 万英镑的奖金。该奖项的灵感来自亨利·贝克的一个演讲，埃利斯（John Ellis）教授获得了 2015 年的奖励资格，盖兹（Andre Gates）教授获得了 2016 年的奖励资格。

其实，英国皇家学会还有布赖恩美世奖（The Brian Mercer Awards）、皇家社会温顿科普书籍奖（Royal Society Winton Prize for Science Books）、青少年图书奖（Young People's Book Prize）等奖励，据统计达到了 10 种奖章，15 种奖励。这些奖励多而精，或每年一次，或两年一次，又或是三年一次，激励着团体和个人为之奋斗。①

除此之外，英国的学术惩罚也值得我们深思。惩罚，作为一种制裁措施，由来已久。然而，在人类史中虽然很早就有学术不端案例，但鉴于当时科学技术的限制，人们无法得知其学术真伪。随着科学技术发展，人们在对前辈们的质疑中，才渐渐发现了一些早期不为人知的学术造假情况。学术惩罚或规训存在于各政府机构、学术团体和科研资助理事会中，是应治理学术、构筑良好学术环境、维护国家声誉的需求而产生的。

在英国，学术惩罚散落于各理事会和大学中，可分为对科研人员和教师的惩罚、对学生的惩罚两大类。其中，对科研人员和教师的惩罚，首先带来的是撤销研究资格、名誉受损，重者结束学术生涯；其次对轻者给予警告，有的研究理事会规定要终止并收回资助，对于一些期刊类机构是要取消其担任评委专家的资格；最后针对情节严重的，则是移交

---

① 徐海燕：《世界各国科学技术奖励纵览》，载《中国科技奖励》，2005（4）。

司法机关进行相关的法律制裁。以 1996 年的宫外孕重新植入论文舞弊案为例，文章的第一作者被解职，并被全英职业医师注册委员会除名，同时，第二作者被迫辞去皇家妇产科学院院长等一系列职务。[①]

互联网时代，英国高校学生的学术不端行为日益严重，学生们不再进行独立思考，通过自身努力完成作业，而是依赖互联网，通过网络完成作业，应付了事。面对这种局面，英国大学采取了严厉的措施，对学术不端行为进行分级分类处理。如果学生出现学术不端行为，违反学术诚信，学校有权给予警告、考试成绩为零、降低学分等级等处罚，并将诚信记录在学生的个人档案中，跟随其一生，严重者则直接开除学籍。相关违纪人员的导师，不仅要接受学校的质疑还要积极配合学校调查。学校根据调查委员会的结果来分等级地评判教师行为：如若只是学术不规范，则给予警告处分，并随时关注其后续发展；如若构成了轻度的学术违纪，则交由学院处理并记录在档案中；如若构成了中度学术违纪，则由教务处处理，并和相关学生面谈；如若构成严重学术违纪或者是恶劣学术违纪，则由学校违纪处理委员会处理。[②]

英国的学术惩罚有明确的主体划分，不同的行为人在触犯某一群体的规范后会受到相应的惩罚。当然，英国还存在对惩罚不满的申诉措施，大学、研究机构或理事会都有明文规定，提出了申诉程序、受理人员构成等，在确保公平合理的基础上，如实调查学术不端行为，维护相关利益者的权益。以剑桥大学研究伦理委员会审查申诉程序为例：①决定公布之后，申诉人在 10 个工作日内告知大学研究伦理委员会秘书；②上交纸质版申诉；③大学研究伦理委员会决定上诉是以电子还是纸质的形式处理；④秘书获得来自大学研究伦理委员会秘书处的所有信息，

① 闫娟、陆荣展、杨云华：《国外学术诚信保障体系建设经验及对我国的启示》，载《出版与印刷》，2012（4）。
② 邓环：《英国高校遏制学生学术不端行为制度概述》，载《学位与研究生教育》，2014（4）。

要求研究者和大学研究伦理委员会提供额外的有关案例的信息，这些信息要在 15 个工作日内收集完毕；⑤通知相关资助机构、伙伴机构、相关责任人碰面；⑥秘书要保证大学研究伦理委员会秘书处随时知晓这个申诉；⑦大学研究伦理委员会采用合理的考察处理申诉，并设置一个截止日期；⑧最终以纸质形式告知研究者和大学研究伦理委员会秘书处结果。

三、日本的学术奖励制度

日本政府为谋求经济发展，在经济、科技领域赶超欧美国家，从明治维新时期开始注重科学成果奖励制度，并采取了一系列有力举措，主要针对提倡科学精神、奖励发明创造和技术革新等方面。1881 年日本科技厅颁布日本国家科技奖，奖章主要包括紫绶、蓝绶、黄绶三种，其中紫绶奖章用于奖励重大发明与创新。1904 年 5 月，日本成立了工业所有权保护协会，它是日本发明协会的前身，成立后举办了多次发明展览及奖励大会。

大正时期的日本学术奖励制度进一步发展，政府颁布政策法律保障其发展。1917 年，日本农商省对发明奖励费的交付进行了相关规定，每年都需拿出一定金额的预算用于奖励发明创造。同时从 1919 年开始，日本政府每年都需要资助发明协会，用于其正常运行，这一做法一直沿用至今。1923 年，日本议院通过了关于发明奖励的建议提案，使学术奖励制度进一步规范化。

昭和时期，由于发展军国主义的需要，日本政府非常重视学术奖励制度，对于发明创造的奖励力度大大提升，学术制度进一步完善。1932 年，日本政府颁布了发明奖励委员会条例，规定每年由专利局主办发明展览会。与此同时，在日本发明协会主导下，其他发明奖励团体也可定期举办发明展览。日本机关部门工业技术院、科学技术厅（现为日本文部科学省）等纷纷重视发明创造，加强了对发明创造的奖励。科学技术厅对在科技方面做出突出贡献的科研人员授予国家奖章。从 1947 年开始，日本专利局（Japan Patent Office，JPO）开始实施发明制度。1954 年专利局将 4 月 18 日定为"发明日"，并在这一天与志同道合的发明奖励团体举办庆祝活动。从 1956 年开始，日本专利局将此业务移交给科学技术厅。科学技术厅将发明日制度发扬光大，将发明日所在的星期定为"科学技术周"，举办与科技创新、发明创造有关的活动，进一步鼓励各界人士创新创造。[①]

（一）日本学术奖励制度的类型

日本学术奖励制度经过百余年发展，已经日益完善，形成三大系统、多种类型的奖励机制，主要包括中央政府级科技政策与管理省厅、各都道府县、民间团体，可以理解为中央政府、地方政府和民间组织三个层级。

中央政府的学术奖励制度主要由日本科学技术厅负责实施，包括不同类型的表彰：科学技术功劳者、研究功绩者、科学技术振兴功绩者、原子能安全功劳者、技术创新功劳者、发明创造培育功劳学校等。

地方政府的学术奖励制度一般与中央政府奖励一致，相关都道府县设有科技成果奖励或科研资助制度。与此同时，地方政府还起着推荐作用，中央政府的最终奖励由地方政府或中央各部门择优推荐。

民间团体的奖励形式多样化，颁发机构为非政府组织，主要包括发明协会、新技术开发事业团、新闻社及纪念会、学术团体。奖励形式包括物质奖励与精神奖励相结合。民间团体的学术奖励在三大奖励系统中比重最重，在日本国内享有较高荣誉的奖励主要包括：恩赐发明赏、井上春成赏、日本产业技术大赏、藤原赏等。其中每种奖励可分为不同级

---

① 周正：《日本的科技奖励制度》，载《中外科技信息》，1988（4）。

别，以便按成果大小进行划分。

以上三大系统的对象主要是在科技领域做出突出贡献的发明者或科技管理者，采用层层推荐的方式进行评选。一般情况下，获得中央政府奖励的科研人员已在地方获得过相关奖项，再择优推荐到中央进行选拔。日本各类奖励名额会有一定限制，奖励对象除科技发明者之外，还包括管理人员。

在日本如果想要获得推荐，取得相应奖励，必须是已登记的专利，并且在实施过程中产生了巨大的经济效益。日本三大系统中的奖励制度分门别类，但是三者之间相互协调、相互补充。每个奖项上报、颁发的时间均不重复，中央政府授奖时间在每年4月的科学技术周，地方政府的奖励，一般在中央政府之前的5个月内进行。具体的评选流程大致如下：第一步地方推荐，由各都道府及省厅将候选人推荐到科学技术厅；第二步汇总，科学技术厅将申请材料汇总之后，与专利局一同审核材料，主要包括发明内容与所取得效果，并进行逐一核查；第三步上报，科学技术厅汇总好结果之后向内阁总理大臣进行上报，最后由内阁会议决定获得政府科技奖励的名单。①

在日本除上述三大系统的学术奖励以外，还有一项非常重要的学术奖励——日本学士院奖。该奖项设立历史悠久、奖励目标明确、奖励程序规范、影响深远，对于促进日本经济、社会、文化的发展具有重要作用。日本学士院奖前身为帝国学士院奖，设立于明治时期1911年。该奖项设立的法律依据为《日本学士院法》。它规定"对学术上特别优秀的论文、著作及研究业绩"授予该奖项，共九项，其中五项授予基础科学及其应用方面的卓越贡献，四项授予人文科学和社会科学领域的杰出成就。这种划分方式与日本学士院的两大分部相对应。两大分部主要包括自然科学部（理学分科、工学分科、农学分科、医学分科）和人文科

---

① 周正：《日本的科技奖励制度》，载《中外科技信息》，1988（4）。

学部（文学、史学、哲学、法学、政治学、商学）。从两大分部的各项奖励中，每一类选出一项表现最优秀的，命名为帝国奖。该奖每年颁发一次，除日本学士院院士外，每名日本学者都可参选。

日本学士院奖的选拔程序规范透明，候选对象由日本学士院会员提名推荐，分别在自然科学部和人文科学部两大分部讨论提名获奖的候选对象。与此同时确定授奖评委会成员，每个候选项目均需由五名以上的委员进行审查，前后需历时 4 个月左右，审查在每月例会上进行。审查后分别向两大分部报告审查结果，最终以投票形式确定获奖名单，并向日本学士院全会进行报告。日本学士院全会通过后，方可决定最终获奖对象。授予仪式每年 6 月左右在日本学士院举行，隆重而庄严。自1990 年起，天皇和皇后同时出席，对于获奖对象来说这是莫大的荣誉和无上的光荣。日本学士院奖授予奖状、奖牌与奖金。

恩赐奖是日本学士院颁发的最高奖项，1911 年正式设立。本着精中选优的原则，这一奖项获奖者是从日本学士院奖获得者九人中选出的一人，由日本皇室亲自颁发奖金。恩赐奖授予奖状及赐品，赐品为带有皇家家徽的银质花瓶一个。

（二）日本学术奖励原则

日本学术奖励制度有四条原则，包括准确性原则、客观性原则、适时性原则和庄重性原则。

准确性原则：这是所有原则中的首要原则，目的是确保获得奖励的科技成果必须是独创的、实用的、先进的，并且具有较高使用价值与学术价值。同时，科技成果的创作者也必须是准确的，科技成果与创作者两方面务必真实。为了确保其获奖及评奖的准确性，日本制定了严谨客观的评价标准以及评审顺序。

客观性原则：现代科学包含范围较广，学科之间相互交叉融合，科技成果无论是种类还是数量都较多，从如此纷繁复杂的科技成果中选出最优成果并非一件容易的事。因此必须秉持客观公正的原则，划定统一标准，做到大功重奖、小功轻奖、无功不奖，才能让参与评选的科研工作者信服，才能让民众信服，才能让各项奖励规定具备公信力，进而提升日本整体科研精神与国民素质。因此，在评审中主要采取以下措施：①专业推荐与评审相结合；②坚持少而精、优中选优的原则，宁缺毋滥；③制定明确的评选办法与程序。

适时性原则：根据心理学正强化理论，适时、适当的奖励可以有效激励被奖励者的积极性，使其更加积极努力地投身工作，从而取得良好效果。因此在日本企业界有一条不成文的规定：经过评审确认的奖励应该及时颁发。要做到奖励适时颁发，需要着重解决好两方面的问题：第一，时间间隔问题，层次高的奖励需要经过层层推荐和选拔，因此时间可以长一点；第二，层次低的奖励应该严格遵循适时原则，准时颁发。

庄重性原则：颁奖仪式要庄严庄重，讲究仪式感，获奖者在盛大的场合获得奖励，是无上的光荣与骄傲。同时还要营造浓郁的学术创新氛围，激发科研工作者的工作积极性。如果场面过于平淡或私下颁奖，会使奖励过于追求物质化，而缺少精神支持和鼓励，在一定程度上降低了科学奖励的积极作用。

学术奖励制度要形成风气、形成制度，需要国家重视、全民崇尚，更需要规范，形成求真务实的社会风气而不是弄虚作假。日本在科研发展初期，由于研究的基础条件、待遇较差，研究人员怀抱极大热忱，全身心地投入科学研究，学术不端现象很少发生。从 20 世纪初期开始，日本进入快速发展时期，科学研究成为国家发展的需要，科研工作者不仅研究条件得以改善，物质生活水平和社会地位也直线上升，因此吸引了大量研究投机者参加，开始出现学术不端行为。

为了更好地研究学术，创建良好的学术氛围，从日本已经发生的学术不端案例中，我们不难发现，其治理也属于滞后性治理，具体治理措施有口头警告处分、停职处分、解雇、取消学位、所属学会令其退会、剥夺名誉教授称号、校长辞职、返还资金、当事人解雇、论文撤销、校长或主任罚款或减薪，涉及引用问题时，有可能会引起法庭诉讼，更有甚者会因此自杀。[①]

在日本，科研人员与所在科研单位紧密相连，是一荣俱荣、一损俱损的关系，因此为了维护单位名誉，从伦理上自我规范学术行为已成为一种趋势。

第二节　同行评议制度

"同行评议"作为学术界经常采用的核心评价制度，广泛应用到研究经费的配置、研究课题或项目的评审、学术奖惩、教师晋升等各个环节中。对于其含义的界定，不同学者持有不同的观点。从字面意思来理解，同行评议可翻译为"peer review"，"peer"意指同伴，即具有相同社会地位、处于同一专业领域、能力相当的群体。"review"则带有评论、检验之意。总体而言，从表面含义来理解，同行评议指的是由与被评价者可比肩的人来对其某一方面的表现进行评审和鉴定。[②] 1985 年，学者阿瑞（Rip Arie）在其发表的论文中对同行评议进行了界定，认为同行评议是指邀请有关同行学者来对研究项目申请书、学术论文等工作进行评估，从而筛选出他们认为符合要求的作品。1990 年学者吉斯顿（Geston）指出，同行评议主要是针对技术及科学价值的评论，评论者与被评论者需要处于同一专业领域、科技水平，而且相互之间没有利益

---

① 耿景海：《日本大学学术论文不端行为现状调查：基于 2009—2013 年媒体公开报道的事例》，载《科技管理研究》，2014，34（10）。

② 郭碧坚、韩宇：《同行评议制：方法、理论、功能、指标》，载《科学研究》，1994（3）。

冲突。艾森哈特（Eisenhardt）将同行评议看成保障学术质量和提交给评审者研究申请书质量等的评价制度。美国学者认为同行评议作为评价科学工作的一种组织方式，常用来判断评价流程的规范性、产出成果的合理性和资源配置的科学性等方面。基于此，国内学者万群将同行评议理解为依据科学家群体对科学技术活动（包括科研活动、研究资助、科研管理等过程）进行民主管理的一种方法。认为同行评议是指：利用若干同行的知识和智慧，按照一定的评议准则，对科学问题或科学成果的潜在价值或现有价值进行评价，对解决科学问题方法的科学性及可行性给出判断的过程，是学界对研究项目和研究成果质量进行评审的一种常用方法。[1]

总之，同行评议制度应用面广，至今还未形成一个统一定义。综合各位学者的看法，本书将"同行评议制度"界定为由同领域具有较高能力和资格的专家作为评审主体，运用科学的方式，依据合理的准则和规范的程序对学术界在资源分配、项目评估、科研奖惩等方面遴选和鉴定的过程。

同行评议制度的产生源于学术共同体的形成。最初的学术研究属于研究者的个人行为，不受政治、经济、宗教等方面的影响，研究的动力取决于学者的兴趣取向，研究的最主要目的是探究客观世界的本质和发展规律。之后，随着社会经济不断发展，科研成果与生产和实践结合越发紧密，学术研究成为一种职业，研究的规模和范围也随之扩大。从事相同或相近领域的学者便形成一个个群体，他们在能力和知识上相互依赖，并作为一个整体与其他群体进行资源等方面的竞争，这便是学术共同体的雏形。根据本-戴维（Joseph Ben-David）的研究，近代学术研究

---

[1] 阎光才：《美国的学术体制：历史、结构与运行特征》，44 页，北京，教育科学出版社，2011。

走向组织化和制度化的标志是 17 世纪英国成立皇家学会。[①] 该学会的宗旨之一就是使科学独立于其他探索领域，使社会承认科学的活动所遵守的自身规范独立于其他研究领域（如政治、经济、文化、宗教等）的规范。[②]英国皇家学会是一个由相关学者群体组成的独立且自治的社会团体，将传统的由个人自主的研究活动发展成为体现学术共同体整体行为规范和价值取向的集体性活动。同行评议就来自该学会会刊《哲学会刊》（*Philosophical Transactions*）的编辑。《哲学会刊》在征集稿件的过程中，为保证刊物质量，邀请权威专家将收到的文章进行严格评审，逐步形成了以发表论文来获取同伴认可的知识传播方式，自此，同行评议制度渐渐形成。[③]

之后，随着社会和经济发展要求的进一步推进，拥有共同价值观和追求的学者集合到一起，产生了许多类似于英国皇家学会的学者行会、学派以及高校等学术共同体。经过不断发展，共同体内部建立了自己的行为规范和制度准则，其成员在这种行业要求和同行契约的范围内进行研究。如此，学者原有的自主选择和研究的权利在某些方面要受到学术共同体内部的限制。并且根据共同体内部的认可机制，研究产出成果的评定由该领域或相关领域学者组成共同体来承担。这时每位学者都希望自己的研究能够得到同行的肯定和认同，进而提升自身在这一领域的价值和地位。为此，同行的认可便成为研究者获得声望、地位，甚至是职业发展的根本要求。在此基础上，同行评议也表现出越来越高的制度化程度。

---

①② ［以色列］约瑟夫·本-戴维：《科学家在社会中的角色》，赵佳苓译，145 页，成都，四川人民出版社，1988。
③ 阎光才：《学术共同体内外的权力博弈与同行评议制度》，载《北京大学教育评论》，2009，7 (1)。

一、美国的同行评议制度

美国同行评议的产生起源于公众对科研经费分配过程中候选人的评估和考察。1902 年，华盛顿卡内基研究院（Carnegie Institution of Washington）建立了一个由 18 个部门组成的咨询委员会。其中每一部门在接收本领域研究者递交的申请书之后，均采用同行评议的形式来配置学术资金，同时向研究院推荐遴选出来的研究项目。1919 年，美国国家研究理事会也通过同行评议的方式进行本部门研究资金的分配。之后同行评议制度在学术界进一步发展，但此时的同行评议只是作为一种参考框架或者方法供相关专家使用。直到 20 世纪四五十年代，美国政府才将此制度作为资金配置的审查形式正式确立下来。随后，美国国家科学基金会的第一任主任沃特曼（Alan T. Waterman）把这种方式应用到基金会的项目评审中，在之后长期的实际应用过程中，同行评议逐渐制度化和标准化，并作为学术界内部的主要评价手段，通过内部认可机制进行学术地位认可、研究资源分配和学术奖励的授予等。另外，美国国立卫生研究院作为世界上规模大、颇具影响力的医学研究机构，对于研究基金的分配同样采用同行评议制度，并具有一套严格而成熟的评审体系。

（一）同行评议制度在美国国家科学基金会的应用

美国国家科学基金会成立于 1950 年，是世界上较早确立其运行机制采用同行评议的科研机构之一。成立以后，美国国家科学基金会通过不断规范与改进同行评议制度，力求使科研基金效用最大化，既充分尊重科学自由，又保证政府科研基金能够最大化地服务国家，做好政府和科学界之间的桥梁。

美国国家科学基金会对同行评议的组织、评议人选择、评议结果审核、申请人申诉等环节进行管理，同时制定了评议人和管理人员的相关制度，确保机构有效运行。在此机构中，计划官员是同行评议的组织者与负责者，申请与审批程序是：发布申请指南与项目指南—受理项目申请—计划官员选择评议人—向评议人员发放申请材料及评议指南—审核与提交评议结论—计划主管审核评议结论—预算、财务与项目管理局审核资助决定并发放资助通知。从审批程序可以看出，虽然评议人的评议活动是相对独立的，但是为防止评议过程中可能出现的不公正，美国国家科学基金会在对评议人选择、审查评议结论以及最后决定资助等方面，采取了一系列的制约措施，以起到相互约束的作用。美国国家科学基金会不仅对评议行为及评议过程进行一定的规范与制约，对评议人的选择也有一定要求。评议人需要在所评领域具有专业水准和专业素养，能够保证客观公正；要求评议人的分布区域、分布类型等方面具有多样性。

美国国家科学基金会除了对同行评议不断进行规范与制约以外，还会联合其他相关部门对同行评议进行相应的监督与评估。美国国家科学基金会及美国相关政府部门对美国国家科学基金会同行评议的监督，主要是通过设立多渠道的监督机制和实行多层次的制度化评估来实现的，旨在为评议建立多道"警戒线"和多层"防火墙"，以此保障评议的公正性。[①]

（二）同行评议制度在美国国立卫生研究院的应用

美国国立卫生研究院从属于美国卫生与公众服务部，是世界上著名的医学研究与资助机构，影响甚广。其年度预算中超过 83% 的经费以竞争方式资助给美国高校和医学院。为使该资助资金得到有效利用，美国国立卫生研究院拥有与之相匹配的规范高效的同行评议系统。美国国立卫生研究院平均每年受理约 5 万项资助申请，约有 1.8 万名院外科学

---

① 龚旭：《美国国家科学基金会的同行评议制度及其启示》，载《中国科学基金》，2004（6）。

家参与评审工作。经过长期摸索，美国国立卫生研究院建立了一套相互制衡、高效运行的同行评议体系。

美国国立卫生研究院实行两级评审制度，分别为学术评审与官方评审。在第一级学术评审中，学术评审组对项目的学术价值进行评审。学术评审组由院外科学家组成，成员由美国国立卫生研究院负责人任命，任期一般为 4 年。第二级评审主要由国家咨询委员会负责。根据美国《公共健康服务法案》（*Public Health Service Act*）中的要求，美国国立卫生研究院各研究中心分别成立了国家咨询委员会，由 12 名以上的院外科学家和公正代表组成（二者比例一般为 2∶1），任期一般为 4 年或6 年。它主要从未来的应用视角，包括资助机构对公民健康的使命、公众健康需求等方面对申请提出意见。

美国国立卫生研究院的资助项目每年受理 3 次，具体受理时间略有差别。其中研究基金的受理时间分别是 2 月、6 月、10 月，每一轮受理评审为 8～9 个月。两级评审的同行评议体系确立后，通过美国国立卫生研究院不断地改进与探索取得长足进步，对建立透明、规范的同行评议体系起到了良好的借鉴作用。①

二、英国的同行评议制度

无论是在西方还是在东方，同行评议制度都是随着学术规范的演变发展而来的，从其定义上来看有广义和狭义之分。

从广义角度来理解，同行评议制度指相同或不同领域的专家对某一领域的知识产品进行评价的专业活动；从狭义角度来理解，同行评议指作者在投递学术论文后，由该刊物主编邀请相关专家来评议学术论文的质量、学术价值，从而决定是否录用该论文。因此，同行评议制度可以

---

① 陈敬全：《美国国立卫生研究院的同行评议》，载《中国科学基金》，2008（3）。

理解为学术行为的治理制度，对于它的产生历史，国外不同学者给出了不同回答。1971 年，祖克曼（Zuckerman H）、默扬（Merton R K）在《科学评估的模式：同行评议的制度化结构和功能》（*Patterns of Evaluation in Science：Functions of the Referee System*）中指出评估判断的制度化在 17 世纪后半期进入了一个角色和程序的系统化时期。[①] 1990 年，克罗尼克（David A. Kronick）在《18 世纪科学新闻学的同行评议》（*Peer Review in 18th-Century Scientific Journalism*）一文中认为它和英国皇家学会于 1752 年出版的《哲学会刊》有着紧密联系。[②] 同年，伯纳姆（John C. Burnham）在《同行评议的演变》（*The Evolution of Editorial Peer Review*）一文中指出实际上同行评审的演变没有历史记载存在。[③]

为了更好地展现同行评议在英国的发展情况，本部分从同行评议先后辐射的领域、承担的责任入手，从担负的专利审查中的同行评议、期刊审查中的同行评议、科研项目审查中的同行评议、高等教育质量管理中的同行评议四方面论述该制度的变革与演进。

（一）专利审查中的同行评议

随着自然科学不断发展，西方国家在审查专利申请中最早开始运用同行评议制度。1416 年威尼斯共和国成为世界上第一个实行专利制度的国家，并于 1474 年颁布世界上第一部专利法——《威尼斯专利法》（*Venice Patent Law*）保障专利制度的平稳运行。《威尼斯专利法》规定："任何人在本城市制造了前所未有的、新而精巧的机械装置者，一俟改进趋于完善至能够使用，即应向市政机关登记，本城其他任何人在

---

① Zuckerman H & Merton R K，"Patterns of Evaluation in Science：Functions of the Referee system"，*Minerva*，1971（1），pp. 66-100.

② David A. Kronick，"Peer Review in 18th-Century Scientific Journalism"，*JAMA*，1990（263），pp. 1321-1322.

③ John C. Burnham，"The Evolution of Editorial Peer Review"，*JAMA*，1990（263），pp. 1323-1329.

10 年内未经许可，不得制造与该装置相同或相似的产品，如有制造者，上述发明人有权在本城任何机关告发，该机关可令侵权者赔偿一百金币，并将该装置立即销毁。"① 通过对研究者的新发明和新工艺进行审查来确定其垄断权，这种审查采用了邀请同一行业或最接近行业的有一定影响力的从业者帮助判断，与我们现在所说的同行评议有异曲同工之处。②

英国对专利申请的审查在《垄断法案》颁布后相当长的一段时间内，带有同行评议的色彩。当时英国的专利申请制度是流于形式的程序审查，只是通过简单的登记制度，审查所提交的文件材料是否符合要求，而不是对专利的质量做出实质性的审查。然而，在 1624 年颁布了《垄断法案》之后，司法官基于它的约束，严格审查专利的新颖性，对于创造性和实用可行性不做规定。同时该法案将管理专利的权限授予了枢密院，枢密院的 6 名成员可以随时宣布某项专利是否无效，因此，司法官在进行审查的时候往往会考虑到枢密院大臣的态度。③ 从十七八世纪英国专利制度申请审查程序来看，司法官和枢密院共同合作，听取意见来决定专利的去留，从某种意义上来讲，它和我们近代使用的同行评议制度有一定的相似之处。

1852 年，英国颁布了《专利法修正法令》（*Patent Law Amendment Act*），成立了英国专利局（The Patent Office of the United Kingdom）④，对审查人员采用雇员制，减弱了对同行评议的使用。尽管后来继续对专利法案进行修订或融入欧洲专利潮流，英国采用的依旧是培训更多的专利员，而不是进一步引进同行评议制度。直到 2011 年，英国

---

① 唐昭红：《解读专利制度的缘起：从早期专利制度看知识产权正当性的条件》，载《科技与法律》，2004（1）。
② 张荣：《新环境下同行评议的机制研究》，硕士学位论文，武汉大学，2005。
③ 邹琳：《英国专利制度发展史研究》，博士学位论文，湘潭大学，2011。
④ 卢慧生：《最早实行专利制度的国家：英国知识产权局简介》，载《中国发明与专利》，2008（6）。

知识产权局（UK Intellectual Property Office，UKIPO）[①] 开始实行"专利申请同行评议"项目，通过开辟专门网站为专家学者对各项专利申请发表意见、进行科学发声提供专业渠道，从而更好地提升专利审查工作质量。因此，在历经两个世纪的调整之后，英国才正式将同行评议拉回专利申请中。英国知识产权局明确要求评议结束后，系统管理人员将评议意见形成报告送至专利审查员，审查员随后将在专利审批过程中考虑所上传的意见。同时还允许公众对其评议，并将公众意见作为审查员审查的一部分。[②]

（二）期刊审查中的同行评议

作为出版领域的一个重要分支，学术期刊的出版一直是一项重要的公共事务，属于社会"公器"。[③] 在西方国家，学术期刊由于主办单位和资金来源的不同而分为不同的种类，分别为商业性质的出版公司、学术性质的协会出版机构、大学出版社、政府出版机构和杂志社等几种。无论是属于哪一种出版形式的期刊，审稿环节不可或缺，它是稿件录用与否的依据，是确保期刊质量的核心步骤。纵观国内外高水平的学术期刊，审稿的一大特色是采用同行评议制，也可称为预审制[④]，具体来说：在审稿过程中，编辑部寻求与稿件内容相关的同行评议人，尽量使同行评议的专家不是同一单位或同一国家。英国一直被称为使用同行评议制度审查学术期刊的首个国家。

1665 年 1 月 5 日，法国的一位议院参事萨洛（Denys de Sallo）在巴黎创办了《学者期刊》（*Journal des Scavans*）；同年 3 月 6 日英国皇家学会出版了《哲学论坛》（*Philosophical Transactions*）。二者作为科

---

① 经英国政府批准，英国专利局于 2007 年 4 月 2 日正式更名为英国知识产权局，隶属于英国贸工部（DTI），对英国贸工大臣负责。

② 卢宝峰：《英国试点允许公众参与专利审查》，载《电子知识产权》，2012（1）。

③ 吴文成：《学术期刊出版中同行评议制度的不足及其改进》，载《中国出版》，2011（18）。

④ 吴坚：《国外科技期刊审稿的一些特点》，载《编辑学报》，2004（2）。

学史上最早的两份学术性期刊，很大程度上传承与发展了科学知识，由同行来审查文章的先例出现在《哲学论坛》期刊中。^① 《哲学论坛》于1677年改名为《哲学选集》，由胡克接替奥尔登伯格（Henry Oldenburg）出任秘书职务，1683年1月又恢复了原来的《哲学论坛》名字。

起初，英国皇家学会为了维系该期刊的发展，秘书奥尔登伯格决定实施一些举措，促进科学家积极投稿^②。随后，他为了确保期刊文章的质量，开始实施将投稿文章送给能够判断其质量的某一行业领域的同行专家审查的措施，结合专家意见，决定稿件的收录或退稿，由此催生了现代期刊审稿中的同行评议制度。

该期刊共有四项评审标准，发展为学术期刊评审的四项基本功能。第一，同行评定，通过同行评议来保证文章质量；第二，登记所有权，通过登记表明作者在这方面的研究成果具备所有权；第三，传播推广，通过期刊发布的形式，向学术界相关同人传播作者的观点、看法；第四，存档留存，通过存档的形式记录下作者的研究成果。^③

17世纪末，编辑这一角色有了进一步分化，出现了编辑部和编辑委员会。其中，法国的《学者期刊》要求隶属于编辑部的每一个成员每周见面讨论选题事项^④；英国皇家学会理事麦克尔斯菲尔德（Macclesfield）在学会的一次会议上提出建议，要求改善《哲学论坛》的编辑方针，经讨论，决议：指定一个委员会即论文委员会（Committee on Papers）负责论文的挑选和出版工作，授权该委员会寻找与上交论文相关的专家评审论文，且规定委员会的法定人数不少于五人。^⑤ 此后，期刊

---

①④　刘红、胡新和：《学术期刊同行评审的发展、方式及挑战》，载《中国科技期刊研究》，2005，16（5）。

②　在科学期刊的初创期，科学家对研究成果是保密的，出于对所有权的保护，科学家对公开发表自己的科研成果是心有疑虑的。而皇家学会考虑后，决定一旦成果公开，科学家就会获得荣誉性产权，收稿日期就正式确认发现的优先权。

③　刘刘：《浅议学术期刊同行评议的现状和完善》，载《中南民族大学学报》，2012（12）。

⑤　［英］亨利·莱昂斯：《英国皇家学会史》，陈先贵译，220～221页，昆明，云南省学会研究会，1989。

编辑角色的正规化带动了科学共同体内同行评审制度的发展，使得英国同行评议制度向更深更广的范围拓展。

逐渐地，一些其他科学和专业学会也采用了这种形式，但程序很不规范，也不是固定的，这段时期的同行评议大多根据主编的需要而决定。直到 20 世纪中期，期刊中的同行评议才被规范起来，形成制度化。在《同行评议的演变》一文中伯纳姆指出：20 世纪中期同行评议在生物医学期刊中变成了标准，20 世纪前 10 年的时间中一些实验医学期刊由个人顾问转向了专家，20 世纪早期《柳叶刀》杂志已经形成广泛的网络同行评审专家系统。[①] 现如今，期刊中的同行评议规范化正从一个国家渗透到另一个国家，乃至成为全球的期刊审查技术，审稿队伍也从最初的一个国家转向了邀请各国的优秀科学家。例如，以英国皇家物理学会编辑出版的《等离子体源科技》（*Plasma Sources Science and Technology*）为例，其同行评议的专家不仅有美国的科学家，还包括亚洲、西欧等国家的[②]，形成了一个世界性的评审机制。同行评议为保障各国科研实力、传播科学知识、提高期刊质量发挥着重要作用。

（三）科研项目审查中的同行评议

20 世纪 30 年代以后，美国第一个将同行评议制度引入科学研究的项目审查中，使之成为各部门开展科学决策、优化资源配置的重要方式。随后它被欧洲国家广泛采用，成为学术界通用的学术水平评价手段。

从英格兰高等教育拨款委员会发布的报告来看，英国的科研拨款是世界上最有效率的，其以占世界 1% 的人口和 3% 的科研经费，发表了占世界 7.9% 的学术论文，引用率为 11.8%。[③] 为了更加高效地使用这

---

① John C. Burnham, "The Evolution of Editorial Peer Review", *JAMA*, 1990 (263), pp. 1323-1329.
② 任汧：《国外一些著名科技期刊的审稿机制》，载《河南师范大学学报》，2000 (11)。
③ 丰田：《英国公立项目要接受媒体监督》，载《先锋队》，2015 (6)。

些科研经费，英国使用霍尔丹原则①，采取两个步骤进行资金分配：第一步是进行"机构式"资助，将财政资金通过七大研究理事会和高等教育拨款委员会拨给机构和大学，由他们自己决定经费的使用；第二步是"项目式"资助，通过设定不同的研究计划和项目向研究理事会或政府部门申请科研资金，在相关项目审查中，七大研究理事会和政府部门均设有自己领域的同行评议制度。这种方式一方面增加了科研经费的申请难度，逐级式申请，分类别资助，便于严格把关，将科研经费真正落到实处；另一方面使得科研资金使用更有效率，进而产出高质量的科研成果。

英国研究理事会网站上的《同行评议框架：关于研究委员会意见和资助的评估信息》（*Peer Review Framework：Accessing Information About Research Council Proposals and Funding*）文件指明了其科研项目审查中同行评议的内容事项。文件首先介绍了同行评议的具体内容：同行评议进程怎样被研究理事会使用以做出资助决定；关于同行评议和资助建议，什么样的信息可被公布；研究委员会采取措施回应关于不被公布信息的询问。其次阐明了该框架适用的人群，为申请者和研究机构提供怎样对待和使用反馈的信息的方法，为小组成员和外部审查者提供怎样对待他们获得的、在同行评议进程中产生的信息以及提高关于信息权利、环境信息和数据保护法律意识的方法，为公众提供同行评议信息、规划什么样的信息被公布、怎样获取的方法，为研究理事会员工提供参考准则以及询问信息的方法。最后论述了同行评议的进程。

关于同行评议的进程，第一阶段将文章以保密的方式寄给专家，来评估其可行性、质量、伦理道德、潜在的利益、成本效益，以及所提出的研究可能产生的影响，并将意见反馈给理事会来做出决定；第二阶段

---

① 即由政府决定从税收中拿出多少钱来作为科研资金，但钱的使用由科学家自行决定，项目能否获得拨款需通过同行评审的竞争方式确定。

研究理事会/小组考虑外部专家意见和申请人对这些意见的回应，评估建议的质量和相关性，提出是否资助的建议，在整个理事会评审进程中，审查的透明性是极为重要的。

英国研究理事会作为英国政府管理学术活动的重要主体，承担着英国每年30亿英镑的科研经费的分配工作，对英国产出高质量的科研成果责任重大。因此它对同行评议的审查过程和相关信息都有明确规定，在具体的实施中，严格按照这些准则行事，从而不断健全同行评议制度。

（四）高等教育质量管理中的同行评议

英国拥有高质量的高等教育。以2016年上海交通大学公布的《世界大学学术排名》为例，英国大学排名仅次于美国，具备一定优势，从某种程度上来看，它依然是高水平大学的代表。当然，这种较高的学术水平离不开其存在已久的同行评议制度。从学者汪雅霜的《英国高等教育质量审计制度的演变》来看，同行评议、学生参与、文化培育是英国高等教育质量管理的核心要素。其中同行评议制度在英国高等教育质量管理中备受重视，其作为一种古老的质量管理系统，很大程度上保障了英国高等教育质量，为英国提供高水平的科研成果，确保它在世界上的地位。

英国高等教育质量管理中的同行评议包括对评估专家的遴选，高度重视校外考试员（External Examiner）和社会专业团体的评估建议。其中评估专家由各高校自由提名，高等教育质量保障署（Quality Assurance Agency for Higher Education，QAA）进行选拔，并不是英国政府采取行政手段来任命。这些专家以同行、朋友的身份去评估学校，通过与学校进行平等对话来探讨高校质量管理问题。在这个过程中，他们并不是扮演上级领导的角色，是真心实意地来帮助被评估学校的。①

在评审过程中，校外考试员制度的评审报告备受重视。这是英国特有的同行评议制度，为保证评审的公正公平，由校外人员进行评审。此制度可以追溯至 19 世纪 30 年代的杜伦大学。该校从牛津大学聘请专业人员进行考试和评分，从而保证自身教学质量。这项制度在英国内部教育质量管理中发挥着重要作用，以剑桥大学为例，在学位授予中至少需要一名校外考试员的参与并签字。而且，校外考试员每年都要写出详细的年度评估报告。这在很大程度上避免了高校的评估造假，进而保障了大学的教学水平和学位质量。②

英国的同行评议也很重视社会上专业团体对该校的评估报告。其中部分实用性专业，如会计、计算机、医学等，需要取得外部相关团体的认可，才可获得资格证书。英国有大量的专业团体不同程度地参与高等教育质量的管理，从职权上来看包括界定教学计划和专业学习内容，评估专业教育的合理性，评估学生的知识、素质、价值观，对专业人员进行继续培训和教育四方面。这种校外团体的同行评议使得高等教育质量更客观、更让人信服、更具有扎实的群众基础。

三、日本的同行评议制度

日本科研中的同行评议制度始于 20 世纪 40 年代的科技审议会制度。日本学术振兴会作为日本主要负责科学评价的机构，主要任务是负责科技资助项目的管理。该机构不具体实施科学项目的评审，而是负责

---

① 汪雅霜、杨晓江：《英国高等教育质量管理的核心要素：同行评议·学生参与·文化培育》，载《黑龙江高教研究》，2012，30（5）。
② 郭健、杨继霞：《英国大学校外考试员制度探析》，载《比较教育研究》，2006（7）。

事务管理工作，全部评审工作主要由分布在日本各地的专业分委员会承担。[①]

为进一步促进日本学术的振兴与发展，完善学术研究成果出版、数据库建设，提升科技水平，推动经济复苏，日本文部科学省设立了专门的科研补助金，旨在从人文科学领域到自然科学领域，覆盖所有领域分阶段促进日本从基础研究到应用研究的发展。经过同行评议的审核，科研补助金为具有独创性、前沿性的研究提供资金支持。从 2001 年开始，日本文部科学省将科研补助金的工作交由日本学术振兴会负责，开展各项科研评审工作。[②]日本学术振兴会具体负责学术期刊、学术图书以及数据库的评审和资金拨付工作。

（一）评审机构

为了能够科学地对科研补助金进行评审与分配，日本学术振兴会在内部设立了专门的机构——科学研究经费委员会。它根据日本文部科学省提出的基本评审方针与需要，确定科研补助金的评审方针与流程。它有 4700 名研究人员，每年召开两次大会研究相关科研补助金事宜；在不同地区下设成果公开分会等六个分会，由以上分会负责具体的科研补助金评选事宜。评审工作主要分为两个阶段进行。

两阶段评审制度分别为：书面审查与讨论评审。第一阶段，每个申请科研补助金的研究计划需要由 3～6 位审查员分别从专业角度出发，对书面文字稿予以审查；第二阶段，在第一阶段的基础上稍微进行调整，并且委员会在各专业领域以线上讨论的形式进行审查。[③]

为确保评审的公正公平，日本学术振兴会在遴选评审委员时要执行严格的评选标准，其评选程序如下：首先为提名候选人，由日本学术振

---

①③　张璐杰、张小秋：《国外科研资助机构同行评议质量控制机制及启示》，载《科技进步与对策》，2017，34（11）。

②　王玲：《日本学术期刊的评审与资助制度》，载《中国科技期刊研究》，2006，17（2）。

兴会学术体制研究中心根据候选人数据库，提出候选人方案。然后为审议候选人，确定最终人选。日本学术振兴会科研评审委员会遴选会审议各位候选人，具体评审标准如下。

①了解并掌握科研补助金制度，且精通自身学术研究领域，具备较高的专业素养及专业的评价能力。

②具备相当于大学教授或副教授的科研知识水平；在所在领域取得优异成绩的讲师或助教也可以作为候选人参加。

③在候选人的年龄构成方面，可考虑年轻的科研人员。

④在候选人的性别构成方面，可考虑增加女性研究人员。

⑤在候选人的组织构成方面，需要考虑组织机构的多样性，公立和私立大学、独立行政法人、民间企业的研究人员都可以参加。

遴选候选人应注意以下几点：第一，审查同一研究课题的评审委员不能属于同一家研究机构，属于同一家研究机构的人员在同一分委会比例不能超过 13%；第二，不能兼任多个分委会的评审委员；第三，了解掌握评审委员的背景；第四，任期结束的评审委员一般不考虑连任，除非具有特殊情况；第五，在各分委会，如果评审同一研究课题的评审委员是两个人，那么这两个人不能属于相同的研究机构；第六，存在不良记录的人员不予考虑。日本学术振兴会科研评审委员会委员每年都会扩充，人选主要来自学术界的优秀代表、符合候选人条件的相关人员等。①

（二）评审方针

在评审学术期刊时，首先需要考虑期刊的学术价值，再开始严格地评审。学术期刊的评审工作一般是在人文科学、社会科学、理学、工程学、生物学等评审会上进行的。在进行评审时如果评审委员或与其相关的人员是申请人，那么该评审委员需要避嫌，不能参加此次评审。

---

① 王玲：《日本学术期刊的评审与资助制度》，载《中国科技期刊研究》，2006，17（2）。

1. 评审流程

具体评审流程如下：每年 9 月上旬，日本学术振兴会发出科研补助金资助申请简章；11 月下旬，开始受理科研补助金申请书；12 月上旬至 12 月中旬，日本学术振兴会整理申请资料；12 月下旬至次年 1 月下旬，进行书面审查；次年 2 月上旬至 2 月下旬，进行讨论审议；次年 4 月中旬，做出申请是否通过的内部决定；次年 5 月中旬，受理拨款申请书；次年 6 月，公布拨款决定；次年 7 月下旬，确定科研补助金额。①

2. 评审支持

日本有专门的《日本学术振兴会法》，对相关事务进行明确规定，并要求在评审时务必做到有法可依、有法必依。②

3. 评审结果

申请是否通过的结果需以书面形式通知研究机构的代表者，主要由日本学术振兴会科学研究经费委员会负责公布审查结果。

综上所述，通过基于日本学术振兴会对其科研资助机构的同行评议制度的分析，可以看出，其同行评议制度有专门的法律支持，而且采用两阶段评审制度，评审过程中遵循合理回避原则，同时，审查结果的公布严格且透明，已经形成了较为成熟的制度体系。

四、德国的同行评议制度

1997 年，德国教研部时任部长勒特格尔斯（Rutgers）在《科学》杂志中首次提出在德国科研界使用同行评议机制进行科研经费管理，将科研经费统一纳入同行评议机制当中，这使得同行评议在科研经费使用

---

① 王玲：《日本学术期刊的评审与资助制度》，载《中国科技期刊研究》，2006，17（2）。

② 张璐杰、张小秋：《国外科研资助机构同行评议质量控制机制及启示》，载《科技进步与对策》，2013，4（11）。

决策中的地位得到巩固和提高。当然，对于那些有过学术不端行为的组织或个人，同行评议会首先排除且今后不再对其申请进行评审。

德国学术同行评议制度中最具代表性的是德国研究联合会。它通过获得德国联邦和州政府的财政经费，支持德国基础研究工作，主要通过同行评议制度做出项目资助的决定。因此，同行评议运行得是否公正有效，是决定德国研究联合会资助活动是否成功的重要前提之一。①

德国研究联合会的同行评议制度通过学会举荐产生同行评议委员会（Review Boards），并采取"2+1"匿名同行评审的方式进行评审。要注意的是在同行专家的选择上，德国采用学会推荐和直接选举相结合的方式进行评选，其中专家评选需要具备3年以上工作经验并获得博士学位，每4年举行一次；在对资助项目的评选方法上，该机构采用"2+1"匿名模式进行，即首先需要选择2位具有专业素养及独立判断能力的同行专家进行评议，如果2位专家都同意，则进行资助，如果意见不一致，则会选择第三位同行专家加入评议，再决定是否资助。②

对于重点项目或特殊领域的学术科研申请，同行评审委员会采用答辩和实地考察相结合的方式进行评审，并最终以报告的方式提交给拨款委员会，由其决定认可还是进一步讨论，得到认可的就得到相应资助。

德国研究联合会对其同行评议制度的评议准则有如下规定：首先，对申请项目质量和申请人资格的规定。第一，项目准备工作是否成熟、是否已取得相应的研究成果；第二，项目的原创性与创新性；第三，项目的预期进展如何；第四，该项目研究的目的和意义；第五，该项目研究成功后在经济、科学、社会方面带来的影响。其次，对研究项目工作条件和研究环境的规定，主要包括办公场所、仪器设备的资源条件等。

---

① 龚旭：《德意志研究联合会的评议过程指南》，载《中国基础科学》，2005（6）。
② 徐彩荣、李晓轩：《国外同行评议的不同模式与共同趋势》，载《科学学与科学技术管理》，2005（2）。

再次，对研究工作计划的规定，包括需提前明确的科学假设，是否具备适当的研究方法，以及是否能在规定时间内完成研究假设。最后，对资助经费的要求，主要包括对人员开支、仪器设备、小型仪器（价格少于1万欧元）、耗材、差旅费以及其他费用、出版费等的要求与规定。[①]

德国马普学会同行评议制度主要基于研究理念、研究团队、研究个体三个要素展开，根据以上三个要素，对科研工作进行全方位评估。它在全世界范围内邀请在各专业领域享有崇高威望的专家参与评估，其中不乏众多诺贝尔奖获得者。参评专家不仅需要评估研究成果与质量，还需要对机构设置和资源分配是否合理予以评估。马普学会的同行评议体系是一套动态和高效的评估体系，包括事前评估、事后评估和国家系统评估三个阶段（图2-1）。[②]

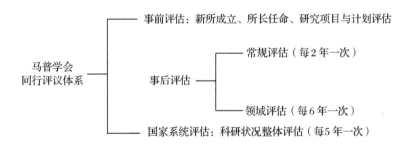

图2-1　德国马普学会同行评议体系

①　龚旭：《德意志研究联合会的评议过程指南》，载《中国基础科学》，2005（6）。
②　林豆豆、田大山：《MPG科研管理模式对创新我国基础研究机构的启示》，载《自然辩证法通讯》，2006（4）。

五、澳大利亚同行评议制度

澳大利亚实行同行评议制度最典型的就是澳大利亚研究理事会。它每年 11 月在网上公布申请指南和表格，申请者填报申请，并由学院科研管理办公室同意，澳大利亚研究理事会人员对申请书进行审查后，将其委托给一家私人数据公司进行校核。之后澳大利亚研究理事会按学科分类将申请书交由四个学科组主任进行审评并由其指定学科组成员。澳大利亚研究理事会项目申请的同行评议一般经历三个阶段。[①]

第一阶段为初步筛选阶段，筛选掉不具备资格或不具备竞争力的申请（存在学术不端行为或资格不达标的申请人），并为通过筛选的每份申请书选出至少五个评议人，为接下来的评议做准备。对于筛选掉的申请，在发给其不予接受的通知的同时，允许其在 28 天内提出申诉。第二阶段为申辩阶段。这一阶段一方面是归纳同行评议意见并听取被初筛掉的申请者申诉，另一方面组织初审通过的项目根据问题反馈进行答辩。第三阶段为再评阶段，根据同行评议结果和申请者相关情况，决定资助预算。2004 年澳大利亚政府建立科研质量框架（Research Quality Framework，RQF）制度从质量上把关，具体流程如图 2-2 所示。

2007 年年末，澳大利亚政府以卓越科研（Excellence in Research for Australia，ERA）评价制度取代了科研质量框架制度，通过聘请国际公认、专业素养高的专家组成专家委员会，利用综合的评价指标，主要开展以下三类评估：学科评估与学科发展战略研究、资助类型的评估与研究、管理政策的评估与研究。2009 年该评估系统将物理、化学、地球科学、人文学科、艺术创作作为评估试点。2010 年则包含了所有学科群。该评估系统发布年度评估报告，作为高校和其他研究机构改进

---

① 王长锐：《澳大利亚研究理事会的大项目同行评议模式》，载《中国科学基金》，1998（2）。

管理和增强国际竞争力的参考依据，得到社会大众和高校的广泛关注和好评。

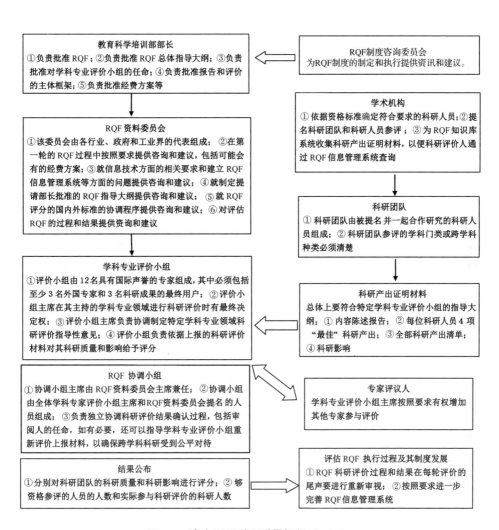

图 2-2　澳大利亚科研质量框架（RQF）

第三节　教师晋升与评价制度

高校教师晋升与评价制度作为一种外在的教师评价机制，对教师发展具有重要的作用。通过评价与晋升，教师可以获得更多外在资源，如薪酬、社会福利、学术资源等。这些资源能够提升教师学术研究的水平与热情，也会在一定程度上诱导某些缺乏坚定意志的教师与研究人员出现学术不端行为。因此，教师晋升与评价制度对教师的学术行为具有重要的影响，它将在很大程度上决定教师的专业发展，也会在很大程度上决定一所高校乃至一个国家学术研究的生态与环境。就西方国家而言，各国所具备的大学自治传统，使得教师晋升与评价制度成为各高校的一种内部管理制度，因此，该制度在西方各国高校的发展也较为成熟。

一、美国的教师晋升与评价制度

（一）美国大学教师晋升制度的历史沿革

美国大学教师的晋升经历了一个逐渐建制化的过程。从 1636 年美洲第一所高等学府——哈佛学院（现为哈佛大学）在马萨诸塞殖民地建立，到 1865 年美国内战结束都未出现真正意义上的教师晋升机制，但却为教师晋升机制的建立埋下了伏笔。之后，美国高校开始了现代化的发展进程，教师晋升制度也随之于 19 世纪末 20 世纪初开始确立。直到第二次世界大战结束后，美国高等教育系统发展迅猛，高校数量急剧增加，教师的规模也随之扩大。在这种形势下，教师晋升机制逐渐复杂化，也日趋健全和体系化。由于大学教师晋升政策的主要核心内容包括教师晋升的标准和程序，因此下面结合教师晋升的依据来阐述其发展演变。

1. 教师晋升制度形成前期的相关政策

1636 年至 1865 年为教师晋升制度的形成前期。这一时期由清教徒创办的哈佛学院以及之后建立的许多其他殖民地学院都带有浓厚的宗教色彩。教师数量少且不受重视，所以对教师的评价指标主要是判断其与殖民地教派的教义相统一。以普林斯顿大学为例，一直到 1868 年该校聘任教师的评价指标仍以宗教信仰为主。此时的人事变动权力由教派人士组成的校董事会掌控。随着 18 世纪教授职位出现，教师这一职业开始有晋升和发展的空间，普林斯顿大学实行本科生导师制。这一时期，该校不论是导师聘任还是教师职位的变动仍主要由校董事会和校长掌控，教师晋升的标准有教学能力、专业知识、道德品格以及已取得的成就等，评价主要依赖校董事会成员与教师的日常接触与交流。

2. 教师晋升制度发展期的有关政策

从美国内战结束到第二次世界大战结束前，即 1866 年到 1944 年，教师职业经历了逐渐专业化的过程。1862 年《莫雷尔法案》（*Morrill Act*）出台促进了美国公立高校兴起，自其出台到 1896 年共建立了 60 余所州立大学。第二次世界大战结束后，美国高等教育发展迅速，效仿德国柏林大学的建校模式，约翰斯·霍普金斯大学、芝加哥大学等如雨后春笋般出现。大学数量的激增使得教师规模迅速扩大，随之而来的是课程和专业的进一步划分，这强化了教师的等级化建制。1890 年建立的芝加哥大学就率先出现了教师的职级体系。1900 年，密歇根大学、哈佛大学建立了包括助理教授、副教授以及教授等级别的职级系统。自此，大学教师开始了其职业化晋级的历程。

相应地，教师的晋升标准也发生了较大改变。对教师的评价指标不再单纯依靠宗教信仰、教学能力和专业知识等，对科学研究的技能要求与日俱增，这主要是受到当时德国大学的影响。到 1892 年，哈佛大学已经制定了比较系统的教师聘任和晋升指标。1891—1894 年，伊利诺伊大学建立了学术级别考核和薪金制度，教师晋升的学术标准开始形成。曾任哈佛大学校长的科南特（James Bryant Conant）在任期间将学术创新能力和学术成就作为选拔教师的首要指标。在此基础上，该校对教师采用"非升即走"的原则，即教师如果在任期内不能得到晋升就要面临解聘的风险。他还在教师的遴选和评价过程中引进了教师淘汰制度，进一步完善了大学教师的晋升机制。

在教师晋升政策和制度的制定以及关于教师的评价方式方法上，美国高校教师的学术权力和评价依据也在逐渐增加和系统化。以耶鲁大学为例，到1899年其由教师评议会立法、校董事会批准、校长决策的管理模式已经慢慢形成，但教师还不具备行政的管理权力。因此，这一阶段仍是大学校长和董事会掌握教师的聘任和晋升权力。成立于1915年的美国大学教授协会（American Association of University Professors，AAUP）于当年及1940年发表的声明，提出了教授终身聘用制度，并赋予了教师更大的学术自由权和相应的管理权限。

除了学术权限的扩大外，随着学系的产生与发展，教师也获得了一定的聘任和晋升权。1900年，学系在美国高校普遍建立，为教授学术决策权的增加提供了组织基础。有关教师在晋升政策和相关制度的制定方面获得了较大的参与权和决定权。总之，这一时期教师数量增加使得原有的面对面接触的评价方式难以继续，并且教师晋升指标仍不规范。由于没有相应的官方体制，所以教师聘任和晋升等方面行政化倾向还比较微弱。

3. 教师晋升制度健全期的相关政策

第二次世界大战结束后，随着美国对高等教育领域的大力投资，大学与政府机构以及外界接触逐渐增多，规模进一步扩大，结构也越来越复杂。与此同时，教师数量的增加比以往任何时候都要快，1945年到

1975 年的 30 年间教师的数量就从原有的 15 万增加到了 62.8 万。[①]教师数量迅速增加使得其详细晋升标准的出台显得尤为必要。由于兼职教师所占比例增加，教师结构日趋复杂，给教师的晋升提出了新的难题。20 世纪五六十年代是美国高等教育急速发展的时期。教师供不应求，聘任和晋升标准也随之放宽。但 20 世纪 70 年代后期，美国由于面临国际竞争的压力，调整了高等教育政策，高校控制规模、提高绩效成了管理改革的重点。这种变化促进了教师晋升和评价系统的体制化构建。这时，评价的主体开始多元化，除了校长和董事会成员外，先后有了教师和学生代表的参与。教师的学术权力开始逐渐增大，而且评价的内容除了教学和科研外，对社会服务的能力也成为其中一个重要评价依据。这一时期教师晋升的程序也开始系统化和明朗化，从而形成了较为健全的美国大学教师晋升政策或制度。

4. 美国大学教师晋升政策的现状

教师的晋升政策是指通过合理的评价标准和明确的晋升程序来对教师进行遴选，以控制教师年龄、职称、相关资源配置等，进而促进教师群体发展和管理机制的构建。通过分析和总结美国高校尤其是研究型大学教师的晋升政策，我们发现其在教师晋升标准和程序方面虽然各个院校不尽相同，但一般都具有如下特点。

在晋升标准上，首先，美国大学教师的晋升标准具有层级性特点，这主要体现在两方面。一方面，标准的设定不仅存在大学范畴内的晋升标准和相应程序，而且在学校的指导下，各个院系和学部也都制定了符合自身特点的晋升标准；另一方面，美国大学对不同职业阶段的教师晋升指标也存在层级性。一般情况下，对一定年限教师的续聘或晋升较为重视申请者的职业发展轨道是否与高校现实需求相一致，而对晋升带有

---

① 於荣、张斌贤：《繁荣与调整：战后美国高等教育发展的历史轨迹》，载《清华大学教育研究》，2017，38（4）。

终身教职头衔的教师，则较为看重其教学能力和学术造诣，对终身教授的晋升和职业发展则要求更为严格，要全面考察其在各个领域的成绩。其次，美国高校教师的晋升标准基于两方面的因素而定。一是要考虑教师本身的能力和价值，二是结合晋升的职位考虑该教师的自身特点能否促进院系和学校的长远发展等。最后，美国大学教师的晋升标准具有共同的指标内容，即均是基于教师在教学、科研以及社会服务三方面所取得的成就而进行遴选。但是不同学校、不同院系对这三方面的侧重程度有所差别。总体而言，随着高校与经济和政治结合得越发紧密，多数研究型大学都向科学研究这一指标倾斜。在社会服务方面，大众对公立大学提出的要求也越来越多。

在晋升程序方面，美国大学形成了比较系统的操作流程。首先也是最关键的一步就是由学院或系内教授组成的委员会对候选人进行晋升审核与推荐。若未通过审核则当年的晋升之路中断。通过之后，则由院长或系主任结合学部执行委员会的意见做出有关决定。然后由行政管理人员对其工作进行审核和判断。审核的内容包括对该教师的推荐是否合适，在推荐之前是否经过了较为严密的资料审查，推荐是否按照相关程序执行等。在此基础上，行政管理者做出是否批准申请的决定并上交学术理事会的顾问委员会。学术理事会代表着学术领域的权力，其下设的顾问委员会一般会指派一定数量的工作人员进行资料评审，然后经过投票做出决议。在整个晋升程序的操作过程中，各层次执行程序明确，并且学术权力和行政权力互相独立而又彼此牵制，不论是教师和教授的推荐权还是行政力量的审查权限在履行过程中都设有相应的反馈和申诉机制。这种设计既保证了每个晋升程序的公平公正，也保全了学术和行政双方的地位和利益。

（二）美国大学教师晋升的评价制度

美国高校在对教师进行评价时，是从教学、科研、社会服务和各种活动间的平衡这四个方面来进行的。在评价标准上，通过考察教师专业知识和技能以及教师与学生的互动等内容来对其教学能力与成绩进行鉴定；依据教师已有的研究成果和在学术领域的声望和地位评价其科研能力；而在评价社会服务时，主要以教师活动的参与程度和服务质量等为判断指标，还要考虑教师是否能够灵活自如地应对各项活动和任务。

评价方法方面，在评价教师教学能力时主要采用学生评教、课堂观察、教学材料分析以及教师的自我评价等方式；在评价教师科研时，评价方法以同行评议、研究成果的影响力、论文的引用率等为主；在评价教师社会服务时，主要的评价方式有院长或系主任评价、同事评价以及服务的有关对象评价等。具体到每一方面的评价方法和特点，通过梳理和归纳美国高校教师晋升的评价制度，其主要有以下几个方面的特点。

第一，定量和定性评价互为补充。美国高校教师晋升的评价过程多采用量化的评价方式。例如，评价教师的科研成就时，高校通过审查教师文章的发表数量和教师发表论文的引用率以及期刊的接受率等来评判其研究成果的质量，这些都属于量化指标。教学评价采用问卷调查法来进行，学生评教等方式也属于非定性指标。但与此同时，通过课堂观察和日常接触等方式，同事或行政管理者评价教师的教学知识和能力，以及服务和综合决策环节。如晋升委员会的讨论中，以及行政管理者做出判断时，很难量化和记录各方面的表现，通常采用定性的评价方法，也就是主观判断的方法，数字只是作为证据来辅助判断。美国研究型大学的晋升政策中很少明确写出行政管理者要采用固定的方法进行评价。这表明他们尊重这样一个事实，即评价是一项非常复杂的活动，用机械的量化方法难以做出恰当的决策。事实上，有三分之一的系主任和院长称他们没有使用始终如一的客观评价方法。卢桑斯（Luthans）也发现，晋升系统的运行依赖于行政管理者的工作和判断，他们并不觉得有必要使用任何数学公式或加权。他们认为，主观地考虑每个案例的特点是很合理的。

第二，内外部专家评议相结合。前文提到，对教师研究方面的评价需要采用同行评议的方式。美国研究型大学教师晋升评价的特色之一就是除了同事或者关系熟悉的同行进行评价外，还要提交外部同行专家的评价信。即由除指导教师和合作者或共同经费使用者等利益相关人员外的国内外同领域或相关领域专家对候选人进行评价而出具的信件，信件的数量依晋升的重要程度而定。通过校内或有密切关系同事的评价可以近距离了解被评价者，但不免过于主观而有失公允，并且院系或学校层面的评议组织一般由多学科领域专家构成，"大同行"评议难以对候选人的专业领域进行全面深入的了解，校外同行专家可以对教师的学术成就给出更为科学的意见。如此，更能保证评价的公正性和客观性。

第三，注重材料的呈现与论证。美国大学在对教师进行晋升评价时，非常重视收集相关材料作为评价的依据，无论是教学方面还是科研和社会服务方面。例如，评价教师教学能力采用的论证依据通常包括四部分，教师自己提供的教学活动总结、教学大纲和教学材料等，学生评教填写的问卷，以及同事对参评教师课堂表现做出的评判等都是晋升评价的依据。论证资料的来源采用可见性原则以反映评价的客观性追求。例如，让学生来评价教师可以全面观察教师的课堂教学与应变能力，同事的课堂观察报告也是基于实际的考察，外部专家的评价信能够进一步从专业角度提出针对性建议，院系主任和校长的评判能站在更高的视角结合学校未来发展给出行政性意见。是否运用这些指标进行论证依据的收集对教师晋升评价结果是否科学公正十分重要，这是一个复杂的过程，只有资料充分、证据足够，才可能做出全面、准确的评判。

二、英国的教师晋升政策与评价制度

英国是世界上高等教育较为发达的国家之一，大学的发展经历了古典大学时期、近代大学时期、高等教育大众化时期、高等教育普及化时期四个阶段[①]，已经形成了独具特色的教师专业发展制度。根据类型的不同，英国的高校可以分为综合性大学、技术学院、艺术及设计学院三大类，这些高校不但包括本科生教育，而且包括研究生教育。除了这些高校以外，英国还有部分只开展研究生及以上层次教育的教育学院。据统计，英国有近 200 所大学，约 12 万专职大学教师，5 万左右的兼职教师。[②] 大学教师主要分为讲师、高级讲师（主席讲师）、副教授（助教授）和教授四类，此外，还有一部分兼职教师和其他教育研究者（如在剑桥大学和牛津大学有助教、助理研究员的职位等）。教师在经过择优录取之后，成为大学正式员工。20 世纪 80 年代以后，世界各国注意到了教师评价对教师专业发展和学校教学质量的积极作用，部分国家大力改革教师评价制度，期冀以此来激发教师们的热情，调动他们的积极性，进而提升高校的教学质量。在此之中，英国的改革力度很大，颁布了一些政策和白皮书，形成了绩效管理的评价机制，吸引了各国教育研究者们的注意。

（一）教师评价制度

教师评价是伴随着教师行业的诞生而不断发展的，但作为一种提高教师专业水平和完善学校教育管理的手段，真正开始于 20 世纪 20 年代，最早开端于美国。20 世纪 70 年代英国存在一些零散性的、由教师联合会颁布出台的评价标准，相对系统的教师评价发展较晚一些。经过多年的发展与演进，英国使用的评价制度是绩效管理，以此来衡量教师的专业水准。以下分四部分进行论述。

1. 20 世纪 70 年代：评价制度产生

20 世纪 70 年代以前，英国教师联合会制定了相应的针对教师评价

---

① 李俐：《英国高校教师发展研究》，博士学位论文，西南大学，2013。
② 张连红：《英国高校创新人才培养中的教师角色》，载《国家教育行政学院学报》，2011（7）。

的措施与奖惩标准，以防止教师个人权力的无限扩大，从而更好地履行公平公正的原则。但这些评价只是自发的，并没有产生广泛影响。1973年，英国爆发了经济危机，到1976年，经济危机解除后，昂贵的教育支出使得人们对其产生了怀疑。加之受威廉·泰德（William Tyndale）事件及"黑皮书"等一系列因素影响①，教师在公众心目中的地位开始下降。教师的懒惰和无能致使政府及纳税人认为教师的开支增加，同时政府的公共事业经费开支紧缩，因而有必要对教师工作进行详细核查与评鉴。到1982年，在英格兰学区和威尔士学区中，近三分之二的学校开始进行评价方案的研制活动，但并没有针对教师独立个体的专门评价。

时任英国首相詹姆斯·卡拉汉（James Callaghan）在拉斯金学院（Ruskin College）的演讲被视为英国政府正式引入"有控制"教师评价的第一步②，他在演讲中号召教师对课程和公众负起责任。此后，许多地方教育当局和学校发展了自己的评价体系或框架。

2. 20世纪80年代：惩罚性与发展性评价体系

20世纪80年代，保守党作为英国的执政党对教师的评价工作给予了高度重视。1983年，英国教育和科学部（现为教育部，Department for Education）发表了题为《教学质量》（*Teaching Quality*）的白皮书，这是英国政府多年来首次对其进行承认，但是这份白皮书的概念和提法既混乱又缺乏逻辑性③，对教师的评价仅仅涵盖听课笔记、学生学业、在学校生活中的贡献等。白皮书明显显露出政府及其顾问们的浅薄性，表明了他们对国外教师评价成功或失败案例知之甚少，忽视了将教师的专业水准、评价面谈、学校的保密制度作为评价体系的核心内容，

---

① 王小飞：《英国教师评价制度的新进展：兼PRP体系计划述评》，载《比较教育研究》，2002（3）。
② Evans A & Tomlinson J. "Teacher Appraisal：A Nationwide Approach", *British Journal of Educational Studies*，1991（39），pp. 207-208.
③ 王斌华：《教师评价制度：英国教育改革重大举措之三》，载《外国教育资料》，1995（1）。

这引起了一些争议。

1985年3月26日，时任教育和科学部部长约瑟夫（Keith Joseph）宣读了《良好学校》（*Higher Standards，Better Schools for All*）（有的译为《把学校办得更好》《更好的学校》）的白皮书，阐述了"为21世纪儿童教育"的改革方针，以及通过发展个体学生的能力进而促进整个民族的发展、抓住挑战性机会等思想。对于相关的教师评价制度它依旧使用原来的规定，坚持《教学质量》白皮书中的立场，仍然把教师评价制度跟晋级、加薪、解聘联系在一起，这种托利（Tory）的评价制度在绝大多数教师协会中引起了不满，很难调动大多数教师的积极性，反而挫伤了部分教师的感情。根据相关介绍，在一次由教育和科学部主办的教师评价会议上，一位教师协会的相关负责人指出，这种教师评价制度在很大程度上抑制了教师权力的发挥，应该予以废除。1985年，英国皇家督学团（Her Majesty's Inspectorate of Education）发表了《学校质量：评价与评估》（*Quality in Schools：Evaluation and Appraisal*）的报告[①]，决定在萨福克（Suffolk）等六个地方教育当局推行一系列的论证实验与试点研究。其中，试点工作进行了两年，起始于1987年，终结于1989年，涉及1690名教师和160名主任教员，具有广泛性，为后续在英国推广新的教师评价体制奠定了基础。试点工作于1989年10月结束，全国领导小组提交了最后报告，详细论述了新教师评价制度的目的和意义，并具体说明了选择评价者、收集信息、评价面谈、撰写评价报告、培训的实施和时间、财政来源等问题。在具体实施环节，相关标准不明晰、目的性较弱、不具有强制性，使得教师评价问题颇多，陷入困境，但是它将教师评价与解聘两个环节分离的操作与规定，对教师评价制度的改革与创新起到了重要作用。

---

① 夏茂林：《美英两国高校教师绩效评价制度比较与思考》，载《湖南师范大学教育科学学报》，2011（1）。

3. 20 世纪 90 年代：PRP 教师评价体系

英国保守党十分重视对教师的评价，在其执政的 1991 年 8 月，制定了关于学校教师评价的相关制度，并于次年 9 月生效。保守党的连续执政使得教师评价制度得以持续开展。第一轮评价结束后，结果不尽如人意，没有得到预计的数据结果，反而使得教师评价制度濒临崩溃。

90 年代后半期，英国工党获得执政权，为了取得民众、教育行业的支持，修改了教师评价政策，调整了评价重心，转向提升评价标准，尝试使其与绩效评价相结合，期冀以此来推动对教育的管理，提高教师水平和学校教学质量。因此，1998 年 12 月，工党政府提出了将效绩与薪金挂钩（Performance Related Pay，PRP）的教师评价国家体系[1]，一改温和的发展性教师评价。该评价体系主要包括校长（主任教员）评价体系、两种有区别的教师评价体系、学校奖励体系三方面。

校长评价是基于校长对学生成绩进步、综合素质提高、良好学校管理的贡献度来进行评价，评价人员是由政府任命的，且要经过很好的训练，属于学校的外部监督人员，评价将校长的绩效与薪金挂钩。教师评价又称为教师的效绩评议，以教师的教学效度为主要评价基准，效度源于学校的发展计划和团队、团体的计划，具体而言就是将学生的进步、整体发展、教师推进团体进步的方式、教师职业发展状况作为教师评价指标，重点是对学生的影响、自己的有效教学，通过这些指标促进教师成长，达到效绩指标。奖励体系是由政府向学校提供的奖励，奖励额度为 600 万英镑。获得该奖励的评价标准主要包括两个方面，一是考试与测验的结果，二是对考试与测验结果的进一步评价。能够获得此项殊荣的学校主体可以是校长、教师以及管理人员等，以此表彰他们对学校的贡献。学校在分发奖金时要保证公正与公平，具体的评审工作涵盖教学

---

[1] Cutlert & Waineb，"Rewarding Better Teachers? Performance Related Pay in Schools"，*Educational Management and Administration*，1999（1），pp. 55-70.

检查、评价会议、评价评议会等内容，还要关注职业的发展。

4.21 世纪：绩效管理教师评价制度

进入 21 世纪，英国政府制定并颁发了有关中小学绩效管理的文件，明确指出英格兰所有公立中小学要在该绩效管理体系的基础上，对之前的教师评价相关制度进行全面修订。2001 年，英国政府在此基础上发布了新的相关条例，并提出新的教师评价制度，即绩效管理系统（Performance Management）[①]，主要对绩效管理评价的主体、范围、过程以及周期等方面进行规定。

首先，绩效管理评价的主体主要包括地方教育局、学校董事会以及学校本身等。各主体在具体的评价工作中各司其职、各有侧重、相互分工。地方教育局的职责主要是对当地绩效管理评价工作进行统筹管理，对整个地区的工作落实情况进行监督，而且还对该地区绩效管理评价制度的建立予以保障，敦促该地区各学校及时对相关教师进行评价管理。学校董事会主要负责对各学校校长进行绩效管理与评价，与此同时，还会参与学校绩效管理制度或政策的设计与制定，它并不承担对具体教师评价的职责。学校主体作用的发挥主要通过校长牵头来完成，作为各学校直接负责绩效管理评价工作的主体，其职责相对较多，而且比较分散。具体而言，其职责主要包括对教师小组组长职责的履行情况进行监督与管理、对相关教师的发展计划和标准进行管理、对教学过程进行监控，并且根据教学情况形成及时反馈，从而为后续教师评价工作的开展做好铺垫。

其次，就绩效管理评价的范围而言，该制度是对学校全体在职教师实施的一种评价制度。具体而言，除第一年仍处于培训期的新入职教师以外，其他所有公立中小学在任教师全部包含在该评价范围之内，而对于新入职教师也有专门的评价标准与制度规范。

---

① 　车伟艳：《英国中小学教师绩效管理评价制度的经验与启示》，硕士学位论文，西北师范大学，2009。

最后，就绩效管理评价的过程而言，上述绩效管理评价制度主要由绩效管理目标的设定、绩效管理过程的监控、绩效管理的考核以及绩效管理结果的处理四部分组成。

除此之外，英国教师绩效管理系统还对绩效管理评价的周期进行了具体规定，主要为：绩效管理的周期通常为一年左右，在此基础上不同学校会根据自身情况的不同对其有所调整。而且，每所学校绩效管理的周期并不是一成不变的，一个周期结束以后，学校会根据上一周期教师的管理评价情况合理调整下一个周期的长度。另外，由于绩效管理评价对各学校而言都是一个循环往复的过程，所以绩效管理评价的最后一个环节与第一个环节可以相互结合，形成闭环，从而构成一个周期。

尽管英国对教师的绩效评价源于对中小学教师的评价，但随着英国学术治理的开展，绩效评价越来越与大学教师评价挂钩，尤其是大学教师的晋升制度，使用该评价制度可以将其科研成果量化，用统一标准衡量教师。它在公平公正的原则下，不易引起教师的争议，进而维护各级教师的利益。

（二）教师晋升政策

1988 年之前，英国高校教师是终身教职，有正式编制。选聘时除查看应聘者文章和著作的质量水平、学位情况、推荐人的介绍之外，还需要进行面谈，依据应聘的职位来确定参加面谈的成员。新任教师有三年的试用期，试用合格后提升为讲师，之后便可长期任职于该单位，直到 65 岁退休。正常情况下，一位获得博士学位的人，28 岁左右可以聘为讲师，35 岁左右可以升为高级讲师，40 岁左右升为副教授，如若编制允许，40～50 岁可以升为教授，但是在牛津大学和剑桥大学晋升教授和副教授有些难度。①

在教师由讲师晋升到高级讲师时，首先要求其在从事的学科领域中

---

① 陶遵谦：《国外高等学校教师聘任及晋升制度》，127 页，上海，华东师范大学出版社，1984。

有学识，在实验室工作、讲学和写作出版等方面做出过突出贡献，其次要衡量其资历、行政组织与管理工作的能力，最后还要考量他对学院学术团体生活的贡献等。晋升副教授，最重要的是学术成就，还要看他是否在候选人中是最突出和最有希望成为学者的人，同时也要考虑他当教师时的贡献和分担系里工作的情况。晋升副教授的提案，先交给学院，最终结果由学校顾问委员会决定。就教授的晋升而言，在程序上和副教授的晋升相同，但是具体条件更为严格，既要在教学工作和行政管理方面有一定能力，同时在知识、学问、领导能力、学术水平以及个人品德等方面过关，最重要的是要有学术方面的成就和学术论文的质量。

20世纪80年代以来，市场化渗透到社会的每个角落，高等教育领域出现了管理市场化的趋势。1988年，英国出台了《教育改革法》（*Education Reform Act*）①，废除了教师的终身制，不仅出现了以招聘为主导的教师聘用制度，还出现了临时性的大学教师和研究人员。这些新来的教师首先要经过三年的试用期，一边工作一边参加教师培训，成绩优异者可以提前结束培训，而有些教师则可能出现延缓结束的情况。英国教师的职称主要分为学术、教学和研究三大类。学术类主要包括教授（Professor）、副教授（Reader）、高级讲师（Senior Lecturer）、讲师（Lecturer）；教学类主要分为助理讲师（Assistant Lecturer）、指导人员（Demonstrator）、研讨主持（Seminar Leader）、副讲师（Associate Lecturer）和本科生助教（Graduate Teaching Assistant）；研究类则主要分为教授级研究员（Professor Fellow）、高级研究人员（Senior Research Fellow）、博士后研究人员（Research Fellow）、助理研究员（Research Associate）、研究人员（Research Officer）和研究助理（Research Assistant）。

改革之后，英国的教师晋升主要考量教师的教学、科研和管理能

---

① 陈素娜：《英国、中国大学教师发展体系与特色比较研究》，硕士学位论文，厦门大学，2009。

力。其中，讲师要经过三年的试用期，学校会在其入职五年后组织一次全面的绩效考核，通过考核者，即可获得校方的长期聘用。讲师要想晋升到高级讲师，学校除了考察他对教学工作的贡献外，还要衡量其在教学行政管理中的日常表现。讲师在经过一定的工作年限后，才可受到提拔，但需要经过系主任的推荐或该讲师的资历与待遇已经达到高级讲师的要求后，方可晋升为高级讲师。对于晋升副教授，英国大学有严格的时间和资质限制，很少有高级讲师能够达到，且如若校外有符合要求的高级人才，学校也会采取招聘的形式引进人才，给予其副教授待遇。这种不拘泥于形式的副教授晋升方式，使得副教授这一职位更具有挑战性。学校对教授职位的要求更严格，不仅需要其学识渊博，在学术上有一定的高度，且是从事研究型的学者，还需要其具有较高的领导力、师德等综合素质，其晋升除了要进行校内推荐，还要参加衡量基本水平的考试，考试合格后才考虑是否晋升。据统计，英国教授占英国教学科研人数的 10%～20%。[①]

研究发现，英国的教师晋升政策有学校自己的特色，不同的学校在大前提下依据各自的评价指标建立不同的晋升标准，但无论怎样，他们都高度关注各级教师的学术能力、科研成果质量、管理能力以及时间限制等要素。这不仅提升了英国教师队伍的整体素养，同时提升了英国的软实力，进而推动英国综合国力的发展。

三、日本的教师晋升政策与评价制度

随着国民经济和科学技术快速发展，日本将促进高等教育发展作为一项重要的战略决策。为了有效提高高校人才培养质量，其将高校教师人才队伍的建设视为该战略决策的关键环节。日本《学校教育法》和

---

① 陈改娜：《大学教师职称评审模式探析》，硕士学位论文，湘潭大学，2011。

《大学设置标准》（「大学設置基準」）都对高校教师评价、晋升的资格等内容进行了明确规定。

（一）教师晋升与考核标准

《学校教育法》与《大学设置标准》对教师职称晋升与考核的规定，主要表现在对相关教师进行全面考核与评定的基础上，由教授会议审议决定是否晋升。就教师类别而言，可以分为以下两个方面。

1. 研究生院教师资格

研究生院教师主要包括担任硕士课程教学工作的教师与担任博士课程教学工作的教师。其中，担任硕士课程教学工作的教师必须具有博士学位，并且在其专业范围内具有一定的研究成果和科研指导能力，相比而言，担任博士课程教学工作的教师研究成果应更加显著和卓越，并且在其专业领域具有高度的科研指导能力。大学本科及研究所的教师，在与正常教学研究不冲突的情况下，均可兼任研究生院的教师。

2. 大学本科教师资格

大学本科教师的职称主要分为教授、副教授、讲师和助教四个级别，不同职称级别有不同的任职资格。就教授任职资格而言，需至少满足以下六种情况之一：第一，具有博士学位；第二，具有相当于博士水平的研究业绩；第三，具有一定的教授工作经历；第四，具有副教授工作经历，并且被认定具有一定的教育研究业绩；第五，在旧制高中和专门学校或认为同等以上学校具有五年以上教学经历，并且有一定的教育研究业绩；第六，在艺术、体育等方面具有特殊能力，且具有一定教育研究业绩。对副教授任职资格的规定与教授类似，需要至少满足以下五种情况之一：第一，在大学有一定的副教授工作经历或专职讲师工作经历；第二，在大学担任助教或相当于助教职务三年以上，并具有一定的教育研究能力；第三，具有硕士学位；第四，在旧制高中和专门学校或认为同等以上学校任教三年以上，且认定具有一定的研究业绩或教育研究能力；第五，在研究所、试验所、调查所任职五年以上，并认定具有一定教育研究业绩。讲师的任教资格，是能够满足上述规定或在其他特殊专攻领域具有一定的教学能力。助教的任教资格主要为具有学士学位，或认定为具有与学士学位同等学力。

随着日本高等教育发展水平不断提高，各高校的助教职位多由在研究生院获得博士与硕士学位的相关学者担任，很少有高校继续聘任学士学位获得者担任助教或其他教学辅助职位。

(二) 教师聘任程序

与其他发达国家相比，日本高校教师的聘任条件呈现出高职称与高学历的趋势，这与日本高等教育的发展水平存在很大关系。但与其他国家不同的是，日本高校教师的聘任虽然有一定的程序，但是并没有像其他公务员聘任一样的较为严格的考试，使得日本高校教师这一职业常常被称为"无资格的世界"。

日本高校教师群体存在较为明显的"近亲繁殖"现象，各高校培养的优秀毕业生很多留校工作。这一现象在日本国立大学表现得尤为突出，相关统计显示，日本国立大学教师队伍中本校毕业生所占比例高达43%。而且，几乎所有教师入职以后，可以获得终身教职的职位，这使得人才流动很难进行。在发现这种现象带来的种种弊端之后，日本开始对教师人事制度进行改革，并于1997年制定并发布了关于大学教师等任期的法律，但并没有要求所有高校统一实行任期制，而是由各高校自行决定是否实行，以及实行的具体时间与范围。[①] 因此，该任期为"选择任期制"。根据统计，日本有大约20%的高校实行该任期制，但具体的实施时间与范围，各高校不尽相同。就时间而言，各高校教师的任期通常为五年，也有相对较短的一到两年，较长的则达十年之久。就实施范围而言，多数高校是在部分学科中实施了此任期制。日本对高校教师

---

① 胡建华：《日本大学教师任期制改革述评》，载《比较教育研究》，2001 (7)。

的考核较为严格，几乎所有高校每三至四年对所有职称的教师考核一轮，教授和副教授也不例外。而且，在此过程中，学生在教师评价体系中具有较大的发言权。对此，日本高校教师是否能够继续聘任的依据主要是各高校对教师的业务考核与学生评价。而这一评价制度在给教师施加较大压力的同时，也在很大程度上提高了教师教学与科研的积极性。

（三）教师评价制度

日本各高校越来越重视对教师个人业绩的评价。相关部门统计发现，2000 年至 2008 年，日本实施教师业绩评价的高校的比例从 16% 上升为 46%。日本高校对教师业绩评价重视度的提升主要受经济发展的影响。20 世纪 90 年代以后，日本为刺激其长期处于低迷状态的经济发展，想要借助科技之争来不断提高其在全球的竞争力，由此提出"科学技术重振日本"的教育目标。政府为刺激研究成果数量增加，加大了相关学科科研经费的投入。对此，各高校为了激励相关教师充分发挥其科研能力和学术水平，开始对教师进行个人绩效评价。2003 年，日本冈山大学率先推出教师评价制度，并在全国范围内引起重大反响。[①]

日本对大学教师个人绩效实施的评价可以从评价内容、学术评价方法以及第三方评价三个方面进行分析。

1. 评价内容

就评价内容而言，不同高校略有不同，主要受各学校评价理念以及学科专业不同的影响。综合而言，可以分为四个方面：教学评价、科研评价、社会服务评价以及其他方面的评价。

首先，就教学评价来讲，长期以来，日本高校表现出重科研、轻教学的现象。但是，随着日本出生率不断下降，各高校出现了生源短缺的现象，为了争夺有限的生源，各大学开始将重点逐渐转向教学。对此，

---

① 韩小娇、高君：《日本大学教师学术评价的理念、内容及方法》，载《高教发展与评估》，2013，29（2）。

20世纪90年代以来，各高校陆续设置了学生评教制度。

（1）教学评价

20世纪末，各高校开始引入有学生参与的教学评价制度。日本大学审议会于1998年10月发布了《关于21世纪的大学与今后的改革政策》的报告，共二章八节。[①] 在"关于指向大学个性化的改革方案"的章节中，报告明确指出，需要对教师进行教学过程评价。由此可以看出，日本非常重视这一方面的改革。无论是在原则还是在指标方面，日本关于高校教师教学评价的设计均较为完善。相关教育目标较为符合本领域的教育理念，同时能够在一定程度上满足学生和社会的需求，评价指标主要包括教学内容、教学时长、课程、指导本科生论文情况和其他研究生指导工作等。对于评价方法，一方面将学生评价作为教学评价的组成部分；另一方面提出，可以采用由教师自己制定教学大纲、教师之间相互听、评课以及组织相关教学研讨会等方式改变重科研、轻教学的情况。但是，我们查阅的文献资料中，仍没有关于教学评价的相应研究成果出现。这表明教学评价在反馈和应用方面还没有收到应有的效果。

（2）科研评价

科研是日本高校在教师评价过程中最为看重的部分，也因此使其教师评价更倾向于科研型。就各部分所占比例来讲，涉及科研活动的占39%，教学活动的占19%，社会服务的占7%。[②] 另外，基于大学自治的原则，日本各高校很少接受外部评价。同时，日本高校教师在学术自由原则的影响下，也从不接受别人通过评价来干涉自己的学术研究。以冈山大学的相关研究为例，日本高校更多地会在发表论文、口头发表以及科研经费等方面有所规定，而在原则、流程以及反馈等方面存在一定

---

① 余蔚平：《大学改革的基本理念：个性闪光的大学：〈21世纪的日本大学与今后的改革政策〉简介》，载《中国财经教育》，2000（3）。

② 陈忠暖：《谈国外高校教学与科研的关系：日本大学教师的态度及其国际比较》，载《云南高教研究》，2000（1）。

的空白。

（3）社会服务评价

关于日本高校在社会服务方面的评价还没有重要的研究结果。冈山大学的研究案例也只是简单列举了部分社会服务方面的内容，而对于评价的原则、指标、流程、反馈等具体操作没有明确的规定。根据前面提到的日本高校教师评价各方面所占比例来看，社会服务方面仅占7%，相比科研与教学活动，日本高校对教师的社会服务并没有给予足够的重视。

（4）其他方面评价

日本部分高校除了对教师在教学、科研、社会服务等方面进行评价以外，还会将教师在行政上的一些工作作为评价内容。具体来讲，主要是将相关教师在学校相关职位所做工作的质量和贡献度作为相关评价指标。同样，冈山大学的教师评价案例中也涉及学校管理方面的内容，虽然它没有对评价方法以及评价反馈等做出具体规定，但是作为其特有的一项评价内容，具有一定的借鉴意义。

除此之外，日本高校教师晋升前的考核也是其绩效评价的重要组成部分，即其是否能够晋升主要由其录用之后的绩效决定。日本高校助教职位的考核期为一年，如果在此期间没有表现出一定的能力，则会面临淘汰。日本高校对教师的晋升主要以学历、学位条件，以及所任职位最低年限的教育与科研水平为考核指标。[①]

2. 学术评价方法

日本高校对教师的学术评价方法主要有三种。第一种是以数值的形式来表示，主要是按照一定的方法对教师的研究成果和任课数量进行计算，最终得出相应的分数，此种方法也称为"综合分数计算法"。德岛

---

① 王光彦：《大学教师绩效评价研究：基于教师自主发展的探索》，博士学位论文，华东师范大学，2009。

大学在 2003 年 12 月就主要运用这种方法，以"教师自我检查与评价专门委员会"的名义，对综合科学部的教师进行业绩审查。评价项目主要分为教学活动、学术研究、学校管理和社会贡献四大类，并且以此为标准设置了相应的评价指标和评价小组，而且对各类项目分别设定了不同的评价系数，其中，教学活动系数为 2，学术研究系数为 1.6，学校管理系数为 0.2，社会贡献系数为 0.2。以学术研究项目为例，此类活动共设置了 6 组 18 个指标。评价过程中根据各项指标对相关教师的学术研究进行评分，每个指标的分值范围设置为 1～5。在对教师进行综合评价时，学校要将教师进行教学活动、学术研究、学校管理以及社会贡献四方面的得分，分别乘以相应的评价系数后的总分数作为相应教师的综合评价分数。

第二种是以等级的形式来表示，主要是按照优劣程度分 A、B、C、D 四个等级来对教师的个人业绩进行判断，此种方法也称为"业绩登记判定法"。名古屋工业大学就是基于这种方法对教师进行评价的，其主要做法为：学校将教师评价设置为 22 项指标，每一项指标又分为不同的等级。教师要基于这一分类标准将个人的教学及科研等情况导入评价数据库中。以其中的国际会议论文发表这一指标为例，发表 6 次以上选择 A，4～5 次选择 B，2～3 次选择 C，1 次选择 D，没有则选择 E。需要特别注意的是，如果相关教师发表论文 4～5 次，按照上述录入规则应该选择 B，但是如果这几篇论文的学术性较强，并得到同行的一致认可，则该教师可以将此情况记录在个人的记述栏中，以此来申请 A 类指标。评价指标的灵活化、弹性化使得学术评价的公正性在一定程度上得到了保障。然后，再将不同的等级换算为相应的分值，等级 A 可换算为 4 分，等级 B 可换算为 3 分，等级 C 可换算为 2 分，等级 D 可换算为 1 分，等级 E 为 0 分。以此类推，将所有指标进行等级评价并换算后，可以得出教师的个人平均分。以此平均分为基础，各位教师可以根据学校设置的统一标准，确定自己所属的相应等级。其中，S 为卓越、A 为优秀、B 为良好、C 为不足、D 为不合格。

第三种是根据各位教师在每学年之初确定的目标，与本学年的目标完成情况进行对比来对教师做出评价，此种方法也称为"目标管理型方法"。这种评价方法的特点在于教师可以根据自身情况进行目标设置，因此这一评价方法主要以自我评价为主、同行评价为辅。这一特点使得该方法在运用过程中表现出一定的局限性。例如，个别教师在运用该方法进行评价时过分夸大个人的研究成果与能力，从而导致评价结果有失客观，而且也会在一定程度上影响教师之间的合作关系。

通过对上述三种教师评价方法的对比，可以得出，第一种和第二种评价方法都设置了各自统一的评价标准，教师可以按照相应的评价标准衡量自己的能力与研究成果，第三种评价方法没有设置统一的标准，主要根据参评教师个人在某一年份的工作完成情况进行评价，因此，每个参评教师的评价标准不尽相同。

3. 第三方评价

除上述教师评价方法以外，日本还以法律的形式对高校必须定期接受第三方机构评价的内容进行了规定，目的在于进一步提高高校的教育质量，促进高校的学术发展，保证高校评价的公开公正。2004 年 4 月，大学评价·学位授予机构正式成立，由文部大臣授予评价权利对大学进行评价。从此，日本高校教师的评价由过去单独由大学自己评价，转变为学校与第三方机构共同评价的模式。以东京都立大学为例，2009 年 7 月，该校向大学评价·学位授予机构提交了申请，想让该机构对该校系统设计学院五个专业的教师的学术研究成果进行第三方评价。该学院的五个专业分别为机械电子学专业、信息通信系统专业、航空宇宙系统工程专业、经营系统设计专业和工业制造专业。学校向第三方机构提交了接受评价的教师的学术研究成果的相关资料，机构组织五位评审委员对相关资料进行审查。评审委员会根据学校提供的相关材料从研究组织、研究成果、研究资金、社会贡献以及学术交流等方面对相关教师展开评审，并最终按照特别优秀、优秀、普通、不足和较差五个等级，从5～1进行赋分。五位评审委员的平均分为每位教师的最终得分。在此基础上，评审委员还会对每个指标进行详细分析，并对每个项目所表现出的不足进行分析，为学校和教师提供后期改革方向和改进办法，使学校和教师能够一目了然。与此同时，该机构还会将教师评价结果上传到评价机构网站，以保证评价结果的公开公正。

四、德国的教师晋升政策与评价制度

（一）德国大学的教师晋升制度演变

德国教师晋升制度起源于 16 世纪的大学讲座制，标志着大学在聘任教师方面开始注重教师专业化发展。到了 1737 年的汉诺威王朝时期，由于当时德国新教之间的派别纷争，时任哥廷根大学董事长闵希豪生（Gerlack Adolfvon Münchhausen）为了避免争端特意选聘了一些教义上中立且名声较好的教授，"这种措施是反对大多数大学盛行的裙带关系和重资历现象的唯一保证"。[1]

19 世纪是德国大学发展的黄金时代，由于新人文主义思潮的推动，德国大学实行了一系列改革，其中成就最为显著的当数柏林大学。洪堡作为柏林大学的主要创办人，强调教研相统一、学术自由与思想独立。在这种办学理念的指导下，柏林大学采取教授治校、校长由教授选举制度。这种制度不仅奠定了教授在德国大学中崇高的地位，同时也赋予了教授参与大学决策管理等诸多权利，教授治校而教授又是研究所主任、

---

[1] 贺国庆：《德国和美国大学发达史》，25 页，北京，人民教育出版社，1998。

讲座的核心，集研究与教学于一身，真正实现教研统一、学术独立。^①
"在教学与科研相统一的思想指导下，教师一改过去很少从事科学研究
的状况，积极投入科学研究。大学中教授的聘任，职称的提升，也开始
着重依据教师的科研水平与学术成果。"^② 学术研究水平也成为教师评
价中一个非常重要的依据。如果一名大学教师科研水平不够、学术道德
低下，肯定与教授职位无缘，出现学术不端行为无异于自己堵死向上晋
升的道路。这一时期由普通教师上升为教授的教师发展路径也基本确立
下来。

第二次世界大战结束到 20 世纪 60 年代，德国在高等教育方面的表
现主要有两点：其一，对纳粹政府在高等学校中的残余势力及其影响进
行肃清。如海德堡大学在非纳粹化运动中对曾经参加过德意志民族社会
主义工人党的教师进行了解雇处理。^③ 其二，全面恢复德国大学传统的
办学方针及相关学术制度，如教授治校、教学与研究相统一等制度。

1976 年 1 月 26 日，德国著名的高等教育法规——《高等学校总纲
法》出台，对德国高校中包括各种评议会在内的领导机构人员构成进行
了重新架构，主要由教授、学术人员、行政与其他人员、学生四类人员
构成，这在很大程度上改变了之前教授独立治理学校的状况，但并没有
动摇教授在高校各级领导中的重要地位。从此以后，德国高校开启了师
生共同参与学校管理的民主化进程。

20 世纪 80—90 年代，受德国社会以及整个世界重视成本、效益、
成果以及价值观念的影响，德国高校教师聘任与晋升呈现出竞争性、重
绩效等特点，但仍然坚持以教授为学校教育的核心，实行严格的学术准
入制度以及职业阶梯等级森严的晋升制度。

---

① 陈纪芹：《德国大学教师聘任制的发展历程及特点》，载《安徽工业大学学报（社会科学版）》，
　2010，27（4）。
② 李其龙、孙祖复：《战后德国教育研究》，172 页，南昌，江西教育出版社，1995。
③ 杨荫思：《海德堡大学》，98 页，长沙，湖南教育出版社，1991。

德国教师晋升和保障制度具有很强的登记考核性质，是一种等级森严的用人制度。所谓地位越高，职责要求就越高，尤其是对教授的要求更加苛刻，不仅要具备相当高的专业研究能力，良好的科研道德素养，同时还要有过硬的管理能力。德国大学专职教师一般分为四个等级：教授、助教、合作教师和特殊任务教师。教授是学科领域的执行者和带头人，是教研的核心力量，是大学教师职业生涯的最高阶段，由政府任命且具有终身资格；助教是通往教授的必经阶段和过渡阶段，一般要求具有博士学位，通常是有聘用期限的，必须在 6 年内获得备选资格；合作教师是在教学和科研领域与教授合作的人员；特殊任务教师是德国大学或研究所选聘的合同教师，具备丰富的实际工作经验和专业特长。

另外，教师晋升到教授级别后，还会有评估和晋升空间，因为德国教授还分为三个等级，分别为 W1 教授、W2 教授和 W3 教授。W1 教授为初级或年轻教授（junior professor），W2 和 W3 教授是级别较高的教授，必须通过高级教授资格答辩且具有专著才能担任。W3 教授是德国大学每门学科设置的唯一的专门职位，级别最高。获得博士学位是成为教授的最基本条件，其次还要担任 6 年助教，并完成一篇教授资格论文和至少三个与专业相关的专题报告，通过答辩委员会的评议之后方可获得初级教授资格即 W1 教授，之后需要在该职位继续工作 6 年，凭借科研成果和教学成绩再申请 W2、W3 的职位。通常在获得任命之前他们会被当作"编外教师"，需在 W2、W3 教授的带领下从事科研与教学工作。[1] 这种制度既可增强年轻科研人员的研究动力，也同样激发他们的创新潜力。

通往教授的道路是异常艰辛的，可谓"蜀道之难，难于上青天"，他们必须具备突出的科研能力、良好的学术素养和道德品质、坚强的攻关意志。获得教授资格后不仅福利待遇非常优厚，同时还是终身的。

---

① 张银霞、谷贤林：《影响德国大学创新力的制度与观念解析》，载《比较教育研究》，2011，33（1）。

（二）德国大学的教师评价制度

对教师进行考核在德国高校中也是一项常规性的工作，对晋升教授的相关评价条件更是严格。高专教师需要有 3 年外校工作经验，或取得研究型大学博士学位后，再经过长达 6 年时间的助手工作以后才有可能晋升为教授，而且在这期间还要继续从事相关研究工作，并且形成一定数量的研究成果、取得授课资格以及从事学术工作的许可。[①]

德国高校教师晋升教授有一个特别之处，就是不能在原学校进行教授的应聘，必须在别的学校进行。教授的晋升或应聘本身就成为对教师的一种评价，而且这一特殊性使其成为对教师最为严格的评价。其评价标准主要表现在以下几个方面。

首先，科研评价。对教师进行科研评价主要有两种方式：第一种是根据教师已经取得的相应的科研成果进行分析与评价。主要从出版物的数量、厚度、篇幅等方面对教师的科研成果进行分析，在此过程中，还要结合不同专业的特点，对不同专业的专著、期刊论文等赋予不同的权重，以此来评判申请者的科研能力。除此之外，与专业相关的学术会议的演讲、获得第三方资金支持的课题研究的进展、获得的专利技术以及其他学术奖励等，都会在评价过程中起到重要作用。第二种是根据评审的具体情况，由外部同行专家对申请者进行评价，他们可以根据申请者提供的关于科研与教学成果的资料给出个人评定。对于同行的选择没有统一的标准，但通常会考虑以下几方面内容：该专家在取得大学授课资格时在其所在单位的声望、该专家在国内外相关专业领域内的学术声誉、该专家是否与申请者存在学术合作等。

其次，教学评价。对申请者教学能力的评价主要体现在其大学任职期间完成的课时量和可以被证明的实际从事教学工作的年限，并且在此过程中，其所教授的所有大学生的评价也具有一定的权重。除此之外，

---

① 徐毓龙、樊来耀：《德美两国高等学校教师聘任制度的研究》，载《学位与研究生教育》，2001（Z1）。

申请者在其教学过程中所指导的学生完成的毕业论文的数量，以及验收的考试等，也是评价其教学能力的重要依据。

最后，自我管理。除了专业知识，还要求申请者有一定的管理能力。在这方面，框架法和各州高等教育法规定大学可以通过试验确定新的聘任方法。①

教授晋升的道路是漫长的，而且充满了各种不确定性。他们在高校获得首个学位后，要经过平均总计12年的学术成长阶段，包括4～5年的博士阶段的学习和7～8年的博士后阶段的学习以争取教授备选资格。获得教授备选资格的教师不能在原学校应聘教授职位，这使得德国大学教授保持了高水平。这种机制本身就是一种质量保证和评价考核的原则。由于教授职位相对固定，只有空缺才会招聘，所以教授职位的获得往往是在激烈的竞争中通过长时间考核和层层淘汰后授予的，对中层人员而言具有很大的不确定性。一旦被聘为教授，则获得了职业安全保障，成为国家公务员，终身拥有，而且由于只有教授的特殊津贴与工作业绩有一定联系，而大多数教授的工资是与工龄和职位联系在一起的，所以对于教授评价产生的实际约束力很小。②

五、澳大利亚教师晋升制度演变

澳大利亚曾是英属殖民地，其高等教育直接受英国教育制度的影响，大学教师晋升制度也沿袭了英国高校。其教师晋升制度大致可分为三个发展时期。③

第一时期为20世纪70年代之前，可以将这一时期称为澳大利亚高

---

① 陈纪芹：《德国教授的聘任制度》，载《天津市教科院学报》，2008（4）。
② 王光彦：《大学教师绩效评价研究：基于教师自主发展的探索》，博士学位论文，华东师范大学，2009。
③ 郭号林、赵星：《澳大利亚大学教师职称晋升制度及启示》，载《求实》，2013（S2）。

校教师晋升制度的产生与发展时期。从 19 世纪 50 年代澳大利亚第一所大学——悉尼大学创办一直到 1956 年,澳大利亚总共建设了 9 所大学,而且各大学的规模都比较小,教师数量也比较少,在教师发展体系中并没有形成完整的晋升制度。随着经济发展和人口增加,学生的规模不断扩大,对教师数量的需求也在不断增加。到了 20 世纪六七十年代,澳大利亚的高等教育得到跨越式发展,教师数量实现突破式增长,出现了一大批年轻学者和高校教师。教师晋升及职称评审制度在这一时期受到前所未有的重视,为接下来的发展提供了重要的条件和基础。

第二时期为 20 世纪八九十年代,澳大利亚教师晋升制度的发展陷入低迷期。一方面学生数量持续增加,而政府资金扶持却相对较少,加重了大学运营的负担;另一方面由于政府通过立法来增加就业机会,促进就业机会平等,大学也相应实施了一些有关教师聘请的办法,并极力使大学男女教师在晋升上实现对等,甚至为了达到男女教师比例均衡,特意给予女教师晋升优惠,造成了晋升的不公平和运行成本的增加。1977 年,澳大利亚成立专门的高等教育委员会,把高等教育归入统一机构管理。相关资料显示,从 1975 年开始,澳大利亚高等学校中具备拥有高级讲师以上职称的教师人数呈现出不断上升的趋势,到 1985 年年底,高级讲师以上职称的学术人员已经超过澳大利亚高校学术人员的50%,反映出高校对师资建设的投入和成本的增加。

第三时期为 20 世纪 90 年代以后,澳大利亚教师晋升制度不断得到完善。随着经济全球化深入和世界各国高等教育发展,教师评价制度不断趋于完善,越来越多的科学化评审机制出现在教师评价与晋升体系当中。澳大利亚高校将教师职称主要分为助教、讲师、高级讲师、副教授和教授五种类别。其中,助教的主要工作是讲授选修课程,或者对学生进行专业辅导。助教通常不承担科研任务,不能称为真正意义上的大学教师,只有晋升为讲师或讲师以上职称,才算真正跨入高校教师的行列。高级讲师和副教授一般可以从本校直接晋升，而教授则通常从国外聘用。除此之外，澳大利亚高校对教授和副教授有严格的数量限制，而对于讲师和高级讲师则没有数量上的限制。只有那些具备较强科研攻关能力和较高素养的研究人员才能晋升到教授级别。

澳大利亚采用的教师晋升制度带有比较典型的欧洲色彩，但同时也形成了自己独特的优势。首先，在评审组织方面，澳大利亚设立了比较权威的评审部门——高校晋升委员会，属于政府中央委员会的会员，直接受其指导。高校晋升委员会的所有成员都需要具备一定的资质条件，只有这样才能行使相应的职责与权力。这一资质条件主要分为两大类，其中一类为非永久性会员。会员通常由选举产生，高校晋升委员会会员期限从最短 5 年到最长 16 年不等。例如，悉尼大学、昆士兰大学等一些规模较大的大学会有两个及两个以上的晋升委员会，其会员主要包括相关专家学者以及学校各工会代表。

其次，澳大利亚选择了比较公平合理的评审标准，这也是其促进高校教师发展的一个重要因素。相关评审标准主要包括教师的科研成果、教学贡献，除此之外，还包括相关教师的领导与服务工作，以及对学校活动的推广等。澳大利亚几乎每所高校都将教师教学、管理与服务的贡献作为其晋升的条件，而对于晋升至副教授级别以上的，每所高校都会将科研作为一项重要指标，这也是每所大学进行教师评价的根本标准。与此同时，澳大利亚也非常重视教师在其他方面的贡献，如在与外校或相关单位关于高等教育研究与教学方面的合作、提升学生职业生涯规划方面的工作、为与高校联系紧密的政府单位或社区提供高等教育方面的政策建议等。

最后，澳大利亚实行公平公正的评审程序。第一，澳大利亚高校晋升委员会要对所有职称申请者进行面试。这样一来，委员会可以对申请者的情况进行全面了解，进而进行公正的投票。第二，制定相应的上诉制度。为保证职称评审的公平性，最大限度地维护申请者的权利，几乎所有高校出台了相应的政策文件。申请者在职称评审过程中遇到不公平待遇，有权与晋升委员会主席、校长、院长当面质疑，对情节严重的，还可以基于相关证据证明向上级管理方提起上诉等。总之，澳大利亚在教师晋升制度建设方面投入了相当多的精力和资源，通过不断探索与实践逐渐形成了自己的特点，同时在完善本国的教师晋升制度以及学术治理方面取得了巨大成效。

第二编

西方国家学术预警机制及学术不端行为研究

第三章　各国学术预警机制

所谓预警机制，本义是指为了防止某类事情的发生而预先发布的警告制度。具体而言，是由提供警示的机构或部门通过制定一系列政策制度，并开通网络、信息等平台，采取相应措施以实现信息的超前反馈与交流，达到未雨绸缪，将事情扼杀在萌芽状态的目的。[①] 而学术治理的预警机制，无疑是通过政府、学术机构与团体以及高校科研部门及相关管理机构为防止学术不端行为的发生而及时建立的由防范准则以及有关举措等构成的一整套系统的、高效率的、具有可操作性的制度体系。随着西方各国学术不端行为的出现，为进一步遏制这一行为的持续扩展，各国纷纷开始探索与建立相应的学术预警机制，通过相关法规与政策的不断修订，逐渐完善学术治理的预警机制，抑制学术不端行为。

第一节　美国和丹麦学术预警机制

美国防范学术不端行为的预警机制是随着不端行为的发展逐渐建立起来的，它包括成立专门应对学术不端行为的内部机构，建立有关警示系统、制定相关防范政策和内部规章制度，以及根据部门特点和现实需求采取合理的警示措施等。

在美国，不仅卫生与公众服务部设立了世界闻名的学术不端行为应对机构——科研诚信办公室，而且联邦政府各部门均成立了内部监察长

---

① 马宾：《大学生突发事件成因与预警机制研究》，硕士学位论文，华东师范大学，2009。

办公室（The Office of Inspector General，OIG）来监管本领域学术问题的处理情况。此外，由高校、民间学术团体组成的第三方学术组织也在逐渐完善本机构内部的学术治理体系，多数高校和基层研究机构建立了科研管理部门。这些专职应对部门最开始主要是针对学术不端行为的事后处理而建立的，但随着不断尝试和摸索，在积累经验和吸取教训的基础上，加大了对学者学术行为规范和提前预防的治理力度。以科研诚信办公室为例，1992 年成立后，在上级管理部门政策的引导下，随着学术不端行为的发展演进以及有关法律制度的修订与完善，承担的使命也逐渐由原先的科研案件管理向学术不端行为的预防以及积极建设科研诚信等转变。

科研诚信办公室的主要工作职责为以下几方面：第一，在制度层面制定关于预防学术不端行为的政策、规章、制度；第二，评审与监督各类学术不端行为；第三，通过研究学术不端行为，为上级部门决策提供建议；第四，在案件进入上诉委员会程序之前，帮助了解案件实情；第五，为研究学术不端行为的机构提供技术支持；第六，组织活动来预防学术不端行为，提高学术不端行为举报能力；第七，建立学术不端行为科研诚信及预防知识库；第八，为了维护制度保障功能、响应对于揭发者报复行为的举报、协调内部和外部的政策与程序以及回应信息自由法案和保密法案的要求，管理相关的项目或计划。

此外，经科研诚信办公室调查或监督的不端案件信息会在《联邦公报》（*Federal Register*）、《国立卫生研究院拨款与合同指南》（*NIH Guide for Grants and Contracts*）、科研诚信办公室出版的年度报告以及季度通讯（ORI Newsletter）上公布，而且其调查和处理的结果也会展示于公共卫生局的行政活动公报板（Administrative Action Bulletin Board）上。[①] 在征求当事人双方同意、尊重其合法权益的基础上，这

---

① 阎光才：《美国的学术体制：历史、结构与运行特征》，217 页，北京，教育科学出版社，2011。

些信息的公开无疑对学术界的研究者起到了警示作用。

不仅如此，科研诚信办公室内部还专门建立了公共卫生局警示系统（PHS Alert System），主要记录在卫生部门范围内被查证的不端行为被指控者的信息，包括当事人姓名、所在机构、不端行为类型以及对其调查过程和惩罚措施等。这些人员不仅包含已接受惩罚的不端行为人，也涵盖已确定犯有不端行为的研究者。[①] 这类人的行为是否会记入档案要根据自愿排除原则，在限期内其信息会记录在案，逾期后则会自动删除。当然，这些信息都要根据《信息自由法》和《隐私权法案》（Privacy Act）以及相关当事人的权益保障法，通过正当的渠道获得。这一系统不仅对研究者规范自身的科研行为起预警作用，而且为公共卫生局咨询委员会、董事会以及同行评议小组等部门排查最近的申请者并决定悬而未决的自主项目等提供参考。

而在丹麦，虽然为预防学术不端行为而设的相关体系结构较为简单，但也围绕其主要防范机构——丹麦学术不端委员会自上而下制定并颁布了一系列治理政策，尤其是为进一步预防学术不端而专门颁发的《丹麦研究诚信行为准则》，以及为吸取世界发达国家科研学术诚信体系建设方面的成功经验而于 2012 年开展的关于各国学术不端行为调查处理机制问题的问卷调查。在政府部门的引领下，丹麦许多高校为保障内部学术人员的良好行为，依据《大学法》出台了相关学术行为守则，如奥胡斯大学 2000 年 6 月制定的关于对良好学术行为进行保障的准则等，这些举措均从学术行为标准制定、程序执行等方面做出了详细规定，为丹麦进一步完善相关预警系统奠定了基础。

---

① 阎光才：《美国的学术体制：历史、结构与运行特征》，217 页，北京，教育科学出版社，2011。

第二节　英国学术预警机制

英国一直以学术严谨著称，但也难逃学术不端的侵袭。随着一桩桩科学丑闻的暴露，公众对其公信力产生了怀疑。英国各界高度重视学术诚信管理，在机构设置、制度完备、网络使用、措施具体化等方面进行了相应的改进，推动着学术治理预警机制发展。

首先，在机构设置方面，英国成立了研究诚信办公室。它在成立之初的几年，颁布了对学术不端的调查程序和科研行为准则，为英国各领域应对学术诚信问题提供了指南。2010 年，由于支持方经费终止，英国研究诚信办公室转变为一个被担保的有限公司，但它仍然是一个独立的慈善机构，依旧为医学等领域的科研工作者、雇主和公众提供咨询服务。同时，英国创建了科研诚信前景工作小组，旨在分析英国科研诚信方面已有的制度安排，考量 2010 年之后，如何更好地安排主要利益相关者和资助机构。英国研究理事会有总的科研诚信准则，管辖的七个分会也有自己的分准则，同时均设有研究伦理委员会，管理本机构内部的学术不端问题。英国的各所大学虽没有专门的机构，但成立了研究伦理委员会，负责学术治理情况，保障大学的学术质量，维护大学声誉。

其次，在制度完备方面，英国各层级部门均出台本部门的诚信规则。国家层面有《科学家通用伦理准则》《维护科研诚信协约》，并且在《数据保护法》《人权法》《信息自由法》中对科学研究中涉及的数据、人、信息等内容进行了明确的规定，为各部门制定具体准则提供了依据；英国研究理事会作为英国最大的资助团体，颁布了《良好科研行为管理的行为准则和政策》，从正面引导科学家规范开展科学研究，提前界定不端行为、制定审查程序等，鼓励良好的科研行为；英国的大学也发布了各自学校的良好科研行为准则及相关的指南，目的是给各领域研究人员提供正面的引导，在给科学家提供警示的同时也为发掘高质量的科研成果提供了保障，使英国高校及科学实力处于世界领先地位。另外，在制度完善方面，英国各部门也相应地进行了制度的改进，如在同行评议的期刊审稿中，专家、审稿范围越来越国际化，领域内外专家共同审阅稿件；在同行评议的科研项目申请中，更多地考量项目的实用性、可操作性和效益性，项目审查专家也越来越跨领域，保障了各方面的公平与公正。在学术奖励中，英国除了有政府奖项外，还有社会奖励，为科研人员提供精神和物质奖励，在解决科学家经济问题的同时产出更多成果；学术惩罚是针对有学术不端行为人员的，惩罚细则出台提前警示了科学家要遵守科研伦理诚信，维持良好科研行为。对教师的评价已发展为绩效管理，在此基础上再谈论教师的晋升情况，量化的管理保障了教师评价和晋升的公平性，同时也明确规定了学术人员提升层级的指标。

再次，在网络使用方面，随着互联网技术高速发展，无论是在稿件的审理中还是在披露学术不端行为案例中，网络都扮演着重要的预警角色。尤其是在稿件的派遣与审理中，以《自然》为例，专家60%在美国，30%在欧洲，10%分布于世界其他国家和地区[1]，如何高效地分发稿件是编辑部首要考虑的问题，互联网的出现，使得全球专家集聚一堂，为审理稿件、预防学术不端提供了支撑。在英国举报学术不端情况时，除了受到秘密保护外，它还有专门的举报窗口和程序，较好地保护了举报人的人身安全。与此同时，英国的各项准则、程序、法规等均可以在相应部门网站找到，便利的网络有利于防范学术不端行为的发生。

最后，在措施具体化方面，英国在管理科研诚信的实际工作中，除了上述警示措施之外，还有一些预防措施。以对教师、科研人员、学生

---

[1]　任汴：《国外一些著名科技期刊的审稿机制》，载《出版发行研究》，2000（11）。

进行科研诚信培训为例，英国科研诚信办公室于 2015 年 6 月 23 日发布了"关于研究诚信：培训和发展"的新闻，指出为了响应《维护科研诚信协约》中"为研究者提供一个可持续发展的学习、培训和检测机会"的号召，在伦敦举行了一次关于怎样进行研究培训的讨论。其中科研诚信办公室分享了当前的研究诚信培训材料，旨在提供一个支撑和改善科研诚信发展的工具包，设计一些多样性的活动，邀请国内专家制定一个清晰长远的策略，以此保障对青年人员的培训。

总体来看，英国拥有一套自己的学术治理体系，但其学术治理预警举措分散于各个层级或相关部门中，并没有形成体系。在其整个预警探讨中，政策、指南、规则、程序等绝大部分是以良好科研行为为主语而颁布的，显示了预警的正面引导性和超前性，已实施的举措或已惩处的不端情况为各领域科研人员提出了警示，使他们在具体工作中更加严于律己，遵章办事，进而维护英国的声誉和科研地位。

第三节　日本学术预警机制

随着科研经费与职位竞争等外界压力的逐渐加大，外加科研机构与大学去行政化改革使得科学研究环境日益宽松，日本学者的学术不端行为也不断露出端倪并逐渐增多。对此，为切实应对科研工作中的学术不端行为，日本在参照美国科研诚信办公室相关经验的基础上，试图通过加强学术诚信制度建设来预防学术不端行为的产生及扩展，并于 2005年前后逐步加强对学术诚信制度的建设。具体而言，日本在政府、高校、科研机构、学术团体等各个层面都出台了相应的规章制度，并形成了一套相对完备的学术诚信建设与防治学术不端行为的机制。

就政府而言，通过本书第一章对各国国家层面关于学术治理的相关介绍可以得知，日本政府早在 20 世纪 80 年代，为响应联合国教科文组织的号召，便出台了《科技工作者行为规范》，但在当时，文件起到的效果并不是十分明显。直到 2005 年，由日本综合科学技术会议与文部科学省等学术机构或团体出台的有关学术诚信制度建设与预防学术不端行为的规章制度，才使得日本在政府层面形成了一套较为系统和完整的学术诚信建设与预防学术不端行为的制度体系，对日本规范学术环境、预防学术不端行为具有重要的作用。如 2006 年 2 月，日本综合科学技术会议颁发的关于应对学术不端行为的专门文件指出，科学技术的研究主要是基于真实研究成果中的日积月累而进行的伟大创新创造，而不是虚伪的研究行为。将虚假带入科学研究中，不仅损害了科研工作者的诚信，同时也使研究活动停滞，给科学技术的发展带来巨大损失。因此，日本政府、高校、科研机构和学术团体，必须从道德角度出发，建立科研道德规范，制定遏制学术不端行为的规章制度，坚决制止学术不端行为产生。①

就高校而言，由于日本发生的学术不端行为多来自高校，如东京大学多比良和诚教授的医学论文造假事件、早稻田大学理工学部教授松本和子挪用科研经费事件等，高校层面开始对学术诚信及研究伦理规范等进行相应的制度建设。从高校制定的相应学术规范可以看出，这些规范均在教师、高校所应遵守的职责等方面进行了详细说明，并且强调教师不得出现任何违反学术诚信或科研伦理的行为，主要包括抄袭、剽窃、伪造数据等。另外，这些规范也均规定建立相应的道德委员会，负责处理被举报的学术不端行为，并提出一套较为明确的流程，它具有较强的可操作性。② 这对于高校层面预防教职工学术不端行为的出现起到了至

---

① 主要国家科研诚信制度与管理比较研究课题组：《国外科研诚信制度与管理》，172 页，北京，科学技术文献出版社，2014。
② 主要国家科研诚信制度与管理比较研究课题组：《国外科研诚信制度与管理》，178 页，北京，科学技术文献出版社，2014。

关重要的作用。例如：东京大学在多比良和诚教授学术造假事件发生之后，吸取教训，设置了东京大学科学研究行为规范委员会，同时制定了相应的行为守则，对学术不端行为的内涵及其调查与处理程序等进行了明确而详细的规定。由此可以看出，日本高校层面对学术诚信建设的决心。

除此之外，日本相关学术团体也在不断强化科研工作者的诚信与自律行为，如日本学术会议公布的《科学家行为准则》，是指导日本科学工作者自律行为的纲领性文件。其中提到：科学是在理性与经验确证的基础上逐步建立起的知识体系，是人类所共有的极其重要的财富，科学研究是创新行为，需要大胆地向未知领域发起挑战。担负创造知识责任的科学家，在学术自由的前提下，享有依照自己的推理探索真理的特权。同时，他们作为科学家，也担负着回馈社会的重大责任……为保证科学进步能够持续推进人类社会发展，科学家们应树立伦理准则以严格控制自己的行为，同时积极履行自身的社会责任，自觉建设和维护科学与社会之间的良好关系。科学家的伦理建设应使得社会能够理解科学，能够与科学进行对话。这些表述试图从本质上对科学、科学研究以及科学家进行阐释，这种对本质内涵的理解，表明了日本在预防学术不端行为及保证科学研究质量等方面的决心。

第四节　德国和澳大利亚学术预警机制

德国一直以科学严谨著称，但是刚开始对学术不端行为关注不够，直到科研界发生学术不端事件后才开始重视，因此德国学术治理的预警机制晚于美国，但其发展迅速，已具备一套较为完整、全面的学术治理预警机制。

德国科研界认为要想遏制学术不端行为发生，要从预防入手，提升科研工作者的科学素养和法律道德素养。因此，德国制定相应的规章制度来约束科研工作者尤其是青年学者的学术不端行为，提升其科学素养。其中关于良好科学行为实践的规章制度起到了非常大的作用。马普学会制定的《研究行为规范》，为科研工作者工作准则。为了保证《研究行为规范》正常运行，马普学会要求下属的所有科研机构都必须遵守这一规范，并严格按照其内容办事。

同时，为大学研究活动提供经费资助的德国研究联合会也制定了《研究行为规范》，要求每所大学都要对学生进行有关科研规范的教育，使之从学生时代就提升科学素养，遵守法律道德规范。每所大学都需要设立学术不端调查员，专门负责学校的学术不端行为调查与解释。如果大学和研究所没有根据《研究行为规范》制定具体规范并进行运行，德国研究联合会将不予资助。[①] 在此基础上，德国各高校根据自身实际情况制定相应的规章制度，预防学术不端行为发生。

德国非常重视科研工作者学术道德规范的培养，青年学者必须经过专门的训练才可以开始工作，同时需要签订遵守学术道德规范的相关条约，如果在工作过程中违反条约，将受到严厉处罚。

相较于德国，澳大利亚从一开始就非常重视对科研行为的监督与管理，出台相应的法律法规和行为规范来约束科研工作，希望科研工作者本着对政府、对社会、对自己负责任的态度进行研究，维护科研的公平正义。2007年，澳大利亚政府颁布由澳大利亚研究理事会与澳大利亚国立健康与医学研究理事会联合起草的《澳大利亚负责任研究行为准则》，明确规定所有科研机构和单位必须遵守科研规范，是迄今为止该国在预防学术不端领域最权威的准则。

《澳大利亚负责任研究行为准则》的开篇即明确其制定目的，希望

---

① 黄军英：《国外遏制学术不端行为的做法及对我国的启示》，载《科学对社会的影响》，2006（4）。

能够给予科研工作者相关指导，提高科研工作者的诚信度。它主要从个人和机构两个角度进行论述，规定了各自不同的职责。关于机构的基本职责，《澳大利亚负责任研究行为准则》的第1～5节明确规定，各科研机构需要以准则为基础，制定适合各单位的政策与程序，同行之间交流互动，携手共建公正公平、科学严谨的学术圈。同时各机构需提供科学、适当的科研管理框架与平台，对科研工作者的行为和成果进行科学评估。关于科研人员的基本职责，《澳大利亚负责任研究行为准则》第6～11节规定，科研工作者必须遵守科研工作的高标准，以诚实守信、科学严谨的态度认真对待科研工作，营造公正公平、风清气正的科研环境和氛围。

综上所述，关于预警机制的建立与发展，各国尚未建立一种适用且较为成熟的模式或范本，只是处于探索阶段，涉及这方面的文献很少，只能在相关理论基础上做一些探讨和摸索。通过对上述国家学术治理预警机制的分析，可以得出，各国对学术治理预警机制的探索，多是基于相关机构通过相关政策与法规，以学术诚信或科研行为准则等的培训、宣传与遵守等途径展开。有些国家尚未形成一定的体系。

预警机制是一种集信息收集、评估、反馈与危机处理于一体的机制，主要是为了预防某种行为，在其未产生或有产生迹象时实施管理和应对。学术治理预警机制是学术治理当中不可或缺且效率较高的运行机制，可以及时有效地预防学术不端行为产生。通过分析欧美等西方国家应对学术不端行为的策略，不难发现与其疲于应对各种已发生的学术不端事件，不如建立一种长效的预警机制，从根本上预防和杜绝不端行为，这样不仅可以提高效率，而且可以大大节省治理成本。

预警机制是集科学性、系统性、操作性、及时性和预防性于一体的动态防御系统。一般流程包括信息收集、信息分析、指标比较、发出警报等，像公共危机中的预警系统就包括信息收集、加工、决策和警报四个子系统。① 学术治理预警机制必须实现四个子系统的有效配合才能达到预期效果。为此，可以从以下几方面入手：第一，打通信息门户，建立及时有效、方便快捷的信息收集渠道。例如，可以创建科研个人数据平台和举报平台、不端行为检举机构或信息收集基地、相关项目或科研人员的档案簿等。第二，建立有效处理和分析信息的专业团队，通过对信息进行精准筛查，快速诊断与处理信息，如建立专家委员会等。第三，进行专家决策，建立审议机构，对于经过分析属实的信息，根据学术不端的行为指标系统，做出科学决策和反馈。第四，及时有效地对学术不端行为进行处理，同时使广大科研工作者借鉴警惕，以防学术不端行为发生。

①　Frehlich. G, "Betrug und Tuschung in den Sozial-und Kultur-wissenschaften", *Wiekommtdie Wissenschaft-zuihr- emWisen*, 2001（4），pp. 261-267.

第四章　各国学术不端行为治理特点

经过多年的探索与实践，上述各国在学术不端行为治理过程中均逐渐形成了自己的特点，并取得较为显著的成效。总体而言，基于治理主导力量的不同，主要可以分为以政府为主导的自上而下的治理模式和以基层学术机构或组织为主导的自下而上的治理模式两种类型。由此，不同国家对学术不端行为的管理制度也相应地形成了统一性与自主性等不同的特点。

第一节　美国和丹麦学术不端行为的治理特点

通过前面几章对美国及丹麦学术治理体系在国家、非政府组织及大学等不同层面的法规与政策的演变及其学术治理制度等的深入分析，可以看出美国和丹麦在治理学术不端行为过程中表现出的特点具有一定的相似性。在一定程度上均表现为以政府为主导，此外，由于各国传统和社会背景等方面的不同，经过多年的发展，两国学术治理方式已和本国的环境和文化融为一体，所以还具备各自在治理过程中形成的与其他国家不同的特点。

一、政府主导下学术不端行为治理的一般性特点

不论是美国还是丹麦，其学术治理的主要力量都是政府部门，即政

府均介入了学术不端行为的监管，并引领相关科研部门和机构进行不当行为的预防和处理。因此，美国与丹麦在学术治理上均有以政府为主体监管学术行为的一般性特点。所谓政府主导学术不端行为治理是指以政府为行动主体，通过设立国家层面管理机构，出台相应法规政策等措施监管学术不端行为的发生。[①] 美国作为最早从国家层面探索学术不端行为治理的国家，经过长期的探索与发展，已形成较为完备的学术不端行为治理体系，而丹麦在其影响下，继美国之后，从政府角度介入学术不端行为的监管。因此，两国均形成了以政府部门为主体进行学术治理的国家模式，具备这一模式的一般性特征。

（一）对学术不端行为定义的明确性和实用性

美国早期与科研有关的机构和组织，如国家科学基金会和各联邦政府机构，就尝试从不同角度对学术不端行为进行解释和说明，但由于每个机构的解析各异，所以未能形成统一以及可操作性强的学术不端行为定义，以至于各个组织在调查和处理已发生的学术不端行为时做法会有所不同，甚至大相径庭。在这种情况下，随着学术不端行为的日益猖獗，美国国家部门开始尝试制定统一的学术不端行为定义。为了便于管理，提高实际操作的效率，减少管理机构的运营成本，以政府为主导的不端行为治理模式采用了较为明确具体的学术不端行为定义。2000 年，在集广大研究机构和学者意见的基础上，美国白宫科技政策办公室在出台的《关于研究不端行为的联邦政策》中将学术不端行为界定为在研究项目计划、运行、评估和成果公开整个科研过程中所发生的伪造、篡改和剽窃等不良行为。在此基础上，对伪造、篡改和剽窃三种行为提出了可行性认定指标。[②]

---

① 胡剑、史玉民：《欧美科研不端行为的治理模式及特点》，载《科学学研究》，2013，31（4）。
② Peter Snyder，Linda C. Mayes，William E. Smith，*The Management of Scientific Integrity Within Academic Medical Centers*，Amsterdam，Elsevier，2015，p. 171.

与之相似，丹麦政府学术不端委员会作为学术不端治理的最高国家机构，也从国家层面对学术不端行为进行了明确细致的界定。将其解释为，在研究的各个阶段发生的伪造、剽窃和欺诈，以及严重有违良好科学实践的行为。与美国不同的是，丹麦对学术不端行为的定义范围更为广泛，扩展至在科研活动中犯有重大过失的不当行为。

由此可知，不论是美国还是丹麦，其对学术不端行为的查处均采用了较为明确具体的定义，以增强其实际操作中的实用性和可行性。

（二）学术不端行为管理制度的统一性和权威性

美国作为最早从国家层面制定学术不端管理制度的国家，为了强化对学术不端行为的治理，使其调查和处理更加规范与公正，自20世纪90年代便开始探索抑制学术不端行为的有效路径，首先是从政策层面入手。2000年，美国政府制定并实施了监管学术不端行为的统一性法规《关于研究不端行为的联邦政策》，不仅从制度层面统一了学术不端行为的定义，明确了学术不端行为的评定标准，而且规定了联邦政府各个部门的职责权限，以及查处学术不端问题的具体运作依据。[①] 总之，联邦政府的所有科研机构以及接受政府部门资助或申请联邦机构科研项目的基层科研组织和相关学术人员，均要遵守《关于研究不端行为的联邦政策》的统一规定，依据这一政策的规范标准进行研究和不端行为的查处。不仅如此，在这一政策的统一指导下，联邦政府各机构结合自己部门的实际需要各自制定并实施了相关政策举措。到2011年为止，包括卫生与公众服务部、国家航空航天局、农业部、能源部、交通部、教育部、环保局、劳工部以及国家科学基金会、国家人文基金会等均颁布或修订了部门的内部规章制度，其他一些部门也在相继起草有关政策

---

① Peter Snyder，Linda C. Mayes，William E. Smith，*The Management of Scientific Integrity Within Academic Medical Centers*，Amsterdam，Elsevier，2015，p. 171.

法规。[①]

同样，丹麦科研不端委员会工作运行也有严密的管理制度保障。在遵循国家最高法律《研究咨询系统法》的同时，政府层面制定了《关于科研不端委员会的政府条例》等。国家层面的后续政策都为学术不端行为治理提供了统一和规范化指导，加之政府部门本身所具备的强制性和指导性，进一步增强了这些政策制度的权威性和保障性，使得丹麦所有学术不端案件的处理不仅有法可依，而且有统一的政府规章可循。

（三）学术不端行为监管机构的统筹性和独立性

无论是美国还是丹麦，均在国家层面成立了独立的学术不端行为监管机构。其中，美国于1985年通过的《公共卫生拓展法案》建议成立专门的调查机构负责学术不端行为的监督与管理。1989年，科学诚信办公室和科学诚信审查办公室成立，并于1992年合并成为科研诚信办公室。经过长期发展，科研诚信办公室已成为代表卫生与公众服务部部长监督和领导公共卫生局的学术诚信活动的机构。它在监督、教育和审议研究机构的结论和建议的基础上，不仅需加强学术不端行为的预防工作，促进该领域科学研究过程的诚信，要求相关机构的研究人员进行必要的研究诚信培训等，而且在监督基层相关机构科研问题的同时，在必要时也可以启动内部的调查处理程序。

继美国之后，丹麦1992年建立了学术不端行为的独立监管机构，即丹麦科研不端委员会。最初，该委员会只负责处理卫生领域的学术不端案件，此后其监管的范围扩展至所有学科领域。[②]不仅如此，丹麦科研不端委员会既负责调查处理对丹麦形成重大影响的学术不端案件，也承担研究学术不端行为的预防以及科研诚信教育和负责任研究行为的推

① 主要国家科研诚信制度与管理比较研究课题组：《国外科研诚信制度与管理》，24页，北京，科学技术文献出版社，2014。
② H H Brydensholt，"The Legal Basis for the Danish Committee on Scientific Dishonesty"，*Science and Engineering Ethics*，2000（6），pp.11-24.

广工作。

总之，不论是美国著名的科研诚信办公室，还是丹麦负责科研管理的最高国家机构——丹麦科研不端委员会，这些专职应对学术诚信问题的国家机构，虽然隶属于某些科研管理部门，但在具体任务的执行方面均作为一个独立的实体进行学术诚信问题的调查和处理。而且国家层面的这些监管机构，其深远的影响力使得其在学术不端行为的处理以及学术诚信的推广方面具有指导性和统筹性，为基层研究机构和大学提供了理论性参照框架。

二、政府主导下学术不端行为治理的特征

虽然都是以政府为主体监管学术不端行为，但由于美国和丹麦两个国家的社会背景、文化传统以及科研领域发展历程等方面的不同，所以美国和丹麦在学术不端行为治理上有自己独有的特色。

（一）美国学术不端行为治理的特征

在监管机构设置方面，美国从白宫科技政策办公室、总统执行办公室到各联邦政府部门的监察长办公室，以及基层科研机构和高校的科研管理部门，均设立了专职处理学术不端问题的监管部门。尤其是隶属于卫生与公众服务部的科研诚信办公室，可谓美国知名的、专门处理学术诚信问题的独立实体。各个监管机构分布在不同的层级，均有各自的任务和职责，并且在权限上不仅有自主权，而且不同级别之间权力相互牵制。

在管理制度方面，美国在统一政策《关于研究不端行为的联邦政策》指导下，各层级管理机构不仅设有自己内部的学术管理部门，而且根据自身的特点和需要相继颁布或进一步修订了类似于卫生与公众服务部下设的公共卫生局出台的关于研究学术不端行为的政策等，并通过不断探

索和尝试，以科研诚信办公室制度为模板，制定了一系列部门内部管理制度，包括案件的查处程序、相关利益人员的权限与利益保障、各分支部门的职责分布等，为学术不端行为的查处和预防提供了执行标准。如此，不同科研管理部门既在大体方向上遵循了联邦政策的统一指导和协调，又在具体操作规程的设定上遵循了部门内部发展规律与特点需要。

（二）丹麦学术不端行为治理的特征

在监管机构方面，丹麦虽然自上而下也设有高等教育与科学部、科学技术与创新部、科学技术与创新局，以及专门应对学术不端行为的独立机构，即丹麦科研不端委员会，但与美国相比，其国家层面监管学术不端行为的机构较少，并没有形成如美国般分管不同领域的各层级监管机构。而且在监管权限上，丹麦科研不端委员会的监管范围涉及所有学科领域，仅处理对丹麦科研领域造成重大影响或其认为有必要介入的案件，并且只要是丹麦科研不端委员会负责的案件，其就会全权负责案件的评估、质询到实际调查和裁决等所有环节。而其他一些学术不端案件则主要由基层学术团体和大学来直接查处，并且这些机构没有向丹麦科研不端委员会报告案件的义务。

在管理制度方面，不论是高等教育与科学部、科学技术与创新部，还是科学技术与创新局，其政策的制定和法规的出台均以丹麦科研不端委员会为中心，如《研究咨询系统法》等。此外，丹麦科研不端委员会内部也制定了相关的执行准则。

综观美国和丹麦治理学术不端行为的特点，不论是监管机构还是其制定的管理制度，美国是各层级机构上下连接、职责权限分明且相互牵制的网络治理体系，在此基础上，制定了集权威、指导、独立、详尽于一体的管理制度。而与之相比，丹麦科研管理机构设立和管理制度的制定是以丹麦科研不端委员会为中心，由内而外发散开来的。虽然两国在各自的学术治理上不尽相同，但经过长期的发展，均形成了与本国文化传统和社会需求相一致的学术治理体系。

第二节　英国学术不端行为的治理特点

本部分通过分析英国治理学术不端行为在法规、政策以及制度中的变革和演进情况，依据"治理"划分依据，概括了英国学术不端行为的治理特点：多元化的治理主体、具体化的保障体系、多样化的治理手段、上下并存的运行方式。

一、多元化的治理主体

英国高等教育管理体制高度强调学校的自治，政府的角色是宏观引导，且以不得妨碍高校的自主运营为标准。[①] 在这种相对自由的学术氛围下，英国治理学术不端行为的过程与之很匹配：没有全国性的统一管理机构，由其他主体治理自己分内的学术不端事件。英国现有的学术不端行为治理主体包括政府、高校、第三方机构。其中，政府承担着宏观引导的任务，高校和第三方机构是在微观上进行管理。在这种权责分明的情况下，各治理主体共同保持学术自由的科研氛围，共同提高英国科研软实力。

从高校治理主体来看，无论是英国 19 世纪的大学（成立于 1900 年之前或 20 世纪初期的大学，共计 33 所），还是 20 世纪 60 年代的当代大学（包括 12 所技术大学和 9 所绿地校园大学），又或是 20 世纪 90 年代初的新大学（多为 1992 年扩张时期的大学，有 56 所），都有权力制

---

① 桂华：《浅谈英国高等教育管理体制》，载《贵州大学学报（社会科学版）》，2008（4）。

定行为规范与行动指南，处理本部门内部的学术失范行为，采取制裁措施惩治学术不端行为。在各高校的实际工作中，他们积极建设科研诚信网站，及时更新科研工作的准则、不端案例、年度报告等信息。同时还配有专门的监管委员会来管理本校的学术失信问题，使得各高校在产出高质量科研成果的同时还构筑了学校的科研诚信网。

第三方机构以英国研究理事会和高等教育基金会为主。作为政府科学办公室职责的直接承担者，它们将政府的科研预算分发给七大理事会和其他研究机构，通过这些经费来推动各接受者的创造性和积极性，维系英国在世界中的科研地位和竞争力。其中，英国的七大理事会由研究理事会负责，分管英国的艺术与人文领域、生物技术领域、工程与自然领域、经济与社会领域、医学研究领域、自然环境领域、科学与技术设施领域，通过在这些分属领域中开展科研创造工作，来提升英国整体的科研水平。这些分属领域一旦出现学术不端行为，一般是先自行处理并将结果上报英国研究理事会，自行处理主要依据早已制定的调查程序对学术不端行为的指控进行调查，如若出现恶意指控则要进行重要说明。在每年的年度报告中公示调查过程、调查结果是必不可少的，这样才能在透明化、公正化的环境中治理学术行为。

高等教育基金会主要是资助和管理英国的大学和学院，通过注入科研资金来促进教学，在科研和知识互换的过程中进行创新。它不仅具有公平性、合适性的特点，同时还具有中介性的特色，联络着政府和各分部门，便于科研工作的开展。[1] 在具体的管理工作中，高等教育基金会严格遵守大学联合会的协约，具体实施惩罚的主体下放至各接受资助的机构中。第三方机构还有英国研究诚信办公室、英国科研诚信未来工作组、维康信托基金会等非营利性组织。作为英国管理学术诚信工作的主体，它们有各自的治理文本与规范指南，有一定的制裁效力：一方面保

---

① 余天佐：《英格兰高等教育基金委员会的职能及其启示》，载《现代教育科学》，2008（4）。

障英国的学术自由；另一方面通过资助推动英国科研质量全面提升，减少学术不端行为发生。

从政府治理主体来看，政府科学办公室经过一系列的改革，已演变为支持和推动公共领域的科学研究、维持本国雄厚的科研基础、促进研究成果的利用、帮助和监督英国学术界参与国际科技交流合作的机构。[①] 每个财务年度，政府科学办公室都要根据当年的科学预算，将科研公共基金下拨给七大理事会及其他研究机构，然后由各理事会和研究机构以课题经费、项目基金、奖学金等形式划拨给研究人员。虽然从形式上看它掌管着英国教育事业的财政大权，但是从实际执行上来看，它并没有权力直接调查学术不端行为，没有权力进行学术不端行为的制裁，仅仅作为一个宏观主体而存在。

从上述分析过程中，我们不难看出，英国学术治理以非政府主体的治理为主，政府主体的治理为辅。在这种多元化的治理主体中真正拥有制裁权力的是非政府主体，也就是当发生学术不端行为指控时，各机构按照自身的政策进行处理，政府机构颁布的指南和文本仅仅起到宏观引导的作用，不具有实际的制裁效力。

二、具体化的保障体系

在建构好治理主体，明确各主体所承担的责任后，就需要一套完备的保障体系来辅助治理主体有效开展工作。这种保障体系在某种程度上关乎着整个治理过程的成败。从英国实际治理现状来看，保障体系包括文本保障、激励制度保障、协作保障三个方面，每一方面都有相应的文本规定和实施细则。这使得各主体在具体治理过程中有据可依，推动治理过程的规范化与合理化。

---

① 郭雯：《英国政府科学办公室的使命》，载《中国科学报》，2012-02-10。

从文本的保障来看，现有的治理主体或自行颁布适用于自己部门内部的规范和程序，或直接将英国研究理事会的良好行为规范与治理程序作为本部门主导性保障文本，据此宏观指导学术诚信工作。英国文本保障体系还包括其他内容的保障性文本，涉及数据保护、人员参与、知识产权、动物使用以及培训等方面的内容。英国各高校有不同的特色，在文本保障方面还专门出台了针对特色学科的文本，如曼彻斯特大学的《人体组织法令》（*Human Tissue Act*）和临床试验方面的文本、帝国理工学院关于设备使用的文本等。各治理主体在共性与个性的文本保障中，在产出高质量研究成果的同时维护着主体的科研声誉。

从激励制度的保障来看，英国建立了学术奖惩制度，通过学术奖励鼓励科研工作者，为学术创新贡献力量。惩罚作为一种逆向激励制度，对学术人员学术不端行为进行一定的制裁，敦促他们自觉遵守相关准则，以此来构建良好的学术秩序。英国还建立了教师晋升与评价制度，将高校中教师的科研与升职挂钩，激发他们的竞争意识，鼓励教师产出高水平的科研成果。无论哪一种激励制度，都或多或少带来一定的负面影响，各级治理主体需要把握激励的"度"，全面管理学术行为。

从协作方面来看，各国间，各学校、各学科之间的联系越来越紧密，交叉学科作为一个研究的新领域逐渐进入人们的视野，相关的学术研究也逐渐增多。交叉学科中的学术不端行为也逐渐显现出来。各国、各校、各学科的历史传统不同，在处理这样的学术不端时难免会出现管理漏洞，这就需要各主体在宏观上进行协作，共同治理学术不端行为。从现有的英国治理来看，除了各校间的共同机构外，还存在着区域间的合作共同体，在欧洲乃至全世界的治理中都发挥着至关重要的作用，为维护世界科研诚信声誉贡献着力量。

三、多样化的治理手段

有学者认为，国家治理应采用行政、法律、经济、道德、教育、协商六种方式或手段，这样便可以全方位地进行国家管理。在英国，学术治理作为国家文化软实力的组成部分，经济手段和协商机制在其整个治理过程中并没有得到使用，其主要采取行政、法律、道德与教育方式，尤其是道德教育手段占据很重要的位置。[①]

其中，行政手段主要指英国研究诚信办公室的宏观指导，依据所颁布的文件，加之增加科研预算，来直接统领英国研究理事会和高等教育基金会，以政府名义对学术不端行为进行间接管理。法律手段主要是从英国的大众法律如《数据保护法》《信息自由法》《人权法》等入手，通过在特定领域进行法律规定，指出学者在进行学术研究时应遵守这些规范，这样既可将学术不端行为遏制在萌芽阶段，又可为出现的学术不端行为提供治理的法律依据。

除上述手段外，出于对本国实际的考量，英国高度重视道德教育。由于以学生为主体的高校学术不端行为频繁发生，或是在发表的文章中，或是在毕业论文中，经常出现抄袭和剽窃现象，因此英国高校很重视治理学生群体中的学术不端行为。在新生入学阶段和日常学习中对其进行充分的宣传和教育，学校制作学术实践专题网站，要求学生在提交论文之前提交一份声明来表明已经清楚学校有关抄袭的规定，将优秀案例和规则放到评估性论文中，供学生参考。除了对学生开展道德教育外，学校还对相关教师进行了规定，指明教师在学生写论文初期要给予培训，要求教学主任和导师在和学生见面初期就要谈论抄袭问题，帮助学生进行时间管理，要求他们定期展示成果，以此来避免学术不端行为

---

① 陶希东：《国家治理体系应包括五大基本内容》，载《学习时报》，2013-12-30。

的出现。[1]

四、上下并存的运行方式

治理运行体系解决的是"治理体系采取何种方式、何种路径运转"问题。纵观世界上治理学术不端行为的模式，主要包括政府主导和非政府主导两种情况。前者主要是通过自上而下地出台一系列治理政策来管理学术不端行为，政府有权力干预学术诚信，不仅颁布治理指南和政策文本，还有权力对学术不端行为实施制裁。后者主要依靠各教育主体如高校、研究理事会等颁布管理规范。首先是部门内部治理学术不端行为，如若出现牵涉面积广的重大学术不端行为，则直接呈报给上一级的管理层面。要指出的是，非政府主导治理的治理主体从底层出台治理规范，它最后可能上升不到国家层面，不具有国家效力。

纵观英国学术治理过程，学术自由、高校自治一直是教育领域特有的权力。政府层面出台宏观规范文本，要求受资助机构遵守这些准则，但它并不是直接管理学术问题，而是在具体运行过程中，依据它的财政大权，通过分配科研资金来间接掌控英国研究理事会和高等教育基金会进而管理学术活动。高校和学术团体作为英国学术治理的底层单位，有权制定本部门的治理规则和调查程序，并依据这些规则来管理部门内的学术不端行为，在实际工作中积累科研建设经验，继而完善整个科研治理体系，更好地维系学术自治。当然，这种上下并行的运行方式并不是完美的。从某种意义上来说，英国各界期待着建立一个全国性治理机构，既有管理权力又有制裁权力，统一治理英国学术不端行为。

---

[1]　李莎、王艳：《英国高校学术诚信教育的实施路径及启示》，载《世界教育信息》，2015，28（6）。

第三节　日本学术不端行为的治理特点

通过对日本学术治理现状的深入研究，可以看出，日本已形成一套政府引导，科研机构、高校、学术团体为主的治理体系。就其特点而言，主要包括对学术不端行为治理的规范性与专业性、可操作性与透明性、严厉性与保护性、教育性与预防性等。

一、治理的规范性与专业性特点

日本初期学术环境相对宽松，学术不端行为时有发生。为了杜绝此类行为的发生，日本开始了学术不端行为的治理过程，主要包括调查细则、惩罚程序、伦理道德规范等方面。

在调查细则方面，各科研机构将调查分为不同阶段。其中，大阪大学将调查细则分为预备调查和正式调查两个阶段。预备调查主要是准备阶段，听取调查对象的自我陈述，调查其笔记、实验记录、数据、报告原稿等，明确规定与之利益相关者不能参与调查，并撰写调查报告书，形成文字稿。预备调查之后进行正式调查。早稻田大学也有两个调查阶段，主要分为预备调查、委员会实施调查阶段。

在惩罚程序方面，各主体对学术不端行为的参与者均给予一定惩罚，以儆效尤。理化学研究所的处理包括对学术不端行为人的处理以及经调查后没有发生学术不端行为人的处理两个方面。对前者采取的措施包括冻结资金、要求退回已申请资金，并在学术界公布调查结果；对后者则进行全方位的保障，首先撤销对其调查并提供精神保障，如有必要则在学术界进行公开说明以证清白。文部科学省将结果向上级汇报，并采取相应制裁措施，如果被调查者不同意可进行法律申诉。

在伦理道德规范方面，各相关主体分别出台相应的法律约束准则来规范科研工作者的行为。日本科学理事会发布《科学家行为准则》，其中包括科学家应承担的责任、遵循专业发展、营造良好科研环境、遵守科研法律法规等 11 条基本准则规范。早稻田大学发布本校科研准则，明确学校和科研工作者各自的科研责任，加强规矩意识。日本在治理初期主要是惩罚已发生的学术不端行为，随着时代和认知的发展，其更倾向于以防治为主，定位更高远。

学术不端行为治理体系的专业性不仅体现在上述规则分类的具体化中，还表现在各层面分工明确、各司其职方面。从文部科学省颁布总的指导方针到日本学术振兴会出书，都是从宏观上指导学术不端行为的治理进程；而科研机构、学术团体和大学依据各自领域特点制定的准则，既涵盖道德伦理层面又囊括相关处理规程，它们从微观上处理本部门的学术失范行为。两个层面相互合作共同构建良好的学术环境。

二、治理的可操作性与透明性特点

美国物理学家布里奇曼（Bridgeman）将可操作性定义为：一个概念的真正定义不能用属性，而只能用实际操作来给出，一个领域的"内容"只能根据作为方法的一整套有序操作来定义。[①] 布里奇曼的定义将抽象概念变为具体可实施的行为，对于我们来说学术不端是一个抽象概念，从界定到治理需各部门提出具体可操作的步骤，需要指出的是这些可操作性的步骤以杂糅的方式或存在于一个文本中，或存在于多个文本中。

日本学术振兴会出版的《为了科学的发展：一个有良心科学家的态

---

① Percy W B，*The Logic of Modern Physics*，New York，The Macmillan Company，1927，pp. 5-6.

度》（「科学の健全な発展のために誠実な科学者の心得」）是该机构科研规范的主要行为指南，为科研如何进行指引了方向。文部科学省针对科学研究中的不端行为，从基本概念谈起，包括不端行为发生后的应对、处置不端行为、文部科学省的调查与支援等五个方面，每一方面都有具体指导。

早稻田大学通过制定相关规章制度来论述如何进行科研，遵守科研规范和治理秩序。其中，关于学术研究伦理的指南秉承为全人类服务的主旨，促进人、社会、自然协调发展，以尊重个人信息等内容为基调，点明了科学家应遵守的伦理行为，并成为其他准则制定与出台的依据。它从基本行为、管理科研信息和研究设备、出版标准和研究结果审计、评估其他参与人成就、保护个人信息、禁止骚扰六个方面阐明研究者责任。而对于如何防止学术不端行为的相关准则，早稻田大学一方面具体论述治理学术不端行为的程序，另一方面规定进行研究伦理培训与教育，两者结合来更好地抵制不端行为发生。各级部门，尤其是科研机构、学术团体和大学，颁发的政策准则，内容详细、具体、客观，可以较好地指导实践行为。

治理的透明性，一方面体现为在政策、措施出台之前征询公众意见。日本学术会议委员会将《科学家自律行为》改为《将科学工作者的自律行为进行到底》之前，曾对 1251 所大学、272 个研究机构、1296 个学术协会进行调查。另一方面体现为在大学内部设立专门学术不端行为受理窗口，便于师生监督并举报学术不端行为。其中大阪大学在《为切实取得优秀研究成果》（「優れた研究成果を着実に産み出すために」）中明确相关窗口，包括举报口，来规范师生学术行为。

三、治理的严厉性与保护性特点

一旦发生学术不端行为，相关科研机构、大学就会受到相当恶劣的影响，所以日本国内对学术不端行为的发生保持零容忍的态度，处罚措施严厉。一般包括冻结并撤回资金、在未来 2～10 年限制提交新申请、撤回所获奖项，严重者令其退职，与此同时行为人还会受到国内严重舆论压力。以理化学研究所的处罚文本为例来分析其治理的严厉性。

《日本理化学研究所宣布干细胞丑闻处罚决定》一文，介绍了对有关人员的处罚措施：从合著者到研究中心，所有人从不同层面受到相关处罚。至文章发表时，理化学研究所仍在讨论是否将相关研究经费归还政府，是否终止与美国哈佛大学联合申请的"万能细胞"（STAP 干细胞）技术专利。[①]

日本高度重视对举报人员人身安全的保护。这源于 2013 年 12 月举办的一个以"为保护科研诚信我们可以做什么"为主题的生物学会议，会上曝光了一个案例——举报者成为受害者。这推进了日本的举报人保护机制建设，要求各部门在治理准则中给予明确规定。早稻田大学发布关于举报人保护的相关准则，理化学研究所在基本政策中明确指出对举报人提供保护，日本学术振兴会亦将保护举报人写入书中，由此可见日本维护良好科研环境、阻止学术不端行为发生的决心。

四、治理的教育性与预防性特点

经过近 10 年对学术不端行为的治理，日本整体治理方向已由惩治转为以预防为主，同时两方面相结合并且具有教育性。以东京大学为例，该大学为建立规范的科研环境，发布《科研伦理实施计划》，要求所有师生和正在进行科研的工作人员定期参加培训、讲座、研讨会等，同时对学术不端案例进行通报，明确学术不端行为的严重性，预防此类行

---

① 张章：《日本理化学研究所宣布干细胞丑闻处罚决定》，http://news.sciencenet.cn/htmlnews/2015/2/313869.shtm。引用日期：2021-02-26。

为的再次发生。早稻田大学发布关于学术研究伦理的宪章，以期改善学术研究环境；日本学术会议要求所有科研机构对科研人员进行教育培训，明确科研规范的重要性。不论是政府、科研机构的管理政策还是学术团体、大学的治理规则，均重视对大学师生、科研人员的教育培训，将其作为学习、科研前的必修内容，提升科研工作者的自觉性。

第四节　德国和澳大利亚学术不端行为的治理特点

各国由于在学术治理的背景与传统上存在差异，其对学术不端行为的治理也不尽相同。德国强调严谨、自律精神，这种作风与行为处事方式反映在学术、科研上，就是非常注重科研与学术的自我管理与监督。另外，德国还是一个非常崇尚法律与研究自由的国度，为了保障科研自由，德国将研究自由作为公民的一项基本权利写进宪法。著名的洪堡大学就是这一精神的倡导者与践行者，成立之初就非常强调大学要保持一种"孤独和自由"。这种"孤独和自由"是指大学、教师和研究人员应该与世俗保持一定的距离，摆脱国家和教会的束缚以及来自工业社会的世俗压力和影响，特别是不要受功利主义教育价值观的影响。基于这样的学术背景和传统，德国在对学术不端行为治理上呈现出以科研机构或组织为主导、机构规范与法律相结合、设立独立于政府和机构的协调员制度等特点。

澳大利亚学术管理制度沿袭了英国体制，带有强烈的欧洲色彩，非常强调科研机构的自治，这一点与德国相似。但澳大利亚毕竟是一个远离欧洲的大洋洲国家，且在学术治理的发展历程中受周边国家的影响，慢慢地形成自己的特点，表现为：重视学术诚信法规建设并积极倡导良好的科研行为，建立独特的咨询机制，全程严格监管科研经费使用情况等。

一、德国学术不端行为治理的主要特点

德国学术不端行为治理采取的是以科研机构为主导的治理模式。该模式是指政府部门并不直接介入学术不端行为的监管，而是依靠国内主要资助机构出台相应的指导性规范，由各科研机构在指导性规范的框架下建立地方性监管体系，对学术不端行为进行监督和处理的模式。[①] 在这一模式的影响下，德国对学术不端行为的治理逐渐表现出以下特点。

(一)基层科研机构或组织为主导

多年研究和实践表明，治理学术不端行为需要大学和科研组织做好内部管理和监督，单纯依靠政府或外部监察机构很难做出成效。德国的基层科研机构或组织包括各个大学和由政府、社会资助的科研与学术机构，享有充分的学术自治权利。马普学会和德国研究联合会是其中两个比较有名的组织。

马普学会是德国政府资助的全国性学术机构。1997 年 11 月 4 日，马普学会通过了《关于提倡良好科学实践和处理涉嫌学术不端案件的指南》，它一经公布便被绝大多数高校所采用。其中指出，科研人员不得伪造、修改数据，不得出现剽窃、欺诈行为，更不能抢占他人(包括自己学生)的科研成果，否则一经发现将被严肃处理，如载入个人诚信记录、解除职位等。德国研究联合会是处理学术不端行为的辅助机构。例如：在赫尔曼、布拉赫事件中，政府部门并没有采取大规模的介入行动，而是由该组织成立专业委员会进行科研调查，并提出建议。政府将学术不端行为的调查处理以及科研的主导权交给基层科研单位。

(二)机构规范与法律相结合

职业伦理内容越丰富，其作用越显著，职业组织就越稳定、越合

---

① 胡剑、史玉民：《欧美科研不端行为的治理模式及特点》，载《科学学研究》，2013，31(4)。

理。科研机构作为研究科学知识的组织，只有在稳定、合理和科学的制度下规范运行，才能真正发挥其优势，实现其价值。

德国许多大学和科研机构不仅有处理学术不端行为的规范性文件，同时拥有法律处及法务，能够提供相应的法律支持。在处理学术不端行为的案件中，举报方、被举报人或机构、调查和处理机构等各方均有专业律师或专门法律人员参与。整个过程依法进行，严谨有序。另外，在学术不端行为的处理上采取如下措施：一是根据科研机构学术不端行为处理规范来惩处，如对已发表的论文进行撤销，禁止行为人申请资金，取消某部门的专家任职资格等；二是根据事件情节严重程度，依据相关法律法规进行处理，适用法律主要包括《刑法》《民法》《公务员法》《劳动法》及《高等教育法》等。例如：大学教授及科研人员是公务员身份，如果出现学术不端行为，等同于未能履行其职责，依据相关《公务员法》给予警告、谴责、罚款、减薪等处分；如果研究人员没有公务员身份，则要参照《劳动法》给予从警告到开除等相应处分；如果研究者提供含有虚构或篡改数据的硕士论文或博士论文，则可依据《高等教育法》吊销其从教资格或者相应学位。①

(三)独具特色的协调员制度

德国为了加强学术治理，完善学术不端行为防治体系，建立了独具特色的协调员制度。协调员独立于科研机构和大学行政体系之外，他们组成负责受理学术不端案件举报、专门为机构与大学中的研究人员提供咨询与建议、协调学术不端各方的基层监管组织。它一般由不同专业的教授组成，任期3年，由德国研究联合会总委员会决定。协调员不仅要有宽广的知识面，同时还要具备较强的社会工作和组织调控能力。协调员每两个月召开一次会议，并请有关人员到会汇报待解决的案件，每年

---

① Stegemann-Bochl S，"Misconduct in Science and the German Law"，*Science & Engineering Ethics*，2000，6(1)，pp.57-62.

完成一次自我评估并向联席会议汇报。[①] 德国各大学均设立科研协调员以及协调办公室，负责对学术不端行为的评估、调查和处理。当学术不端行为发生时，协调员须严格按照调查规范和流程对事件进行评估调查，包括事件的严重程度、事件性质。同时调解各方冲突，对于调解失败的移交给上级部门，对于构成违法犯罪的提交给相关法律部门处理。

二、澳大利亚学术不端行为治理特点

澳大利亚学术不端行为治理采取的同样是以科研机构为主导的治理模式。出现学术不端行为时，基层科研组织行使主导权，一般自行解决处理，对于重大学术不端事件则交由政府或司法部门处理。经过多年探索和研究，澳大利亚形成了自己独特的学术治理特点。

(一)重视学术诚信法规建设并积极倡导良好的科研行为

基于"对法律的敬畏是预防腐败发生的最好方式"的理念，澳大利亚十分重视运用法律手段来规范科研行为。例如，国立健康与医学研究理事会1992年出台的《国立健康与医学研究理事会法案》，以及澳大利亚研究理事会2001年出台的《2001年澳大利亚研究理事会法案》等都将规范和条例上升到法律层面予以实施，其中涉及的违反学术规范行为与违法行为同等对待。一方面使规范与政策更具权威性，便于常态化发展；另一方面使行为主体加深对学术不端行为处罚的认识，形成威慑力，使规范像"达摩克利斯之剑"一样时刻警醒研究人员。除此之外，一些相关学术政策文本非常强调对于诚信和负责任科研行为的遵守，如2007年澳大利亚研究理事会颁布的《澳大利亚负责任研究行为准则》，强调各类科研机构必须严格遵守相关原则和要求，制定本机构适用的学术规范政

---

① 胡剑：《德国科研不端行为治理体系的特点及启示》，载《科技管理研究》，2013，33(18)。

策和治理措施等。

(二)学术管理与监督体制健全以及独特的咨询机制

为了加强学术不端行为治理，澳大利亚建立了相对完善的管理体系，不仅包括国家层面的管理机构，如澳大利亚创新、工业与科研部，还包括资助性质的核心科研机构，如澳大利亚研究理事会、澳大利亚联邦科学与工业研究组织（Commonwealth Scientific and Industrial Research Organization，CSIRO）、国立健康与医学研究理事会等。这些机构在处理学术不端事件时既有自治功能，也兼具监督性质。另外，澳大利亚为更好地协调科研管理事宜，为重大学术不端行为治理提供决策或建议，专门设立了"三层级"科研决策咨询机构，如首席科学家，总理科学、工程与创新理事会，科技协调委员会等。

(三)全程严格监管科研经费

澳大利亚对科研经费的审计主要包括三个层面：国家审计、澳大利亚研究理事会审计、科研机构自我审计。国家审计层面，主要由国家审计办公室负责，督查研究机构或个人的预算与执行是否一致；澳大利亚研究理事会层面，主要是对科研经费使用情况进行随时审计；自我审计层面，个人经费使用必须经过严格把控与监管，对于获得的资助须设立专门账户，账户支出情况要公开，接受各方监督。同时澳大利亚经费信息须向社会公开，接受各部门监督，主要包括三个方面：第一，科研管理部门经费预算和审批情况公开；第二，监管部门公开被监管部门经费预算和审批情况；第三，受资助部门和个人资助信息与支出情况公开。

(四)以预防为主，重视预防教育工作

有效规范学术行为，遏制学术不端事件发生，是各国加强学术治理、严厉制裁和惩罚学术不端行为的根本目的和归宿，因此，"怎样防"比"怎样治"更为关键。为了防止学术不端行为发生，澳大利亚除了加强学术诚信制度建设、完善学术治理和监督体系、对科研资金使用情况实

行全程严密监督以外，还非常重视对学生和科研人员的学术诚信教育。澳大利亚各大学与研究机构对新成员和学生的培训严格把关，保证导师在整个科研过程中，对每一位新成员进行有效的专业指导和过程监督，培养其良好的科研和学术习惯。例如，悉尼大学学术委员会在 2011 年专门制定《负责任的研究实践培训手册》，对如何培训与管理学校科研人员的科研行为做了详细说明，尤其重视加强对新的科研人员的学术不端预防教育工作，强调导师在具体教学和研究中要重视对学生的教育与指导，并制定出相应的培训要点和注意事项等。

另外，澳大利亚联邦政府颁布的《关于科研行为的联合声明与指导原则》中也有相关规定，要求把政府和研究所的有关规章制度的书面材料统一发给每一个培训生，让其认真学习规范，加深对学术不端行为的认识，以便以后可以更好地避免学术不端行为。

第五章　各国学术不端行为产生原因的分析

通过前面章节对各国在学术治理政策与制度等方面的演变及其特点的深入分析，可以得出，各国均表现出学术不端行为层出不穷与愈演愈烈之势，这一情形必然是众多原因引起的。这除了与各国科学研究这一行为主体存在直接联系以外，与各国不同的社会环境和文化传统，以及政治、经济等背景也有很大关系。总体而言，可分为内因与外因两大类。本章试图在对上述各国学术不端行为治理特点分析的基础上，进一步挖掘其背后的原因。

第一节　美国和丹麦学术不端行为产生的原因

科研组织与其他社会组织不同，有自身独特的组织特征。因此，学术不端行为的产生除了与研究者本身的个人素质和道德水平有关之外，也与科研组织内部的制度及其结构设置有关。当然，科研组织作为社会组织的一部分，社会环境和文化传统以及政治、经济等因素，也可能使不良行为不断滋生。这里，我们首先就普遍引起多数国家产生学术不端行为的一般成因进行分析，将其划分为内部、外部两大因素。其中，内部因素包括研究者自身的个人因素，以及科研组织内部的制度缺陷。外部因素则主要是指影响科研领域的其他社会因素，包括历史与文化氛围、环境需求等。然后，在对美国和丹麦相关做法剖析的基础上，结合其现有监管机制解释导致其学术不端行为产生的相关因素。

一、学术不端行为产生的普遍原因

(一)学术不端行为产生的内部因素

1. 学术人员的个人因素

第一，研究者思想观念的偏差。一是没有正确认识学术或科学研究的本质。美国将该领域不端行为称为"Research Misconduct"，其研究始于 20 世纪 40 年代社会学家默顿（Robert King Merton）的相关论述。默顿认为，构成科学规范的四大本质要素是普遍主义、公有主义、无私利性和合理的怀疑态度。其中，普遍主义的要义体现在专业人员在对研究成果做评估时，所依据的指标只能是研究对象本身所包含的内在属性和带有的外在价值，而非其他。公有主义是指产出成果归大众所共享，而不是由研究人员或所在机构私自占有。无私利性更是体现了科学界的核心精神特质，即科学研究的最终目的是知识的增长、真理的揭示，而不是为了一己私利。合理的怀疑展现了学者在探索真理过程中所应持有的研究态度。这四大本质要素体现了学术工作者应具备的理想条件，同时也为学术人员端正自身的思想观念指明了方向。即在坚持真理、严格遵守学术规范的基础上，以服务社会、贡献大众为目的，保持怀疑的态度，坚定自己的学术信念进行知识的创新。二是没有正确定位学术自由与学术责任。学术活动本身具有专业性、创新性等精神特质，这就要求学术界必须保证相对的自由才能形成良好的研究环境，促进成果的高产。而研究者作为该活动的行为主体，必须能够正确地认识学术自由的本质，这样才能履行自身所肩负的学术职责。学术自由是使每个学者能够自由地探讨和阐释他们的研究结果，而不受外界任何人员或组织的影响。由此可见，学术活动是学者探索和追求未知世界真理、实现个人价值的一种行为，而学术自由所保护的正是研究者探索真理和表达个人对真理的理解时的自由，非学术不端行为中所出现的捏造、篡改、剽窃等弄虚作假的不良行为的自由。学术不端行为违背了追求真理、尊重客观事实这些最基本的学术精神主旨，这与学术自由的本质特征相矛盾。此外，学术责任作为学术活动的重要方面，在学者个人能够自由地行使他们的学术责任时，才存在学术自由。学者须摆正学术自由与学术责任的位置，认识到学术自由是相对而言的，它是在某种前提下的自由，与学术责任相伴而生。只有在履行自身的学术职责的前提条件下，才能真正享受到学术自由所带来的权利，同时只有保证了相应的学术自由，才能更好地完成学术界所赋予的重要职责。

第二，学者本身的道德修养不够。学术道德是该领域的内在属性，是保障学术界健康运作的重要因素。而学术人员作为学术行为的执行主体，提高其道德素质和学术修养能够在很大程度上遏制学术不端行为的发生。然而，随着科学化时代的到来，学术环境日益复杂。尤其是在激烈的竞争机制下，研究方法增多，研究精细化程度提高，如果研究人员自身道德修养不高，发生学术不端行为的概率将大大提高，进而极易形成学术泡沫。因此，学术界必须重视每一个研究环节，培育学术人员良好的道德修养，切实提高其学术修养，才能减少学术不端行为的发生。这里，不论是基层的学术研究人员，还是相应的学术指导或管理人员，在进行学术活动时，都要对本身道德素质和学术修养的提高有潜在意识。其中，基层的学术研究人员可能因为自身修养的不够而产生急功近利的观念，不能端正学习态度，对于学术规范行为的操作标准也不够明确，从而引发学术不端行为。而从事指导和管理的学术人员，也会因自身修养的欠缺或学术道德不够坚定而未能发挥好榜样和导向的作用，进而滋生学术不端行为。

2. 科研组织的制度因素

首先，有关政策法规的缺失。关于学术不端行为的法规制度，从学术不端行为界定标准、不端行为举报制度、查处程序到裁决依据等方面，尽管很多国家随着学术不端行为的频频出现而制定和颁布了一系列法规和治理政策，但不少国家的相关政策缺乏具体、可操作的执行规定。在无实用性统一政策的指导下，一些基层研究机构和高校等学术团体的学术行为规范机制欠缺，对学术不良行为往往采取笼统和包容的治理方案，以至于处置方法各异，甚至查而不处，引起广大研究者乃至整个学界的不满。

其次，现有制度设置的不足。由于学术界的特殊性和专业性，其组织内部虽然在对学术人员的评价制度和晋升制度以及相应管理制度的设定上，经过不断修正和完善，形成了一套具有针对性的管理制度，但这些制度在实际运行上因为系统结构的不合理仍存在许多有待完善之处，致使学术不端行为的处理和预防有失公允。例如，同行评议制度、教师晋升与评价制度等学术规范行为制度在某些细节问题上的漏洞使得管理章法混乱，引起人们的争议。评价指标虽然明确具体、可操作性强，但重视量化，忽略其本身的质性，所以造成学术泡沫，使得学术成果的数量与质量严重失衡，违背了学术发展规律。另外，学术评价指标直接与学术人员资源的获得、职称评定、薪资、奖励等挂钩，在利益的驱使下，基层研究者为获得相应报酬而容易发生越轨行为，管理人员则易滥用职权，造成学术不端行为。

最后，相应学术监管机构的缺位。美国和丹麦都在国家层面设立了专门应对学术不端问题的管理机构，在具体到各层级学术研究机构时，虽然可以以政府颁布的统一性法规条例作为参照，但因各分支机构权力的自主性和分散性，使得在对学术不端案例的实际处理中，会引起不同机构或组织对学术不端行为查处结果各异，甚至有些机构为了便于操作而大事化小，小事化了。这在很大程度上纵容了学术不端行为的持续发生。这就要在不同层级设置专门监管学术行为的管理部门，以保证学术诚信建设，同时确保学术不端行为发生后能够得到比较规范和专业的处理。

(二)学术不端行为产生的外部因素

其一，随着科技发展日新月异，社会经济、政治等因素对人们的影响也发生了翻天覆地的变化，功利性观念对大众思想的侵蚀越发严重。功利主义思想源于近代英国，随着英国资本主义经济的发展而逐渐形成。通过查阅史料发现，虽然现在公众对于"功利"一词多持贬义态度，但功利主义思想是具有两面性效果的。它在具有狭隘的工具主义和驱使人们追求名利的作用的同时，也使得研究者和相关学术人员能够最大限度地挖掘自身潜力，从而通过科学研究服务于国家经济和社会大众。而经济和社会对科学不断增长的技术上的需要，也是学术发展和进步的强大动力。可以说，学术上的功利性观念可以成为研究和创新的催化剂，促进学术研究成果与社会实际需要结合。然而，学术活动在走出象牙塔之后，与社会经济、政治等环境的结合越发紧密，尤其是其研究成果能够带来实用价值和商业价值。在这种情况下，人们对功利主义的理解出现偏差，往往过度追求研究领域中的经济效益，忽略了其本身应有的精神和价值，出现了过于重学术功利性的倾向。此外，学术工作人员受到外界物质利益至上思想和享乐主义思想的影响，扭曲了内心的价值观念，从而引发学术不端行为频繁出现。

其二，不同的历史和文化传统，也会导致学术不端行为出现。在美国，随着高等教育和科技发展，在 20 世纪 80 年代初，科学界乃至整个学术领域出现的不端行为就已经成为公众关注的问题之一。加之，美国的学术诚信与其社会信用体制和宗教信仰关系密切，学术诚信问题必然受到高度重视。因此，自学术不端行为产生以来，美国社会各界就格外强调对学术诚信准则的遵守，提倡良好的学术行为。在这种文化的影响下，美国上至联邦政府，下至基层学术团体和高校等各级学术组织都制定了学术活动行为守则来规范相关研究人员的日常行为。与此同时，教育部门通过实施系统的教育培训等措施来进一步改善学术氛围，加强诚信教育。而学术组织也不断修订和完善内部规章制度，并借助法律手段强化学术人员的道德内化，规范学术行为。然而，美国素来重视高等教育、科学研究等学术活动的社会服务价值，并且学术研究工作者与相关学术机构的经济利益和其社会地位密切关联，因此，尽管美国各界十分重视学术诚信并为此开展了大量倡导学术诚信的活动，但在这种文化氛围下，学术不端行为很难杜绝。

二、美国和丹麦产生学术不端行为的特殊因素

虽然美国和丹麦在应对学术不端行为方面已形成了一套较为成熟的监管体系，但整体而言，还在许多方面存在缺陷，以至于一些"别有用心之人"钻其漏洞，产生学术不端行为，进而影响整个学术界的研究和学习氛围。

(一)美国学术不端行为产生的特殊原因

第一，政府主导下政策法规制定的滞后性容易引发学术不端行为。在美国，由于其监管学术不端行为的法律机构主要是联邦政府部门，所以相应的规章政策也主要是国家层面颁布的。因此，这些规章政策的制定过程要有联邦政府介入，在相关半官方或非官方咨询机构的协助下，还须结合来自各层级广大群众的建议，然后拟定草案，并经过实践检验和不断修订而最终生成。另外，由于是国家层面的立法，所以要考虑各层级大多数执行机构的需要。这一系列复杂过程和多种考虑因素致使这些政策法规的制定往往难以满足日益发展变化的学术研究的需求，这便给部分学术人员不端行为的产生提供了可乘之机。

第二，制度的强制性和局限性导致学术不端行为出现。美国政府部

门为了便于监管学术不端行为问题而对其概念进行了明确的界定，即"伪造、篡改、剽窃"，并详细说明了这三种行为具体涵盖的范围。如此，在增强执行机构可操作性的同时，也将研究过程中发生的其他违背学术道德的不端行为排除在外，这样便助长了某些科学工作者利用国家政策的漏洞而做出一些违背学术规范的行为。久而久之，就更容易引发学术不端行为。此外，国家政策的强制性推行，不可能考虑到所有学术组织的不同特点，因此，这些制度对某些机构而言针对性不强，监管效力也不够。缺少规范性的制约，一些基层机构或学术团体便会滋生学术不端行为。

第三，不同部门权力的分散性和牵制性也容易引发学术不端行为。美国联邦政府各层级部门，包括治理学术不端行为的专门机构，如科研诚信办公室和监察长办公室等，主要负责学术不端案例的监督和审查工作，而学术不端案件的受理是由所在科研机构或相关学术组织承担的。不同部门的职责虽比较明确，但因为案件的处理、监督、评估和裁决等程序分属不同机构，且部门之间权限互相牵制，案件整个受理程序较为复杂，部门内部的执行和管理人员在工作过程中容易引发学术不端行为。

(二)丹麦学术不端行为产生的独有因素

第一，科研机构和大学等组织监管部门的欠缺。在丹麦，虽然在国家层面设立了监管学术部门行为的独立机构——丹麦科研不端委员会来负责处理在丹麦进行的或是丹麦雇用人员以及公共部门资助的研究中的学术不端案件，但在丹麦科研不端委员会认为该案件没有对丹麦研究存在潜在影响的情况下，其是由当事人所在科研机构或大学直接处理的，这种内部处理方式赋予了机构太多的自主权，容易纵容学术不端行为的发生。另外，丹麦虽然是继美国之后在国家层面设立学术不端行为监管机构的国家，但与美国相比，其并没有形成不同领域、不同层级的网状监管体系，使得其在科研机构和大学等学术团体层面缺少专业的管理部门，难以达到遏制学术不端行为的目的。

第二，缺乏完善的道德法律体系。默顿提出的科学规范四大本质要素向我们展示了学术的应然性，但学术界在实际运行当中，不免会与之相背，出现"反规范行为"。这种情况下，在提倡学术工作者将道德内化于心的同时，也需要借助法律手段，构建制度体系来遏制学术不端行为的发生。然而，丹麦还没有形成统一的学术规范法律体系。丹麦科研不端委员会仅负责受理其认为对社会利益、公众健康等造成重大影响的案件。虽然依据最高法律《研究咨询系统法》，丹麦科研不端委员会制定并实施了一系列具有法律效力或仅为道德层面的行为规范，但这些政策并不全部适用于科研机构或大学等学术团体。高校往往依据自己的规则章程来查处某些案例，且不经过丹麦科研不端委员会的批准或授权。尽管有《大学法》作为参照，但不同学校在制定自身的内部章程时不仅会有所差异，而且缺乏法律效力。这种分别规定规则章程的形式会造成学术不端案件处罚标准的不统一，影响惩处结果的公平性，以及法规政策的权威性。学术规范制度设计上的缺失会给一些研究者提供犯错误的机会，进而引发学术不端行为。

第二节　英国学术不端行为产生的原因

尽管英国在科研治理的法规、政策、制度上进行了一定的改革，逐渐形成了初级预警机制，但纵观整个学术环境，仍有学术不端案例发生，其中以高校为主。2012 年的一项调查显示：2009—2010 年，80 家学术机构中出现超过 17000 起学术不端案件，到 2012 年超过 45000 名学生存在学术不端行为，或携带手机进考场或代写论文。[①] 例如，2010

---

① 龚灿：《从大学到小学英国的作弊产业链》，载《看世界》，2015(14)。

年牛津大学有 12 起学术不端行为发生，2011 年牛津大学考务室公布了 26 起学术不端行为。开除学籍与罚款是他们常用的两种惩戒方式。利物浦约翰摩尔斯大学、西苏格兰大学、东伦敦大学、拉夫堡大学等都存在学生学术不端行为。面对如此多的学术不端行为，我们有必要探究英国学术不端行为产生的原因。本书主要从内因和外因两方面进行探究，内因倾向于研究科研人员的个人特质，外因则从评价制度和历史传统两方面分析。

一、学术不端行为产生的内因分析

从哲学视角来看，内因是事物发展变化的内在原因。对科研工作者来说，学术不端行为的发生离不开科研工作者的个人特质和科研动机。就个人特质来看，不同的研究人员会基于自身不同的个性特质表现出不同的研究行为。美国心理学家卡特尔（Raymond Bernard Cattell）认为人的个性受到许多特性的影响，由于每个人所具备的特性不尽相同，也就自然而然地形成了每个人独特的个性。他指出，一个科学家会在很多方面显示出高分特征，如智慧性、独立性、自律性、有恒性。同时也会在其他一些方面显示出低分特征，如忧虑性、世故性、紧张性等。在实际的科学研究过程中，科学家所具备的创新性思维使其容易看到别人以前看不到的东西。他们会采用别人以前没有运用的思维方式，这就使得科学家经常要跳出常态，冒着远离现实的风险应对这种状况。有的科学家则会显现其人格特质中的高分特征，迎难而上，勇攀高峰。有的则会出现低分特征，进而选择其他不端手段达到其目的。就科研动机来说，不同的科研动机也会导致研究人员出现不同的研究行为。作为科学研究活动的主体，科学家是科研机构最具备主观能动性的宝贵资源。因此，对科学家的行为动机进行分析就离不开管理学中对人性的假设。作为受雇人假设，科学家的研究活动需要外界系统的监督管理。作为经济人假设，以最少的付出换取最大的物质回报是吸引科学家的重要手段。作为社会人假设，科学家需要在一个关系融洽的学术组织里工作。作为自我实现人假设，科学家希望能在一个发挥主观能动性且管制较少的学科领域里工作。作为复杂人假设，科学家在不同时期、不同岗位上有不同的需要。科研发展为一种职业以后，科学家的行为动机呈现出多样化的特点，受各类功利性动机的影响，学术不端行为产生也就难以避免了。

二、学术不端行为产生的外因分析

21 世纪的科学研究已不像学院科学时代那般纯粹，在资本主义的社会环境下，依据市场原则组织研究活动，这种与实践结合的科研行为将产品的应用价值和实践价值作为主要目的，使得科研活动变成一种实效性极强的社会生产行为。加之科研活动的长期性、不稳定性以及创新性的特点，学者难免会选择"捷径"。第二次世界大战后，英国经济受到重创，使得英国各界开始对科技教育越来越重视，各高校开始加强与工商业界合作，这在很大程度上改变了英国高校注重古典教育、忽视科技教育的传统。教育内容侧重点的转变，对英国经济和科技的快速发展具有重要意义。

很长一段时间，英国高校都在享受政府的科研资助。在 19 世纪中期以前，英国没有专门的机构对大学进行评估和审核。高校作为一种独立的法人机构，主要是通过私人捐赠和学生的学费来维持正常运作和发展。此时的英国高校具有较高的自治性，与政府不存在相应的隶属关系。但是，私人捐赠具有一定的不确定性，这就使得英国某些高校经常出现捉襟见肘的状况。直到 19 世纪后半期，经济和科技快速发展，使得英国政府意识到高校对于整个社会经济与科技发展具有重要的作用。

这种意识直接改变了政府与高校互不干涉的局面。政府开始以资助科研经费的形式来促进高校科研水平的提高，以此来服务国家经济和科技发展。而科研资助的形式则涉及对高校科研的评估与审查，这在很大程度上刺激了高校之间对科研经费的竞争。[①] 从现有的状况来看，虽然不存在严重的学术行政化趋势，但现实的评价体系和英国的历史传统都为学术不端行为的发生提供了便利。

（一）学术评价体制对学术不端行为的影响

学术评价，顾名思义就是对学术性成果的评价，无论是在英国还是在美国或其他国家，基本上包括对高校学科或专业的评价、对教师科研成果的评价、对学生学术成果的评价三方面。政府通过这些评价来决定对高校的拨款限额，进而推动高校科研水平的提高。

首先，对高校的评价。20世纪60年代，英国掀起了高等教育大众化运动，截止到1980年，高等教育的毛入学率达到19.1%，顺利进入大众化阶段。[②] 然而，高等教育大众化不仅仅带来社会公平、稳定，还带来了公众的担忧，即对教育整体质量的不满，包括教学质量和科研水平两方面。因此，英国着手研究并建立质量保障体系，通过一定的标准对高校的质量进行评价，进而提升高校质量。

一方面是对教学质量的评价。1997年，致力于英国高等教育质量评估与保障服务的英国高等教育质量保障署正式成立。该机构主要由英国高等教育基金会和高等教育质量评议会（Higher Education Quality Council，HEQC）共同建立。它形成了一套完整的学术评价体系，聚焦于学术标准和质量的建立、保持与提高。其中《学术基本规范》（*Academic Infrastructure*）包含了学科基本准则、课程设置规格、学位资格框架和实行制度四个方面。《学术基本规范》针对学术标准以及不同级别

---

① 程文婧：《当代英国高校科研评估改革研究》，硕士学位论文，四川师范大学，2014。
② 柳清秀、付光槐：《英国高等教育大众化对我国的启示》，载《教育学术月刊》，2011(3)。

的学位授予条件做出了详尽的规定，集中于学术标准和学术质量的建立、维持和提高。一是凸显了政府集中统一管理体制下英国高等教育领域对学术准则的规定；二是体现了多种形式、多种标准以及多种类别的特点。[①]

另一方面是对科研水平的评估。英国从 20 世纪 80 年代后期开始在高校实施科研评估，即选择性科研练习（Research Selectivity Exercise，RSE）。初始阶段，各方面尚未完全成熟。在 1992 年实施的科研评估检查中英国对之前的科研评估工作进行了一定的改进，由选择性科研练习改为科研评估（Research Assessment Evaluation，RAE）。但是，随着各方面的不断发展与完善，在 2008 年科研评估结束之后，英国又重新对高校科研评估体系进行了改革，将科研评估转变为科研卓越评估框架（Research Excellence Framework，REF）。在这一发展过程中，虽然科研评估的模式在不断发生变化，但不变的是它们的共同目的都是便于进行科研成果等级的划分。

无论是哪一层面的评价，采用的都是以同行评议为基准的量化评价，它将复杂的评价标准及评价过程用数量化的方式表现出来。而对于那些不能用量化来评价的，如大学的声誉等也转变为可量化的指标。随着评价过程的推进，高校要想在评价中获得更多的资金，提升自身教学质量，不得不向教师和学生施压，要求他们提供高质量的学术成果，进而提升学校的评价地位。这给教师和学生带来了巨大的科研压力。

其次，对教师科研成果的评价。1988 年《教育改革法》明确指出，要实施教师聘任制度，并将教师的晋升和科研成果挂钩。对于学校来说，《教育改革法》为学校带来了高质量的师资队伍，便于提升高校的学术水平。但是对于教师来说，要想得到聘请或升职必须在短期内有一定的科研成果。这种绩效管理使得部分教师走"捷径"，或伪造数据，或失

[①]　向梦：《英国高等教育系统防治学术腐败的主要举措和启示》，硕士学位论文，东北师范大学，2014。

实陈述，或署名不当，或花钱买学术成果，短期内"创造"一些科研成果，这些做法显然是学术不端行为。

最后，对于学生群体来说，其出现学术不端行为和学费的增长有一定的关系。它给学生带来压力和焦虑感，加之对就业前景的担忧使得他们采取极端手段来提高成绩，增加就业的可能性。除此之外，还和评价有关。一是学期考试。英国伯明翰大学奥尔德曼（Alderman）教授说，学校中临场笔试的机会减少，取而代之的是结业论文。这导致了学生通过抄袭或者剽窃来撰写论文等问题。二是行政部门对学生的评价标准已然变成了教导学生通过测试的指南，这种情况使得学校和教师将更多的精力放到应付考试上，刺激了作弊行为的滋生。

其实，无论是对高校还是对教师又或是对学生来说，评价标准的变化无疑削弱了学术水平，使得他们将更多的时间和精力放到衡量标准上，为达到标准而开展各项工作，这为学术不端行为的发生带来了便利。

(二)历史传统对学术不端行为的影响

英国是一个崇尚自由的国家，在教育领域保持着政府不直接干预的状态。高校中学术自由、教授治校更是将这种状态表现得淋漓尽致。它不像丹麦那样成立国家层面的治理机构，也不像德国那样有专门的法律来制裁学术不端行为。英国没有成立专门治理学术不端问题的全国性政府机构。虽然相关的法律法规对此问题做出了一定的规定，高校委员会对其具有重要的约束作用，相关学术科研机构对该问题也有自己内部的治理规则，但这让学术不端行为治理标准出现差异，也使得对学术不端问题的举报和申诉出现困难。一些确实违反学术规范的行为，因缺乏政府机构的有力监督而逃脱了惩罚。

另外，非政府机构的学术科研机构需要得到监督，如果发生内部腐败问题也需要政府相关负责机构出面调解。其他发达国家，如美国在

1992 年成立了科研诚信办公室，主要对政府资助的学术研究项目进行规范、监督和管理，承担对全国各个非政府科研基金会和委员会的管理工作。科研诚信办公室一旦发现不规范的行为，就会将违反规定者的相关信息、违规情节以及对其做出的处罚决定在全国范围内进行公示。

英国高校众多，成为世界各国学生留学的圣地。从英国大使馆文化教育处发布的数据来看，我国到英国留学的人数正稳步增加。基于不同国家的不同学术要求，一些学术不端现象仍然存在，主要表现为论文抄袭等学术不端行为。虽然各高校均对论文抄袭做出了严格规定，但由于各高校对留学生的要求标准不同，越来越多的留学生的学术不端问题不断暴露。不同的高校在招收留学生时有着不同的要求，其标准尺度也存在较大差异，甚至部分大学为了获取留学生的高额学费而忽视了其他方面存在的问题，从而使得留学生在毕业论文及论文发表上没有严格要求自己，导致英国学术不端问题出现了新的表现。

总体来说，英国学术不端行为发生的原因既有内部因素又有外部因素，其中内因起决定性作用，所以，无论是高校，还是教师，又或是学生群体，都应该从自身出发，端正科研动机，积极表现良好的个人特质，将学术不端行为遏制在萌芽阶段。当然，外因也有显著性作用，这就需要对现行的评价机制进行改革，开展留学生素质教育工作，解决文化休克问题，进而改善外部科研环境，营造良好的学术氛围，防范学术不端行为发生。

第三节　日本学术不端行为产生的原因

2014 年 4 月，日本细胞生物学研究员小保方晴子因论文造假在日本学术界引起了轰动。最终，她的导师笹井芳树以自杀的方式来应对这件丑闻，但这并不能消除日本学术不端行为。日本学术不端行为产生的原因集中在大学的评价制度、竞争性科研经费、学者自身、现有治理体系方面。而根据上述四个原因与学术研究活动的关系，也可将其分为内因与外因两大类。

一、大学评价制度变革对学术不端行为的影响

有学者对"评价（evaluation）"一词这样定义：它是对一种活动、目的、计划的价值做出判定的过程。基于这一概念，可以将"大学评价（academic evaluation）"理解为对构成大学这个组织体的一切活动的功能、意义、价值，以尽可能科学的手段和方法做出合理评判的过程。[①]

从大学评价实施的主体来看，可以将其大致分为自我评价和第三方评价。其中，自我评价主要指由大学教师、行政人员以及学生等学校内部主体实施的评价；第三方评价则主要指由政府、社会媒体以及民间团体等高校之外的主体实施的评价。第三方评价涉及的内容较为多样，主要包括"大学的理念与目的""大学教学研究组织""大学招生""大学的课程设置""大学的科学研究活动""教师组织""设施装备""图书等资料以及图书馆""对学生生活的关心""管理运作""自我评价的组织体制"11大项，而且其中每一大项又包括许多小项。

第二次世界大战后一段时期内，日本大学评价制度主要表现为自我评价，而且从开始期望各大学进行自我评价发展为后来的强制各大学进行自我评价。随着高等教育的不断发展，大学评价制度也逐步从只注重大学自我评价到强调大学参与外部评价。因此，从发展形式来看，其主要经历了自主型评价、自我评价、第三方评价这三种形式。

第二次世界大战后很长一段时间里，日本的大学评价工作主要表现

---

① 丁妍：《日本大学评价制度建立的背景、现状及问题的研究》，载《复旦教育论坛》，2003(5)。

为政府对一些新成立大学或院系、专业设置的审核，以及由社会评价机构对大学成立后所进行的不定期质量核查行为，评价标准主要参考文部科学省正式颁布的《大学设置基准》。[①] 评价的具体内容主要包括：大学的办学指导思想和教育目的，学生的培养和校园环境，大学的管理运营及人事工作，大学的组织与活动。从上述评价内容可以看出，当时的大学评价更侧重于对学校人、事、物的评价。

所谓大学的自我评价，就是指大学根据一定的目的和标准对本校的发展状况进行自我审查，并根据审查结果制定相应的整改措施与发展目标的过程。20 世纪末，日本意识到之前的大学评价模式存在一定问题，并将目标指向了"自我评价"模式。1987 年设立的大学审议会开始根据日本教育政策的调整重新修订大学评价体系。在高等学校自主性不断加强的背景下，为进一步提高大学的办学水平，大学的自我检查、自我评价作为一种约束和激励机制被提上议事日程。就评价内容来讲，日本大学实施的自我评价主要可以分为对大学整体的自我评价和学生对教学内容与课程的评价两类。自我评价的项目和内容主要由大学审议会、大学基准协会、日本私立大学联盟、日本私立短期大学联盟、全国公立短期大学协会等组织与团体共同商议确定。大学审议会制定的评价项目和内容主要包括：大学的教育理念与目标；学校的招生，对学生的培养与管理工作；教师的科研工作；教师的构成与组织；学校的硬件设施与设备；学生与教师的国际交流情况；与社会的联系；学校的管理运营与财政状况；校内自我评价的实施与反馈；等等。[②]

自我评价机制长期以来缺乏有效的监督与管理，使得一些大学尤其是新兴私立大学的"自我检查和评价报告书"沦为应付文部科学省的一种官样文件。这种状况下的评价缺乏对教学客体的有效保障，学术界内部

---

① 李雪梅：《战后日本大学评价制度的变化和发展研究》，硕士学位论文，首都师范大学，2008。
② 张晓菲、庞辉：《日本高等教育全面质量评估体系》，载《世界教育信息》，2006(9)。

很少有经过系统培训的评估专家，评估结果也不会对外公布，使得大学评价体制无形当中具备了一种自我保护特征。这种状况为第三方评价制度的产生提供了机会。进入 21 世纪以来，文部科学省做出规定，第三方评价要与各级各类大学的评价标准保持一致，相关评价项目的设定要有利于各大学推进有特色的教育与研究。

从大学评价制度的变革中，我们很容易看出，科研越来越成为大学的主要功能之一。科研可以培养人才，科研成果可以推动社会进步，科研可以提高学校声誉，使学校屹立在科研之林。因此，科研活动无疑在评价中占据很高的地位。这在某种程度上激发了部分学者开始走"捷径"、投机取巧地去获得一些学术性的成就。

在《日频发论文造假等学术不端行为　数千学者将接受科研伦理教育》的文章中有这样一段话："加藤茂明是日本分子生物学研究领域的权威，在管理遗传信息的蛋白质研究方面世界闻名。他领导的研究项目在2004 年至 2009 年间曾获得 20 亿日元（约合 1.3 亿元人民币）的政府科研经费，研究室最多时有 50 余名研究员。加藤将研究员分成三五人不等的若干小组，采取竞争机制，并施加压力要求必须拿出与经费相符的世界级成果。研究员的成果依靠论文的数量、质量进行评价，评价好坏又与研究经费和职位直接挂钩……要求成果的压力过高的话，就可能诱发不当行为的发生。最初是修改照片以得到漂亮的数据，之后造假可能不断升级。山崎认为，加藤研究室的运营方式是促成造假的原因之一。"[①]由此可以看出，不恰当的大学评价方式，很容易对大学里研究组织、教师甚至学生学术不端行为的产生起到加速助推的作用。

---

① 张超：《日频发论文造假等学术不端行为　数千学者将接受科研伦理教育》，载《法制日报》，2013-07-30。

二、竞争性科研经费对学术不端行为的影响

日本与美国、英国等发达国家一样，非常重视科技创新，并且一直将大学作为国家科技创新系统的重要组成部分。他们将政府科技研究与开发中的很大一部分经费投入大学，并逐渐提高投放总量和投放比例。而且，为更加有效地提高大学科研资金的使用效率，日本对以往大学科研经费的分配办法、资金数量、渠道来源进行了调整，改造、设计了相关政策。

20世纪70年代中期以前，文部科学省对各大学的内部机构设置、教师资格与任免、讲座与教师组织形式、课程设置、设备设施投资、经费预算和使用等方面都有十分严格的规定。其中部分规定较为死板，缺乏一定的弹性，不利于大学充分、自主地发展。国立、公立大学的科研经费主要来源于"机构经常性补助金"项目。它是基础性科研经费，主要面向大学、院系或学科，一般不指向具体研究项目。私立大学很少得到政府的资助，主要依靠学生的学费和社会资助来维持正常运营，尤其在科研经费方面，与国立、公立大学之间存在很大差距。

现代科学技术研究跨越了传统学科领域的界限，许多科研项目规模大，需要多学科的知识和综合性的技术手段。为此，日本提出了建构具有开放性特点的新科研体系，形成鼓励竞争的开放性研究环境，进一步采取提高官、产、学联合研究开发能力的策略，大学逐渐成为国家科学研究活动的中心。对科研课题进行直接资助的科研经费补助金，要经过一定程序的竞争与争取才能获取，因此，被称为竞争性资金。这些竞争性资金面向全国，资助较为优秀的科研项目。研究者可以以个人或研究团队名义提出申请，审查通过的项目可以获得数十万至数亿日元不等的年度科研经费补助金的资助。研究人员申请相应研究项目后，先经同行

专家评审，再由科学技术学术审议会各专业学科的科研经费补助金审查委员会或日本学术振兴会科研费委员会进行审查，最后根据相关审查结果决定是否予以资助。

2011 年，日本申请科研经费补助金的课题项目高达 127403 项。其中，新申请课题项目有 89800 项，经过一定程序的评审，最终有 25759 项新项目得到资助，比上一年度增加了 34.4%；申请延续（科研费基金支持）的课题项目有 37603 项。竞争性资金政策面向全国科研人员公开募集方案，评估、选定国家基础研究与应用技术研究需要的课题项目。日本基于精心设计的评选方案，选择优秀的研究项目，减少重复研究，还在一定程度上突破了科学研究活动的机构界限，甚至学科界限，为优秀科学研究人员和重要科学研究项目提供了极大的资金支持，提高了科研资金使用效率，产出了丰富的研究成果。[①]

但是以发展的眼光来看，竞争性资金对科研项目的支持也会在一定程度上偏离其本来的目标取向，使得大学在科研建设和投入上出现一定的功利性色彩，向一些方面过度倾斜，而在其他方面则不足，从而对一些长期性、基础性的科研项目产生不良影响。在这种竞争性的导向下，大学教师为了获取利益的最大化，很容易将其经济人的一面展现在最前面，在这种情况下，学术不端行为便很容易产生。政府财政对大学保持经常性的资金投入仍然非常重要，它有助于大学打下坚实的人力与物力资源基础。

三、现有治理体系对学术不端行为的影响

从英国的《柳叶刀》和《自然》上公布的不端案例来看，日本在治理学术不端行为过程中存在一定的漏洞。而这些漏洞不仅对学术不端行为起

---

① 巴玺维：《日本大学的竞争性科研经费》，载《山西高等学校社会科学学报》，2013，25(9)。

到一定的"保护"作用，而且也为更多学术不端行为的产生创造了条件。综合而言，可以将现有治理体系中的弊端总结为以下几点。

首先是调查过程耗时较长。从文章发表到被揭发或被调查存在很长的时间。例如：东京慈惠会医科大学的心脏研究，2007 年 4 月在《柳叶刀》上发表了论文，直到 2013 年 7 月 31 日东京慈惠会医科大学桥本弘教授才召开会议，宣告其研究结果涉及学术不端问题；还有京都大学的心脏研究，2009 年在《欧洲心脏病杂志》上发表论文，2011 年才收到信件告知与东京慈惠会医科大学心脏研究存在很高的相似性[1]；小保方晴子于 2014 年 1 月发表关于多功能干细胞的论文，三个多月以后才被揭发存在学术不端行为，该事件于当年 12 月以小保方晴子辞职告终。历时长不仅给专业性读者带来一定的知识性误导，同时对各相应学界的科研发展带来困扰。[2]

其次是处理结果存在严重的滞后性。针对学术不端行为，虽然日本设立了四级治理体系，但其并没有像美国科研诚信办公室那样的专门机构来管理科研行为，对学术不端行为没有科学的预防体系。虽然文部科学省属于政府管理机构，但其更多是从宏观上对日本科学研究进行指导。一旦出现学术不端行为，各机构组成临时委员会，根据之前制定的程序指南，对相关案件展开调查，进而提出处理措施。因此，整个治理过程表现出严重的滞后性，而这种滞后性使得科研工作者对风险的惧怕程度大大降低，在很大程度上催生了学术不端行为。[3]

最后是对学术不端行为的管理缺乏强制性。日本各级各类部门与机构均针对学术不端行为制定了相应的操作指南，而且此类指南具有很强的公开性、严厉性与保护性。但有一点要注意，它们普遍缺乏强制性，

---

[1] The Lancet Editor, "Retraction—Valsartan in a Japanese Population with Hypertension and Other Cardiovascular Disease", *The lancet*, 2013, 382(9895), p. 384.

[2][3] 王丹、张雪娇：《日本科研不端行为治理体系探析》，载《重庆高教研究》，2016, 4(5)。

没有直接的法律支持，这样一来，研究者就有很大的活动空间，使得学术不端行为频频出现。[1]

尤其是在医药学领域，企业与大学以商业化为目的而开展研究。这种校企联合弱化了高校中规范的适用度，提高了学术不端现象发生的概率，如诺华公司和京都府立医科大学"代文"药物研究出现的数据造假、采用京都大学研究数据而夸大药效的武田制药公司事件等。它们不仅动摇了日本临床试验的诚信基石，还给各方带来声誉上的损害。[2]

四、学者自身因素对学术不端行为的影响

虽然学术评价制度的量化取向、过于追求数量效率是导致学术造假、学术不端行为出现的一个重要原因，但是科研人员自身心态失衡、盲目追求利益、违背学术道德才是其根本原因。科研成果最终是由科研人员本人（或其率领的团队）完成并呈现出来的，科研过程是否规范、资料与数据采集和处理运算是否科学合理、原创度大小、引用来源及发表格式是否规范等，科研人员本人是完全能够掌控和检验的。如果为了追求速度、早出成果、快出成果、多出成果，对数据不加严格审查，甚至刻意篡改研究数据以得到想要的结论，学术不端行为就很容易产生。

某些科研工作者存在道德弱化、社会责任感不高、科研价值观扭曲等问题。就科研工作者的道德而言，部分科研工作者学术道德丧失。道德属于社会意识形态的范畴，是对人的行为是否正当加以衡量的观念准则，是调整不同人之间以及人与社会之间关系的行为规范的总和。但是，某些科研人员为了更多更快地获取科研成果，不惜抄袭、伪造数据来争取各种科研基金，严重违背了学术道德。就科研工作者的社会责任

---

① 王丹、张雪娇：《日本科研不端行为治理体系探析》，载《重庆高教研究》，2016，4(5)。
② 张章：《药物试验丑闻玷污日本临床研究》，载《中国科学报》，2014-07-16。

而言，部分科研工作者淡化社会责任，将关注点集中于个人发展上，忽视了个人发展与社会发展的紧密关系。这种对社会责任的轻视也成为大量学术不端行为产生的重要影响因素。

科研人员尤其是年轻科研工作者存在较大的生活与工作压力，也是导致其出现学术不端行为的一个重要的内在原因。一方面，随着各级各类教育的不断普及，具备学术研究能力的高学历人员大量增加；另一方面，科研人员面临的各种考核、测评也是导致压力增加的原因。

学术研究人员追求名利，自身学艺不精。科研活动本身具有不确定性、专业性和信息不对称性，这些特性为科研活动增添了无限奥秘，不断吸引科研人员从事学术研究，也为某些学艺不精又缺乏学术道德的科研人员提供了可乘之机。科研人员要时刻持有一颗真诚的心，认真对待学术工作，唯有如此才能将学术研究活动顺利开展下去。

第四节　德国和澳大利亚学术不端行为产生的原因

学术不端行为的产生反映出科研人员的道德水平滑坡和科学精神缺失，其原因主要包括个人和环境两个方面。就个人角度而言，科研人员由于受到职业认可、获得科研经费、职位升迁等压力的影响，避重就轻、避难从易地去投机取巧、徇私舞弊、剽窃造假等，以此来获得某种利益；从外部环境来看，科学共同体由于自我监管的漏洞，管理人员的失职，以及受社会上重视经济利益和效率、拜金主义等价值观和不良风气的影响，使本应该专心搞科研、踏实做学问的研究人员不再忠于职守、诚信负责，最终把整个科研环境搞得乌烟瘴气、不得人心。问题产生了，不能也不该仅仅注重对学术不端行为的惩处和制裁，而要接力探究问题产生的原因，找到病源，在源头上遏制，从而更加有效地防治学术不端行为的产生，一定要治在前而非在后。基于学术不端行为产生的原因存在一定规律及相当大的共性的特点，现将德国和澳大利亚两国关于学术不端行为产生的原因概括为内、外因两个方面。其中，内因主要表现为科研人员自身的问题，外因则表现为制度或环境等问题。

一、科研人员自身原因

(一)科研道德意识薄弱且缺乏自我监督

随着竞争加剧，学术活动很大程度上已不再是单纯的兴趣爱好或者理想的追求，而是与利益密切相关的活动。自身素质不高、缺乏学术或科研道德意识，以及在各种利益的诱惑下，部分科研人员很难做到洁身自好、专心为学，他们为了自身利益、职位升迁而心态不稳、方寸大乱。为了获得更多的利益，得到更大的优势，放弃对职业道德的恪守，为寻求捷径，铤而走险[①]；甚至因为几次侥幸，没有及时受到制度、法律制裁，而更加肆意妄为，最终失掉科学家的职业操守，忘掉规范制度的惩戒，成为科学界的"害群之马"。

(二)研究低水平重复且缺乏原创性

学术研究缺乏原创性、低水平重复是造成学术不端的一个非常重要的内在原因。从本质上来说，学术研究是在继承前人研究的基础上，寻求突破与创新，其内在要旨就是创新，有了创新才能凸显价值，否则只能是一种对过去研究的收集和积累，发展就会止步不前。科研人员因为缺少创新的意识和能力，经受不住创新过程中的重重考验，就会让思想和行为转向不良的一边，不是在研究上寻求进步而是在投机取巧中谋得"良方"，想方设法回避制度监管，与学术研究的正轨渐行渐远。也就是说，当实验结果一时凸显不出创新性，难以符合自己的想法，或者所求

---

① 李雪梅、徐云峰：《科研不端行为的成因及对策》，载《江苏经贸职业技术学院学报》，2015(3)。

得的理论未能得到普遍接受时，科研人员会受到各种不同的引诱，便会用种种方法对数据加以修饰甚至明目张胆地舞弊。[①]

二、外部制度或环境原因

(一)制度法规不健全，监管不力

制度规范、监管措施一定程度上决定着一个国家的学术、科研质量。对学术不端行为的有效遏制，对其惩罚预期效果的实现，离不开外在制度规范和监管措施的有力保障。一方面制度法规不完善，难以对学术不端行为造成应有的威慑力，制裁力度就会大打折扣；另一方面监管机构缺失，使学术不端行为有机可乘，无法将其遏制在萌芽之中，提前预防就成了空谈。[②]法律意义上的制裁才是防治学术不端行为的"王牌"。像德国和澳大利亚，都在积极推进制度建设，力求从健全制度规范上，寻求最有力、最有效的学术治理路径。

(二)过分注重量化的评价机制

评价标准、考核指标重量不重质的导向，以及评价结果与职称、待遇、级别挂钩，自然而然地会使学术、科研人员将目标和精力放在工作任务和发表论文的数量而非质量上。过度量化的评价，让一些急功近利的不良分子找到了可行手段，一批批学术水平低、投机水平高的"大师"如鱼得水。

(三) 功利化的价值取向，整体"腐化"的学术氛围

所谓"从善如登，从恶如崩"。科研人员作为社会环境的一分子，在不良学术氛围影响下，很难定下性来、静下心来踏踏实实搞学术。怎样净化学术氛围、改善科研环境越来越受到各国的重视。

---

① 威廉·布罗德、尼古拉斯·韦德：《背叛真理的人们：科学殿堂中的弄虚作假》，朱进宁、方玉珍译，181页，上海，上海科技教育出版社，2004。
② 彭小荡、苑素梅：《科研不端行为的成因探析》，载《湖北广播电视大学学报》，2012(6)。

第六章 各国应对学术不端行为的措施

随着各国学术治理法规、政策以及制度的改革与完善，学术不端行为已经成为各国公认的不良行为，对此，各国针对学术不端行为的界定、调查及预警等进行了一系列研究与实践。在明确学术不端行为产生原因的基础上，逐步在政策、制度与机构支持，案件举报、调查与处理，以及学术环境的进一步优化与建设等方面，就不同主体形成了各自应对学术不端行为的措施，这也是近代学术发展的必然趋势。与此同时，随着各国研究人员的倡导和积极推进，学术不端行为也在一定程度上得到了相应遏制。

第一节 美国应对学术不端行为的措施

20 世纪 70 年代末 80 年代初，监管学术不端行为逐渐成为美国的一项公共事务。一方面，公众、新闻媒体以及其他第三方社会机构和组织等各方给美国联邦政府施加的压力越来越大；另一方面，政府对科研机构和高校等学术团体提供的研究经费和公共资源所占比例日趋增大，使得政府有正当理由和权力对由其资助的研究个人或机构在相关项目中出现的学术不端行为实施监管。20 世纪 80 年代至今，美国联邦政府在面对科学界学术不端问题上不断从政策和法律制度层面制定应对策略，并在此基础上积极采取应对措施，如召开听证会，出台或修订政策法案，成立专门管理机构，不断健全和完善对学术不端行为的查处程序，积极开发新计划推进负责任科学研究，不断探究新方法建设科研诚信，借助法律手段保护当事人权益，开展合规项目和教育防范项目，从而增强相关个人和组织之间的沟通与交流。

一、召开国会听证会，制定政策法案

1981 年，为有效处理 1980 年连续发生的四起生物医学领域的学术不端行为案件，国会众议员戈尔召开了首次听证会。这一系列案件的发生标志着学术不端行为已经成为美国的公共事务，从此开始，国会对此类公共事务的关注也贯穿了整个 20 世纪 80 年代。1985 年，联邦政府制定并发布了《健康研究补充法案》(*Health Research Extension Act*)，规定所有申请政府资助或奖金的研究机构都要建立自己的管理体系来负责审查发生学术不端行为的相关研究，调查被指控的案件，并向政府提交报告。1989 年，卫生与公众服务部补充了《公共卫生服务法案》(*Public Health Service Act*)，赋予资助机构调查和处理学术不端行为的权力。[1]

2000 年 12 月，美国白宫科技政策办公室颁布了《关于研究不端行为的联邦政策》，对学术不端行为进行了严格界定，并对美国政府如何处理学术不端行为给出了具体的指导原则和方针，明确了不同主体的责任和作用。这对指导美国各部门处理学术不端行为具有积极的现实意义。

---

[1]　张银霞：《美国研究型大学科研不端行为：概念、特点及对策》，载《比较教育研究》，2009(8)。

二、在国家层面设立专门管理机构

(一)科研诚信办公室

1989 年 3 月，美国卫生与公众服务部成立了科学诚信审查办公室，主要负责就卫生与公众服务部如何处理学术不端行为制定相关制度与政策，并在此基础上，监察相关部门的科研活动，审查有关学术不端行为的调查报告，并以此为依据提出处理意见或进一步独立调查的建议。与此同时，卫生与公众服务部还专门成立了直属于国立卫生研究院的独立机构——科学诚信办公室，主要负责对已经接受公共卫生局资助的研究机构如何处理学术不端行为进行监察，看其相关处理措施是否符合卫生与公众服务部制定的相关政策与程序。1992 年 5 月，公共卫生服务局成立的上述两个部门合并成科研诚信办公室。它主要负责对学术不端行为进行调查与监督，制定相关的应对措施以及政策方针等，还与高校、学会和其他专业组织一起，共同开展有关科研诚信或伦理教育等方面的研究，并对调查活动中遇到的一些法律问题予以解决。1993 年，时任美国总统克林顿签署《国立卫生研究院振兴法案》(*NIH Revitalization Act*)。从此，科研诚信办公室脱离国家卫生和公众服务部成为独立治理学术不端行为的实体单位，其负责人直接向卫生和公众服务部助理部长报告机构的工作进展情况。

美国科研诚信办公室主要由三个分支部门组成，分别是主任办公室(Office of Director)、调查监督部(Division of Investigative Oversight，DIO)、教育与诚信部(the Division of Education and Integrity，DEI)，除此之外，还包括一个仍然隶属于卫生与公众服务部综合咨询办公室(Office of General Counsel)的研究监督法律组(the Research Oversight Legal Team)。

其中，科研诚信办公室的领导为办公室主任，其主要职责包括五个方面：第一，是对除美国食品药品监督管理局（Food and Drug Administration，FDA）管理以外的公共卫生局科研诚信活动进行监督与指导，并将相关情况定期向卫生与公众服务部部长汇报。第二，针对公共卫生局管理与负责的有关学术不端行为的决策与调查结果等进行研究，并向助理卫生部长（Assistant Secretary for Health）提出相关建议。第三，协助开发相关科研诚信政策，目的主要是保证举报者与被举报者都能受到公平对待，如对学术不端行为所涉及的内容范围、召开听证会、对关于何时进行追踪举报最合时宜以及如何保护举报者的安全等事项的明确说明。第四，对在这些活动进行过程中如何做好资金管理，提供全面的行政指导。第五，对政府机关的相关学术不端行为与诚信活动，如学术不端行为的质询与调查、负责人研究行为中的教育与训练、用以促进科研诚信与预防学术不端行为的活动以及研究与评估项目等的调查与监督。

调查监督部的职责主要是对公共卫生局支持的研究或研究训练的学术不端行为进行监督和举报。其职权主要包括以下几点：对申请者与获奖者所在机构管理的研究项目或内部研究项目，以及监察长办公室的调查进行评审与监督；向科研诚信办公室主任报送已经确定的学术不端行为的调查结果，并提议相关行政行为；在卫生与公众服务部上诉委员会（DAB）做出科研诚信裁决之前，在听证会上协助总顾问室（Office of the General Counsel，OGC）准备并陈述案件的相关情况；按照相关请求，向学术不端行为的举报者或被举报者提供卫生与公众服务部政策与程序等方面的有关信息；为管理监督与调查的实体机构制订相关建议与技术支持方面的计划，或者直接制订针对如何应对学术不端行为举报的计划方案。调查监督部除了负责监督学术不端行为的案件处理以外，其不仅对教育与诚信部的一些活动有所贡献，而且还负责管理以下活动：快速反应的技术援助方案或项目，会议与专题讨论会（Conferences and

Workshops），公共卫生局行政行为公告牌（Bulletin Board），依从项目或计划（Compliance Program），报复举报人的反应（Responds to Retaliation Complaints）。

教育与诚信部的职责主要包括：开展负责任研究行为（Responsible Conduct of Research）活动项目，提升研究机构应对学术不端行为举报案件的实际效力；承担科研诚信相关政策、程序和规章的传播使命；实施政策分析、评估和研究，以提高卫生与公众服务部科研诚信政策和措施的科学水平，并建立关于诚信研究、不端行为预防方面的信息库；开展合规项目（Compliance Program）并审核批准内部与外部研究机构的处理政策和程序。

卫生与公众服务部综合咨询办公室的研究监督法律组，是科研诚信办公室在卫生与公众服务部上诉委员会听证会的代表，它同时为监督教育部门活动提供相关法律咨询，起草相关的规章和法律文件。

除科研诚信办公室外，美国卫生与公众服务部下设四个部门来处理不同类型的研究滥用行为（Research Abuses）：科研风险预防办公室（Office for Protection from Research Risks）主要处理人类与动物研究中被试的误用（Misuse）行为；评估管理办公室（the Office of Management Assessment）处理财政管理不善问题；外部科研办公室（Office of Extramural Research）主要处理利益冲突问题；法规事务办公室（Office of Regulatory Affairs）在食品药品监督管理局权限之内，处理特别管理研究项目（Specifically Regulated Research）中出现的学术不端行为，这类研究侧重于测试和评估人类和动物药品、食物和添加剂以及人类生物制品和医用设备。前三个机构设于国立卫生研究院之下，第四个隶属于食品药品监督管理局。这四个机构与科研诚信办公室一样，仅处理申请或接受卫生与公众服务部及其相关机构资助的科研项目中存在的问题。其他联邦机构，诸如国家科学基金会、退伍军人事务部（the Veterans

Administration）、海军部（the Department of Navy）以及农业部在各自权限内都设有办公室来处理研究过程中的滥用行为。所谓滥用行为并未包括研究过程中的所有问题领域，其他问题领域，如署名权责任问题、合作协议问题、数据共享、重复发表、实验室管理以及质量控制等，基本上属于研究机构自身的责任。

（二）联邦政府管理部门

除科研诚信办公室和总监察长办公室外，实际上，很多联邦部门在白宫科技政策办公室发布统一联邦政策的指导下，就已形成了处理学术不端行为的措施。截至 2011 年，已经有很多部门，包括能源部、农业部、交通部、劳工部、国家航空航天局、国家科学基金会、国家人文基金会、环保署等，在内部成立了监察长办公室，并通过制定内部规章制度来实施应对学术不端行为的相关措施。

三、建立举报案件查处程序，规范运作机制

美国科研管理部门处理学术不端行为问题时，具有很强的法律意识，制定了法定调查程序，并严格按照程序处理学术不端行为案件，十分注重公开、公平和公正，注意保护学术不端行为的举报者和被举报者。以下以科研诚信办公室和国家科学基金会为例进行介绍。

（一）科研诚信办公室对举报案件的查处程序

科研诚信办公室作为美国处理学术不端行为的主要科研管理机构，制定了非常明确的对举报案件的处理程序。接收到学术不端行为指控，科研诚信办公室在开展相关调查前，先确认该案件满足三个前提条件：行为发生在由卫生与公众服务部资助的项目中或者与试图申请其资助的项目有关；符合卫生与公众服务部关于学术不端行为的定义；具有充分、真实的信息以开展调查。

学术不端行为举报是案件处理的开始，举报一般有两种情况：一是举报者直接向发生学术不端行为的研究机构中处理该类举报案件的相关部门举报；二是举报者跨过研究机构而直接向科研诚信办公室举报。无论上述哪种情况，最终对举报案件进行调查的机构首先是该举报所涉及的研究机构，因为根据卫生与公众服务部的规定，研究机构对学术不端行为举报负有首要责任。在对第一种举报的处理中，研究机构对可能存在的学术不端行为进行初步调查，如果并未发现存在学术不端行为则无须马上向科研诚信办公室提交调查结果报告，但是对于这一案件的处理过程以及最终的结果要在科研机构向科研诚信办公室提交的学术不端行为举报处理情况的年度报告中说明。在对第二种举报的处理中，科研诚信办公室直接将案件调查工作交由其所属机构开展，无论调查结果如何，研究机构都必须向科研诚信办公室提交调查结果报告，报告内容主要包括调查的过程、学术不端行为是否存在、学术不端行为者为何人、学术不端行为的影响力等方面。

在科研机构呈交报告之后，科研诚信办公室的主要工作是通过审查研究机构调查过程中所使用或者准备的所有档案资料（这些资料包括资金申请材料、发表物、电脑文档、研究数据、幻灯片、书信、备忘录、手稿以及访谈摘要等）来考察报告的时效性、客观性等，以此来判断报告结论是否合理，证据是否确凿充分，是否能够作为最后结论。科研诚信办公室认同调查报告的结论时，便会将此报告作为采取下一步措施的主要依据；报告结论未被接受时，科研诚信办公室通常会要求研究机构提供更多信息或开展进一步的分析，在少数情况下，科研诚信办公室还会自己重新调查。报告审查结束之后，科研诚信办公室通常会完成一份审查报告，以说明研究机构的调查过程、调查是否被授权以及学术不端行为是否被确认等问题。

当调查报告不能说明学术不端行为存在时，此举报案件便可结束，科研诚信办公室会将审查报告派送至研究机构，并要求其直接将调查和审查结果告知学术不端行为当事人及举报者；当学术不端行为被确认时，科研诚信办公室会向当事人寄送其最终的调查报告及一封关于将对当事人采取的行政制裁的通知书，同时提醒当事人，他有就科研诚信办公室的裁决请求卫生与公众服务部上诉委员会召开听证会的权利。在当事人放弃上诉权利后，科研诚信办公室紧接着便依靠与当事人当前所属科研机构的合作来实施针对当事人的制裁；如果当事人提请上诉，科研诚信办公室需要在卫生与公众服务部上诉委员会的听证会上作进一步说明，如果科研诚信办公室的调查结论被推翻，其制裁也将失效，并以上诉委员会的判定结果为最终裁决。

卫生与公众服务部针对当事人所采取的处置措施包括但不限于以下四个方面：取消其获得联邦资助和合同资金的资格；禁止其服务于卫生与公众服务部的咨询委员会和同行评议委员会，或作为上述组织的顾问；由当事人所在科研机构实施特别程序监督当事人并确认数据来源的可靠性；更正或者撤回已发表的相关文章。制裁措施的种类、数量及时长取决于学术不端行为的严重程度及产生的影响等，制裁的时长可以从一年到终身不等，通常为三年。

(二)国家科学基金会对举报案件的查处程序

为有效管理国家科学基金会的经费运行，美国专门成立了国家科学基金会总监察长办公室。该机构的人员主要包括律师、审计人员、科学家、犯罪调查专家及管理人员等。其职责主要是预防和发现有关欺诈、浪费以及滥用经费的情况，促进基金会项目的有效开展，保障其管理经费的高效运作，督促每一位相关科研工作者正确履行相关责任，并对科研过程中的学术不端行为进行调查。所有接受国家科学基金会资助的单位，都应该将潜在的学术不端行为及时汇报给总监察长办公室，相关个人也可以向总监察长办公室举报学术不端行为。总监察长办公室一旦接到举报，会立即向被举报者所在单位下发调查指令，并对被举报者所在单位采取利益保护措施。对于依托单位给出的调查结论，总监察长办公室可以根据情况决定是否采纳，与此同时，总监察长办公室需要向国家科学基金会副主任提出相关处理意见。最终，国家科学基金会副主任提出对此学术不端行为的处理决定，国家科学基金会的主任主要负责受理相关人员对处理决定提出的行政复议。

国家科学基金会将处罚分为三类，第一类最轻，第三类最重。第一类包括向个人或机构发谴责信，在特定时间内，如果想得到研究资助，必须获得国家科学基金会的事先特别批准等。第二类包括完全或部分推迟已有的资助，或对已有资助开展的活动或支出给予限制等。第三类包括终止已有的资助，在一定时期内禁止被举报者参与国家科学基金会的咨询活动等。惩罚类别的选用根据学术不端行为的严重程度，其严重程度的确定依据举报案件是孤立事件还是系列不端行为的一部分，以及对研究对象、其他研究人员、研究机构或者公共利益的损害程度等。

四、与时俱进，不断改善研究环境

(一)注重科研诚信建设

美国非常重视对学术不端行为的严肃处理，还十分重视对科研诚信的建设与推进。对此，时任美国总统奥巴马于 2009 年 3 月专门向各行政部门发布了以"科学诚信"为主题的备忘录，要求行政系统采取相关措施，力求在与科学技术相关的所有方面均体现出科研诚信的最高水平，以增强社会公众的科学信任感。在其倡导下，白宫科技政策办公室主任于 2010 年 12 月，向所有行政部门和联邦机构发布了以"科学诚信"为主题的备忘录，对有关机构关于如何保证科学诚信做出了具体要求，并规定联邦政府相关部门根据备忘录提交各自的科研诚信政策。到 2012 年

7月，美国联邦政府所有部门，包括农业部、教育部、能源部、卫生与公众服务部、内政部、司法部、商务部、交通部、国际开发署、环保署、国家航空航天局、国家海洋和大气管理局、国家科学基金会、退伍军人事务部、国防部、国土安全部、劳工部均制定了内部学术诚信政策条例。

在高校层面，美国高校对学生开展学术诚信方面的教育和培训。高等教育的内容不仅包括专业知识的培训，还渗透着学术诚信的教育。各高校对于如何界定学术诚信有着不同的观点，但有一点是极其一致的，那就是对学术诚信的重要性都表现出高度的认可。以美国学术诚信研究中心的界定为例，学术诚信是指即使在逆境中也应该做出的承诺，即遵守五种基本价值观：诚实、信任、公平、尊敬、负责任。很多高校制定了本校的学术诚信条例，对学生、教职员工以及管理人员等的职责都进行了规定，并附有详细的实施细则。①

（二）开展关于学术不端行为的实证研究

自从学术不端在美国成为一项公共事务以来，社会各界对于如何界定学术不端行为、该行为产生的根源及其将会产生的影响等问题可谓众说纷纭，而且经常通过大众媒体对此进行争论，但是这些争论的背后并没有相关定量调查或定性分析的科学依据。对此，美国针对相关学术不端行为展开了几次大规模的调查与研究，以此来明确学术不端行为的现状，并力图确定对学术不端行为的界定。

阿卡迪亚研究所在国家科学基金会的支持下，针对科学和工程研究生教育中的专业价值和伦理问题展开了一次大规模的问卷调查，并将研究结果公布在 1993 年 11 月/12 月期的《美国科学家》（*American Scientist*）杂志中。该研究产生了较大影响，其主要对化学、土木工程学、微生物学和社会学等学科的 2000 名博士生和 2000 位教师进行了问卷调查。结果显示，问题的严重性远远超过研究界许多专业人士的预想。分

---

① 常建勇：《美国大学生诚信管理体系运行机制及对我国的启示》，载《中国青年研究》，2008(3)。

别有 6% 的学生和 9% 的教师表示，他们身边就存在教师剽窃或篡改研究数据的问题，有 30% 左右的教师表示他们发现过学生存在抄袭现象。更为严重的是，分别有 53% 和 26% 的学生和教师认为，如果他们发现某教师存在学术不端行为并对其进行举报，自己将会受到相应报复。除此之外，该研究还有几组对比数据较为有效地反映出学术不端行为产生的一个原因：有 43% 的正教授认为，他们举报同事的学术不端行为可能不会被报复，但是只有 18% 的助理教授有这样的自信心。几乎所有（99%）的教师认为，教师应该在一定程度上对研究生的行为负集体责任，但是只有 27% 的教师指出其所在单位的教师真正对学生的专业伦理行为负起了责任，这种应然和实然的态度存在较大距离；94% 的教师认为他们对同事的伦理行为在某种程度上具有一定的责任，但只有 13% 的教师认为其所在单位的教师对其他同事的伦理行为有较大的责任心。上述调查数据表明，传统观念中所认为的教师能够对自己的伦理行为进行有效自我管理是存在一定争议的。调查还发现，学术不端行为的出现还存在一定的学科差异。各学科除了所覆盖的知识和技术有所不同外，还分别蕴含着不同的文化，即每个学科都有自己独特的信念、标准、价值、工作范式以及人际关系，这些会对学科内部人员的行为产生一定影响。系是学科的实体单位，各高校中不同院系的环境也会影响该系成员的行为方式和处事态度。如果一个系中的相关成员都将自身利益放在第一位，在学术研究过程中为了获得利益，恶性竞争、学术不端行为就会自然而然地产生。由此看来，优化高校各院系的环境与结构，也是预防和应对学术不端行为的一项重要举措。这一点在很大程度上对各院系的直接领导人增加了较大压力。[1]

美国盖洛普组织（Gallup Organization）受科研诚信办公室的委托，专门对生物医学研究领域学术不端行为的状况进行了调查研究，并于

---

[1]　王英杰：《改进学术环境，扼制研究不端行为：以美国为例》，载《比较教育研究》，2010(1)。

2006 年 12 月 31 日初步形成调查报告，经过反复修改最终于 2008 年 4 月将报告提交给科研诚信办公室。盖洛普组织从 2003—2005 年所有接受国立卫生研究院研究项目资助的负责人中随机抽取 4298 人作为调查样本。他们分别来自全美 605 所高校、科研院所、医院和其他研究机构的 4298 个不同部门。盖洛普组织于 2005 年将调查问卷分别邮寄给每个调查样本，经过一段时间的回收，共有 2226 名研究者回复了调查问卷，回收率为 52%。根据对所有回收问卷的统计，有 192 名被调查者表示曾经观察到学术不端行为，这些学术不端行为共计 265 起。专家将这些学术不端行为与联邦政府对学术不端行为的界定进行对比，认定其中有 64 起不符合界定要求，由此最终确定了 164 份问卷中提及的 201 起为学术不端行为，占所有返回问卷的 7.4%。国立卫生研究院在 2003 年至 2005 年 3 年内共资助 15.5 万名研究者进行相关项目的研究，按上述比例进行估算，这些研究者每年会观察到 4665 起学术不端行为。即使保守一点计算，以随机取得的 4298 名研究者样本为计算单位，每年也会有 2416 起学术不端行为。该研究还显示，年轻的研究者与任职较短的研究者发现学术不端行为的比例更高，而研究者在学位、职称以及从事研究的类型等方面，与能否发现学术不端行为不存在相关关系。与此同时，研究者所在的单位特征，如是否为相关学位授予单位、所具备的最高学位授予权、属于公立还是私立单位、是不是医学院以及所在单位的规模等，与其能否发现学术不端行为也不存在直接关系。研究者普遍认为，更加严格地对相关研究工作进行监管，以及充分发挥研究项目负责人对相关项目所承担的责任，是发现和预防学术不端行为发生的有效办法。其中，研究项目负责人应该在数据评审、研究结果复查、审核以及质量监控等方面采取措施。研究者纷纷表示，希望通过公开交流来发现和制止学术不端行为。除此之外，研究者还认为应该充分保护举报者的匿名权利，同时还应该建立相应的培训和举报制度。

第二节　英国应对学术不端行为的措施

学术不端是各国教育界高度重视的一个问题，各国为应对学术不端行为纷纷设立管理机构、颁布治理文本、大力宣传道德教育，以期降低学术不端行为的发生概率，维护国家声誉。英国在非政府科研诚信管理模式下同样积极成立管理机构，出台相关治理文本，加大科研治理力度，以此来防治学术不端行为。虽然英国高校中教师发生学术不端行为的案例相对来说较少，但以高校学生为主体的一批学术不端行为正以迅猛之势发展，或是由于就业压力所致，或是由于留学生文化休克所致，毕业论文中的作弊和抄袭现象频出。基于此，英国除了在宏观上采取管理措施外，还在微观上构建了防范体系。这些学术治理措施以高校、教师、学生为主体，在约束他们行为的同时治理学术不端行为。

一、针对高校的防范措施

作为英国教育系统中不可缺少的一环，高等教育扮演着为国家输送高素质人才的角色，而人才学术水平、道德素养直接关系着国家文化软实力的竞争性。因此为保障高校培养出高水平、高素养的知识人才，一定的准则和规范是必不可少的。其中，对于学术道德和良好科研行为的规范更是重中之重，它是提高学术水平的重要保障，将使各主体在学术工作中有法可依、有据可循，进而产出高质量的科研成果。

英国高校层面的防范举措有两种。一种是遵守上级颁布的政策指南，包括校外签署的契约文件，获得基金的资助方、文章发表的期刊部门的有关文本规定。高校在开展科研工作或将成果公布的同时，必须兼顾各方要求，符合他们现阶段的文本规定。以剑桥大学为例，作为英国研究理事会《关于科研不端行为指控调查的政策和程序》(*Policy and Procedure for Investigating Allegations of Scientific Misconduct*)的签约方，它在实施科研工作时要遵守其对工作内容的规定，如在数据方面，既要确保数据的公开和准确性，还要做好数据记录，以便随后进行数据监督。在有动物和人参与的项目中，必须兼顾参与者的利益、尊严以及信息的保密性。作为大学联合会《维护科研诚信协约》的同意者，除了定期向其学术委员会汇报学术工作外，还要公布高校自身的学术诚信工作，包括近一年所改进的措施以及制裁的案例数量等。受资助的学院或学科，也要遵守资助方的规范文本。以维康信托基金会为例，高校若想获得它的资助，必须遵守维康信托基金会关于良好科研行为指南以及如何处理科研不端行为指控的声明，包括在界定科研不端行为、资助的机构责任和调查原则、维康信托基金会对程序以及惩罚方面的规定。对于期刊部门来说，研究者所写文章除了要满足内容上准确、客观的要求外，还要符合英国出版伦理委员会(Committee on Publication Ethics, COPE)的要求，接受出版方的审查，进而公开学术成果。

　　另一种是学校根据有关规定自己制定的本校规则。高校作为英国科研活动的基础单位，在开展科研活动的过程中，有的直接采纳英国研究理事会颁布的文本规则，有的是在遵循其规则宗旨的基础上制定符合本校情况的学术规范指南和调查程序，进而约束科研人员的行为，开展合规的活动。例如，帝国理工学院的《研究不端行为指控的调查》(*The Investigation of Allegations of Research Misconduct*)、《帝国理工学院伦理准则》(*An Ethics Code for Imperial College London*)，华威大学的《研究实践准则》(*Research Code of Practice*)，牛津大学的《研究中的学术诚信：实践准则和程序》，剑桥大学的《良好行为实践准则》(*University of Cambridge Good Research Practice Guidelines*)，是高校中对学术不端行为具有总指导意义的指南,界定了学术不端行为,给出了学术不端行为调查程序,同时文末辅以相关理事会的政策文本。

其实,学校除了自己制定总指导文本外,还配备了一定的保障性文本,共同规范科研活动中的各个环节。在健康安全、利益冲突、研究者和被试参与等方面均有规范性文本。以健康安全为例,曼彻斯特大学建立了健康、安全与环境委员会(Committee on Health, Safety and Environment),指明"员工、学生、国家健康服务基金会应承担报告潜在健康危害、报告已受到的不良待遇、熟悉风险评估、援助不熟悉流程人、参加有关培训等责任,同时将不遵守该准则视为严重事情,将受到大学法令的惩戒"。牛津大学建立了健康与安全管理附属委员会(Health and Safety Management Committee)、咨询委员会,成立了四个检测小组,还任命了一些负责人,如大学安全领导办公室主任和大学职业意识与大学专业健康服务部门主任等,明晰了员工和学生在熟悉政策、警告危险、报告不安全因素、逃离路径方面的认知,以此来管理牛津大学的健康与安全问题。他们试图通过这些保障性措施来规范科研工作者的行为。

无论是高校外部的指南还是高校内部的文本,都明确规定了学术活动的过程,点明了科研工作者须遵循的工作准则,涵盖了良好行为引导的特色。它们还配有一定的惩戒措施,一旦出现学术不端行为,各级负责人会立即启动调查程序,客观公正地审查科研活动每一个环节。如若指控成立,则采取一定的制裁措施,维护学术界的声誉。

二、针对教师的防范措施

教师作为英国学术研究的主要推动者,其学术不端行为相对来说较少发生。这不仅和高校内部的管理制度有关,还和严格的惩戒措施有关。

从高校内部的制度管理来看，第一，各高校基本拥有较为严格的财务管理制度。首先，实施严格的财务开支申报记录程序，举办学术活动和其他活动的相关经费开支必须按学校财务规定履行相关的程序。任何相关经费开支，都要经过提前申报，在使用过程中要完全公开，并且对每一项开支都要做好文字记录和票据留存，以便后续审核。其次，启用尽职调查程序，英国高校为有效降低学术不端行为带来的风险和危害，对任何重大项目或者学术合作活动，都会进行尽职调查。最后，对相关业务实施标准化操作程序。如索尔福德大学建立了相应的采购流程、招/投标流程以及代理机构管理流程，目的是通过这种标准化的操作程序来规范和减少利益相关方出现学术不端行为。

第二，具有严格的科研经费管理制度。首先，通过竞争机制来规范科研经费拨款。英国高校相关项目的科研资金并不是由政府直接拨款的，而主要由高等教育基金会来进行管理和分配。其次，英国各高校对科研经费的管理均具有非常严格的要求。例如：在剑桥大学，某一项目的资金到位以后，相关研究人员须针对自己的研究制定一份合理的预算方案，学校财务和预算部门会结合相关合同协议，对研究人员的资金使用情况进行严格监督。

第三，实施高等教育问责制度，以期通过问责制度增加大学透明度，同时高效地利用资源，提升大学的教育质量。具体措施主要包括：通过成本核算明确规定高校资金使用要求；通过教学和科研质量评估让大学的管理变得更加规范；通过大学绩效管理使公众和利益相关者获得相关信息。

从惩戒措施来看，高校和科研项目资助者都有明确的制裁措施，涵盖了给过错者去信申斥、要求撤销或纠正已发表的相关文章、撤换有关项目的研究人员、对过错者以后的工作进行特别监督、特定期限内不准过错者继续申请资助、要求过错者返还资助款及利息、拒绝接受过错方提交的论文、公开学术不端行为细节等。也就是说，在英国，一旦教师的学术不端行为被揭露，肇事者不仅声誉大损，其科研经费来源也会成为问题，甚至无处"化缘"。这对其学术活动无异于断粮，也无形中警示着科研工作者。[①]

三、针对学生的防范措施

学生作为高等学校中除教师以外的另一个主体，其学术不端行为也频繁发生，主要体现在学位论文写作过程中。为了有效预防学生在论文写作过程中出现抄袭和剽窃行为，全面培养学生的学术道德和诚信，英国针对学生的学术不端行为同样采取了一系列的治理措施。主要包括书面告知、诚信声明、学术规范训练、导师严格把关、电子协助探查、违规惩处等。寓教育于制裁中，以期更好地规范学生学术活动，培育他们的学术道德，进而规范学生群体的学术行为。

就书面告知而言，无论是对本科生还是研究生，各高校都会对其在校期间学习、生活等方面的注意事项制定一份《学生手册》（*Student Handbook*），并且在学生入学伊始，就将《学生手册》发放到每一位新生的手中，做到人手一份。在《学生手册》中，专门有一部分向学生介绍学校的学术诚信规定与要求。而且，针对不同学习层次的学生，《学生手册》中有关学术诚信的规定与要求也会有所区别。例如：对于尚未接触过科学研究的本科生和一年制教学型研究生新生，各高校在《学生手册》中会更多地做出关于知识普及性的介绍，包括概念界定、已发生学术不端行为的数量、危害性以及开学后所开设的相关课程等。而对于已具备一定研究经验的研究型硕士研究生和博士研究生来说，英国高校一般会

---

① 杨琴琴：《高校教师学风建设研究》，硕士学位论文，兰州大学，2013。

在《学生手册》中提醒学生注意学术规范，不要抄袭和剽窃。[①]

就诚信声明而言，学生在提交相关课程论文、研究报告以及学位论文时，都要签署一份"保证没有抄袭和剽窃"的诚信声明。此声明一方面是让学生对自己的研究成果做出承诺；另一方面也是再次提醒学生不要出现学术不端行为。虽然各高校关于该声明的内容不尽相同，但是其核心观点都是要求学生保证自己所提交的作品完全为自己的研究成果，不存在学术不端行为。

就学术规范训练而言，学生作为科学研究的初次接触者，对相关学术规范难免不了解。对此，各高校为了防止学生因为对相关学术规范不知情而误入学术不端行列，通常会专门为学生设计各种形式的学术规范培训，对如何规范地开展学术研究进行指导。其中包括开设学术诚信教育课程，如莱斯特大学设计了一门对学生个体进行学术诚信教育的网络辅导课程，伦敦政治经济学院也创建了一门网络课程对学生的写作技能给予指导。此外，还包括开发网络资源，如伦敦城市大学建立相关网站，为师生提供与学术研究相关的信息资源。有的学校还利用小组或研讨会方式开展学术诚信教育。格拉斯哥大学为了培养学生在学术研究中的写作能力，合理有效地使用文本资源，避免学术不端行为，采用了学生小组活动的方式开展学术诚信教育。

就导师严格把关而言，导师作为学生学业提升与发展的主要指导者，其任务不仅包括向学生传授专业知识，指导学生选择科研课题等，还应该对学生完成的作品进行把关。如果在学生学术论文写作过程中，发现其存在潜在的抄袭或剽窃意向，应该及时采取相关措施，将学术不端行为扼杀在摇篮中。以诺丁汉大学为例，导师一年至少要与学生见面10次，而且每次见面之前，导师都会事先对学生近期的论文初稿进行

---

① 张幸临：《防范高校学生论文抄袭剽窃：英国高校的经验及启示》，载《学位与研究生教育》，2012（9）。

审阅，并将审阅意见以书面形式通过电子邮件发给学生。一旦发现学生论文中存在抄袭、剽窃或者写作不规范的地方，导师通常会马上指出并指导学生进行修改。除此之外，导师对学生的影响还表现在自身的学术行为方面，虽然这对于学生来讲是一种无形的影响，但却往往比严格规范学生产生更明显的效果。

就电子协助探查而言，随着科学技术的不断发展，电子检测工具已经成为鉴别和监督学术抄袭与剽窃的一种重要手段。而且经过不断改进，其检测结果也越来越具有参考性。对此，英国大部分高校已经将此作为实施学术诚信教育的一项重要措施。例如：英国多所高校采用Turnitin 软件来对学生的课程作业、学位论文等进行重复率的检测，以此来判断学生是否存在抄袭与剽窃行为。当然，这种电子检测系统还存在一些漏洞，如检测结果会因论文的检测时间、文章格式以及参考文献的格式不同而有所差异。但总体而言，它已经在很大程度上对学生的学术不端行为产生了良好的预防和治理作用。①

就违规惩处而言，从学生的发展来看，一定的处罚可能会对学生求职及未来的职业生涯产生不良影响，但各高校在对学生事先说明情况的严重性后，仍会对有抄袭、剽窃行为的学生施以不同处罚。这些处罚措施包括将学术不端行为记录在学生档案中、不授予学位、开除学生等，学校通过这样的做法来告诫学生在日常学习中应遵守学术规范。

整体来看，英国无论是针对高校和教师主体，还是针对学生主体，都有一定的治理措施。或是建立校内准则，或是遵守英国研究理事会的准则，在此基础上提出对教师和学生科研行为的规范，从多方面约束他们的行为，培养良好的科研行为意识，在正面引导的前提下遏制学术不端行为的发生。

---

① 李莎、王艳：《英国高校学术诚信教育的实施路径及启示》，载《世界教育信息》，2015(6)。

第三节　日本应对学术不端行为的措施

自 20 世纪 70 年代以来，全球各国出现了大量的学术不端行为。对此，欧美国家采取了一系列的防治措施，如成立专门管理机构、制定各种规范性政策与制度来遏制学术不端行为。对这些治理措施分析发现，其主要可以分为政府主导和非政府主导两种类型。在政府主导的治理过程中，政府具有绝对的权威地位，成立相关机构，颁布强制性措施。非政府主导是在治理过程中主要以高校和第三方机构为治理主体，政府并不直接干预治理过程，而是提供可供参考的治理指南或意见，相关治理由高校和第三方机构承担。从日本学术不端行为治理现状来看，其属于后者。尽管日本文部科学省和综合科学技术会议出台了各自的管理准则，但它们仅仅起到参考和指导的作用，在具体的学术不端案例中还要依靠各大学、学术团体、科研机构的指导意见和调查流程，自下而上地治理学术不端行为。

日本对学术不端行为的界定，主要参照了美国科研诚信办公室的文件。两国之间具有较高的相似性，同时也具有一定的差异性。可以说，美国对学术不端行为的监督贯穿整个学术活动过程，而日本更为侧重对学术活动结果的监察。因此，日本对学术不端行为的治理措施，也更注重基于行为结果的调查与处理。文部科学省主要负责统筹日本国内教育、科学技术、学术、文化体育以及学术不端行为的治理等事务。2014 年 8 月，日本文部科学省对关于如何处理学术不端行为的指导文件进行了修订。修订版较日本之前颁布的文件更具行政约束力，进一步细化了流程，并在其中明确了高校进行学术不端行为治理的主体权责。它主要包括对学术不端行为的举报、调查、申诉、结果公布等调查程序(表 6-1)。

表 6-1　日本文部科学省应对学术不端行为的调查程序要点

主要程序	主要关注点
举报	①科研机构的经费分配部门设置举报受理窗口； ②举报过程遵循科学合理性、保密性、利益回避性三原则
调查	①调查主要负责机构为被举报人所在的科研机构，相关机构协助调查； ②对举报事件的调查分为预备调查和正式调查两个阶段； ③调查委员会半数以上须由外部有识之士组成，且与举报与被举报双方无任何关系； ④调查过程中举报与被举报双方均有辩解和辩明的机会
申诉	①被举报人在规定期限内可以向调查机构提起不服申诉； ②被认定为恶意告发的举报人也可以提起不服申诉
结果公布	①调查机构会对被认定的学术不端事实迅速公布调查结果； ②认定为没有学术不端事实的不予公开； ③认定为恶意举报的也予以公开

　　基于上述调查程序，日本对认定为确有学术不端行为事实者的相关处罚主要源于四方机构。第一方机构是被举报者所在的科研机构，即第一责任机构。根据学术不端行为的情节对相关人员的处罚措施主要包括：惩戒解雇、勒令解雇、降职、停职、减薪、训诫、训告、严重警告、口头警告九个级别。第二方机构是为被举报者提供科研费用的机构，包括国家机构以及产业机构等。该类机构对出现学术不端行为人员的处罚措施主要是停止或追缴相关科研费用，同时还会根据学术不端行为情节的严重程度，在未来一定年限内拒绝其继续申请该机构的相关学术项目。第三方机构是发表了被举报者包含学术不端行为论文的期刊社。该类机构对发表的包含学术不端行为的论文的处理方式主要包括撤回论文与订正论文。第四方机构是被举报者所在的学会。该类机构的处罚措施相对简单和容易，即要求出现学术不端行为的会员退会或取消其会员资格。①

---

① 马俊：《日本科研不端治理及启示》，硕士学位论文，大连理工大学，2017。

基于上述对日本应对学术不端行为的调查与处理措施的分析，可以看出，从 21 世纪开始，经过积极地探索与实践，日本已经形成了一套从政府到学术机构与团体，再到科研工作者的相对完善的学术治理体系。

第四节　丹麦应对学术不端行为的措施

在科研诚信方面，丹麦堪称斯堪的纳维亚国家的典范。在丹麦，国家层面设立的独立机构——丹麦科研不端委员会，主要负责调查丹麦科研人员以及由丹麦公共机构资助的科研项目在研究过程中出现的学术不端行为。一般情况下，丹麦科研不端委员会只要认为某一案件对社会利益、对人类或动物健康有重要意义，并且在学术不端方面存在充分证据，就可以主动开展调查。另外，它的一切行动都有法可依。依据法律，丹麦科学技术与创新部为丹麦科研不端委员会制定了具有法律效力的政府条例，丹麦的所有学术不端案件都将依据该政府条例进行处理。丹麦科研不端委员会在政府条例的基础上提出了具体执行准则，并认真据此执行。丹麦国家层面认为，各学科出现的学术不端行为都应该由一个专门的独立机构来完成对其调查与处理的程序，如此能够避免相关研究机构在自我管理过程中出现问题，这对于从整体上保障丹麦的学术诚信具有重要意义。对此，可以将丹麦治理学术不端行为的具体措施总结如下。

一、成立丹麦科研不端委员会

1992 年，丹麦医学研究理事会专门建立了负责调查、处理相关学术不端行为的丹麦科研不端委员会，这是丹麦处理学术不端行为的最高国家机构。最初，只负责对卫生领域的相关学术不端行为进行调查与管理，随后，它被纳入丹麦研究部，并下设三个子委员会，合称丹麦科研不端委员会，调查领域也从此扩展到所有学科。

自 1999 年 1 月 1 日起，丹麦科研不端委员会依据丹麦科学技术与创新部 1998 年 12 月 15 日发布的 933 号政府条例进行案件的调查处理，并正式获得了科学技术与创新大臣的批准。2005 年 6 月，668 号政府条例发布，每个子委员会的成员由原来的四名更改为六名。

二、制定惩处学术不端行为的法规

丹麦的法律体系非常健全，丹麦科研不端委员会的一切行动都有法律依据。从最高法律《研究咨询系统法》到丹麦科学技术与创新部制定的具有法律效力的政府条例，再到丹麦科研不端委员会内部制定的《丹麦科研不端委员会执行准则》等，都为丹麦科研不端委员会调查、处理相关的学术不端案件提供了有效的法律保障。

三、丹麦科学技术与创新部发布调查报告

为借鉴不同国家科研诚信体系建设方面的经验，2012 年秋季，丹麦科学技术与创新部开展了关于各国学术不端行为调查、处理机制问题的问卷调查。该调查共向 21 个国家从事学术不端行为调查处理工作的人员寄送了问卷，给予回复的被调查者来自 15 个国家，包括澳大利亚、美国、加拿大、奥地利、比利时、克罗地亚、爱尔兰、丹麦、荷兰、英国、挪威、卢森堡、波兰、瑞士、瑞典。2013 年 1 月，丹麦科学技术与创新部发布了题为"处理科研不端行为案件的国家体系"的调查报告，归纳总结了各国学术不端行为调查处理工作的主要制度与机制。

根据被调查国家的反馈，54%的国家有某种形式的举报人保护制度，其中一些国家有专门或相关的政策法规。学术不端行为调查、处理机制建设的成功经验主要有两个方面：一是赋予大学和科研机构调查、处理学术不端行为举报的主要责任，使其在调查、处理工作中发挥知识方面的专长，促进科学界从内部保证科研诚信与科研工作质量；二是建立负责调查、处理学术不端行为的独立的常设机构，以便及时处理案件，保证调查过程的公正性。调查报告反映出来的一些成功做法以及面临的问题和挑战，都为丹麦下一步开展科研管理提供了很好的方法和借鉴。

第五节　德国和澳大利亚应对学术不端行为的措施

德国与澳大利亚作为应对学术不端行为的典型国家，在学术不端行为治理方面存在很多共同之处。总体而言，两国基本是在明确学术不端行为产生原因的基础上，由相关管理机构或组织制定相关政策与法规，并在此基础上形成较为严格的调查与处理程序，以及相应的惩处措施。当然，在对学术不端行为进行严格治理的同时，德国、澳大利亚与其他一些国家一样，也非常重视对年轻一代学术研究人员进行诚信道德培训与指导，从根源上遏制学术不端行为的产生。这也是学术不端行为治理的初衷与最终目标。

一、德国应对学术不端行为的措施

(一)主要资助机构提出治理建议并制定相关指导规范

德国研究联合会作为其主要的科研资助机构，面对20世纪90年代德国多次出现严重学术不端行为事件的情况，尤其是赫尔曼和布拉赫论文造假事件，其逐渐意识到必须探明学术不端行为产生的原因，尽快制定出有效预防学术不端、确保良好科研实践的学术规范。为此，德国研究联合会成立了由 12 名国外知名专家组成的科学职业自律国际委员会，探究学术不端行为产生的原因，制定防治措施并为解决学术不端行为提出建议。科学职业自律国际委员会于 1998 年 1 月发表了《关于保障良好学术规范的建议》，提出了关于制定良好学术规范和具体的行为标准等 16 条建议，内容涵盖良好科学规范原则、研究成果的记录与保存、工作团队的合作和领导职责、对年轻研究人员和学者的培训指导等。它被认为是具有全国性质的指导性规范，对全国高校和研究机构构成约束。

(二)制定严格的调查处理程序和惩罚措施

德国对学术不端行为的调查和处理过程分为预审和正式调查两个阶段(图 6-1)。预审阶段，负责调查的人员(监察员)根据举报人提供的信息，在维护机密、保护举报人等相关人员的基础上开始审查。主要是问询和评估举报人和举报材料，不公开举报人信息，并给予涉案人员两周时间陈述自己的意见。根据双方提供的证据和信息，做出是否转入正式调查程序的决定。正式调查阶段是对案件涉事人员进行正规调查与处理的阶段。在这一阶段，根据案件需要，可以公开举报人，负责调查的委员会根据调查的结果做出判断，并以报告形式提交给高校或研究机构。然后高校和研究机构依据相关法律法规给予相应处理，对确实构成不端行为的人员给予相关惩罚和制裁，最后归档。德国《关于提倡良好科学实践和处理涉嫌科研不端案件的指南》中，依据《劳动法》《民法》《刑法》《学术规范》等法规提出相关制裁措施。按照《劳动法》，可以警告、解聘、解除合同或撤销学术不端行为人职务；按照《学术规范》，可以免去学术地位、教师资格或收回发表的学术成果；按照《民法》，涉案人员必须交出盗取的科学资料，放弃著作权，交回奖学金并对给其他人员造成的伤害进行补偿；按照《刑法》，对学术不端行为造成的破坏事实、财产损失，侵犯著作权，伤害他人生活、生命与身体等行为给予刑事处罚等。

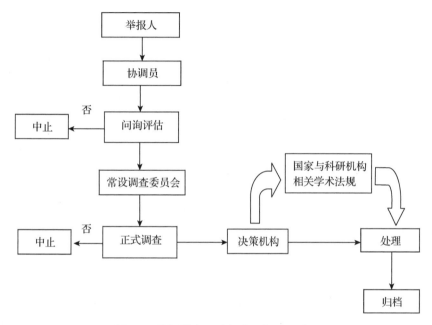

图 6-1　德国学术不端行为一般处理流程

(三)加强对年轻研究人员的培训和指导

德国研究联合会特别重视德国各类研究机构尤其是高校对学生或研究人员进行的有关科研规范方面的教育工作，并将是否根据该联合会制定的《研究行为规范》的要求开展教育指导作为是否给予资助的条件。在对年轻科研人员的指导和教育方面，德国研究联合会要求各类研究机构做到：要特别关注年轻研究人员的教育和发展，团队领导肩负起对每名年轻成员，尤其是研究生和优秀本科生、博士后的管理培养；在团队内形成良好的沟通协作和优质管理；除了 1 名主要导师对研究生给予指导外，另配 2 名资深科学家协助管理，并为其提供建议和帮助等。从中可以看出，无论是资助机构的严格要求还是各个研究团体的具体规定，都显现出德国非常重视对年轻、优秀后备科研人员的教育和培养。

二、澳大利亚应对学术不端行为的措施

在对学术不端行为治理的过程中，澳大利亚与德国在治理措施方面存在很多相同点，主要是基于相关管理机构的建立，颁布重要的政策法规，形成一定的制度体系，并在此基础上制定相应的调查、处理程序。但同时，澳大利亚与德国也存在一个明显的区别，即澳大利亚不同于德国以基层学术机构为主来治理学术不端行为，其主要是基于国家层面对学术不端行为进行统一治理。

(一)政府颁布重要法规完善制度体系建设

澳大利亚为规范学术行为，加强学术治理，不断完善制度建设，积极探索科学有效的治理路径。1992年，澳大利亚颁布了《国立健康与医学研究理事会法案》，规定澳大利亚国立健康与医学研究理事会负责制定并提出有关研究行为规范的建议。2003年，澳大利亚国立健康与医学研究理事会专门任命了一个工作组，负责对1997年颁布的《NHMRC与AVCC关于科学实践的联合声明与指导原则》进行评议。工作组在开展了两轮大范围社会咨询的基础上，形成了《澳大利亚负责任研究行为准则》，并于2007年由澳大利亚国立健康与医学研究理事会、澳大利亚研究理事会和澳大利亚大学校长委员会联合签署发布。它是澳大利亚联邦政府颁布的最重要的科研诚信规范，所有接受联邦教育及科研资助的机构均须遵守并严格执行。

(二)设立统一的科研诚信程序监督机构

由于澳大利亚与德国一样，都非常强调科技界的自主管理，所以缺少全国统一性质的学术行政机构，但为了更有效地保障科研诚信，加强

对学术不端行为的治理，澳大利亚政府也在尝试建立相关学术机构，不断完善学术诚信制度建设。2009 年，澳大利亚国立健康与医学研究理事会、澳大利亚研究理事会和创新、工业与科研部以及澳大利亚大学联盟、国家第三教育联盟共同提出了关于成立澳大利亚科研诚信委员会的建议草案。2010 年 4 月，创新、工业与科研部部长宣布由澳大利亚研究理事会和澳大利亚国立健康与医学研究理事会共同管理的澳大利亚科研诚信委员会成立。2011 年 1 月，澳大利亚研究理事会和澳大利亚国立健康与医学研究理事会的首席执行官宣布了新的委员会主席和成员名单，2 月，联邦政府公布了作为澳大利亚科研诚信委员会组织和行动依据的《澳大利亚科研诚信委员会章程》，至此，澳大利亚科研诚信委员会正式投入工作。澳大利亚科研诚信委员会隶属于澳大利亚政府，其宗旨是向澳大利亚研究工作提供诚信质量保证和公共信任，负责审查大学和研究机构对学术不端行为举报的处理，并进行程序性监督。

（三）制定层次明晰的调查与处理程序

澳大利亚对学术不端行为的处理程序大致包括六个环节。[①] ①部门层次的自行处理。当发现学术不端行为时，所在单位或部门先行处理并及时制裁是最有效、最为可取的方式，可以节省各方面资源，达到快速治理的效果。②举报和受理。举报人对难以在部门层次得到合理解决的案件，以书面或口头形式向上级单位专员投诉或举报，专员对此进行评估。③专员建议。该阶段专员必须向单位负责人提交一份关于被举报案件是否证据确凿的建议，为进一步调查提供凭据。④正式调查。如单位负责人认为有必要展开正式调查，则立即启动单位内部或外部调查程序。⑤调查结果报告。调查结束时，调查人员向上级部门负责人提交调查事实结果。⑥惩罚制裁。对确实存在学术不端行为的涉案人员进行相

---

① 唐伟华、王国骞：《澳大利亚研究理事会的科研不端行为处理制度：以〈澳大利亚负责任研究行为准则〉为核心的探讨》，载《山东科技大学学报（社会科学版）》，2011，13（4）。

关制裁。

(四)重视对青年研究人员的教育和培训

澳大利亚也非常重视对研究人员的教育工作，如 1997 年颁布的《NHMRC 与 AVCC 关于科学实践的联合声明与指导原则》中要求，研究所的有关规定应保证培训生和导师之比保持在一定的范围内，以便在整个科研过程中，能保证开展有效的专业指导和对研究过程进行监督，并把政府和研究所的有关规章制度的书面材料，统一发给每一个培训生等。另外，作为全国通用规范的《澳大利亚负责任研究行为准则》明确要求：所有科研受训者必须接受有关科研道德或《澳大利亚负责任研究行为准则》和相关机构要求的科研规范方面的培训。此项培训要在其职业生涯期间尽早开始，尽早完成。《澳大利亚负责任研究行为准则》还规定，"机构必须确保每个科研受训者，无论是本机构成员还是来自其他地方，均配有一位有资质、受过培训的指导者，所有科研受训者与指导者的比例必须足够小，以便进行有效的智力互动"，同时要求，"机构必须保持负责任科研行为相关重要文件的可便捷获取状态，包括本《准则》、机构关于科研行为的指导原则等"。总之，澳大利亚非常强调科研行为规范教育的重要性，强调负责任的研究行为，切实加强预防教育工作，规范科研实践。

第三编

西方国家学术治理的实践研究

美国和丹麦在政府主导学术不端行为治理的国家中，可谓典范。美国作为世界科技和高等教育发达国家，是最早提出学术诚信建设，也是最早开始研究学术诚信问题的国家。而丹麦作为继美国之后在国家层面设立学术不端行为监管机构的国家，经过多年探索和发展，在学术不端行为治理和学术诚信建设方面已颇具特色。其治理模式，成为北欧许多国家竞相效仿的模板。英国作为欧洲学术研究的重镇，一直以学术严谨著称，但也同样没有逃脱学术不端行为的侵袭。在其学术治理过程中，政府并没有实际的权力，而是将权力下放给第三方机构和高校，让它们处理科研活动中的学术不端行为。这一治理模式同样在德国与澳大利亚表现得较为明显，两国主要由学术机构或基金会来管理学术不端行为。这种以基层科研机构为主导的学术治理模式，使其在应对学术不端问题方面更具灵活性和针对性，能够更大限度地确保学术和研究自由，使基层科研机构拥有更大的政策调整权力和空间，可以使其制定出更加符合自身专业特点的规范或措施。一直宣称以科学技术创造立国的日本，也非常重视对科学工作者的道德诚信教育，并在此基础上形成了一套由政府宏观引导，以科研机构、学术团体和大学为主体的治理体系。

可以说，作为学术治理的典型国家，上述国家均形成了各自应对学术不端行为的治理模式。而在论述上述各个国家学术不端行为治理模式基础上，本部分将对各国在治理学术不端行为过程中发生的典型案例进行分析，以便能更好地了解各个国家关于学术不端案件的处理程序及采取的具体举措，以及这些国家对此类案件处理方式的异同，体会各国学术不端行为治理的特色。

第七章　美国学术治理的实践研究

美国是较早开始研究学术诚信问题的国家，可谓政府主导学术不端行为治理国家的典范。

第一节　伯尔曼案例

之所以选择该案例进行阐述，是因为该案例从举报到处理再到最后的裁决，整个过程能够很好地体现美国在应对学术不端行为方面已建立了较为规范的治理体系，不仅有相互独立而又彼此联动的监管主体，而且形成了层次分明且严谨的查处程序，从而保证了处罚的公正性和规范性。对该案例的详细查处过程和处罚结果进行系统梳理和分析，有助于我们深入明晰美国学术不端事件治理主体的责任分工以及查处程序，而且司法程序的介入也利于我们借鉴美国法律手段在处理学术不端事件中所起的作用。

一、伯尔曼案例的起因

案例发生前，埃里克·伯尔曼（Eric Poehman）是国际公认的肥胖症和老化领域的研究专家，因在老化特别是更年期对身体代谢影响方面的研究，而被认为是人类肥胖症和老化领域的权威人物。1987年，伯尔曼进入美国佛蒙特大学医学院工作，曾担任助理教授和副教授，

1993—1996 年在巴尔的摩的马里兰大学工作，后又返回佛蒙特大学任教，并成为该大学的全职教授。20 多年的研究生涯中，他总共发表了200 多篇论文，是国际公认的老年病学研究专家。

2000 年 10 月，由于加拿大的合作同行没有时间撰写论文，伯尔曼邀请在其实验室工作的一名博士后研究员德尼诺（DeNino）撰写一篇关于年龄对脂类代谢影响的论文，并使用由伯尔曼提供的研究数据。但此后德尼诺根据伯尔曼实验室工作人员提供的一份研究数据，得出的结论是伯尔曼不认同的。伯尔曼以核对原始数据的名义将研究材料从德尼诺处拿回，稍后又将其还给德尼诺。看到返回的材料，德尼诺发现表格数据已发生了较大变化，以至于由此得出的研究结论与之前大相径庭。于是，他就此向伯尔曼索要原始数据以便检查，但伯尔曼以原始数据丢失为借口将此事推托过去。然而，德尼诺无意中在办公室发现了被丢弃的原始数据，以及伯尔曼的修改痕迹。他就此向伯尔曼提出了疑问，但却遭到伯尔曼的多次否定。为此，在 2000 年年底，德尼诺向佛蒙特大学的科研管理部门举报了该事件。

二、伯尔曼案例的调查程序

佛蒙特大学在接到关于伯尔曼的学术不端行为举报后，根据其所隶属的美国卫生与公众服务部对于学术不端行为的管理制度，并结合本校相关管理部门对学术不端事件的规范要求，对该案例在初步评定的基础上，展开了质询。佛蒙特大学针对学术不端行为成立质询委员会，通过询问伯尔曼实验室的其他工作人员，包括负责数据录入的研究员，发现伯尔曼为了尽快发表论文以继续获取联邦政府提供的资助经费，而擅自篡改并伪造了大量数据来满足自己对研究结果的需要。不仅如此，在初步质询过程中，有两位研究人员对伯尔曼的研究数据表示怀疑，但迫于伯尔曼的威胁而保持了缄默。对此，伯尔曼为自己的行为进行了辩解，但因其未能对之前的行为作出合理解释，且不能提供有力的论证材料来进行答辩，所以在此基础上，质询委员会认为有必要进行深入的全面调查。

2001 年 4 月 10 日，佛蒙特大学把即将开展全面调查的结果通知了伯尔曼，并于当年 8 月 13 日，成立调查委员会对该案例展开正式调查。根据指控的细节以及质询过程中相关证人提供的材料和证词，将调查重点确定在伯尔曼关于老化问题的纵向研究、更年期纵向研究以及绝经后肥胖妇女激素替代疗法研究等过程中存在的学术不端行为上。调查委员会重点针对伯尔曼在出版物中对这些问题的研究结果即在申请联邦基金过程中的有关报告进行了审核。查验结果表明，伯尔曼不论是在发表研究结论，还是为得到研究资助而提交申请的过程中，都存在严重的学术不端行为。对此，伯尔曼曾恶意中伤研究室的其他有关工作人员，提交大量书面资料以表达对调查委员会调查结果的不满，甚至直接向佛蒙特大学校长提起申诉。然而，经过佛蒙特大学科研管理部门的审查，校方裁定伯尔曼确实存在学术不端行为，并将全面调查的结果及有关材料以报告形式上报给科研诚信办公室，以待下一步审查。

科研诚信办公室对该学术不端案例的审查程序，包括对佛蒙特大学提交的调查结论和相关论证材料的审查，其中涉及的论证材料既有伯尔曼发表的论文、基金申请书，还涵盖关键证人的证词记录，以及有关电子文件等。提交科研诚信办公室审议的目的，是由科研诚信办公室在全面分析所有实证材料的基础上确认大学研究管理机构所开展的调查以及结论的合理性。然而，科研诚信办公室在审查该案件的过程中，发现伯尔曼的学术不端行为不只发生在佛蒙特大学所调查的事项中，其出现更早于举报事件的发生时间。

由于在伯尔曼关于老化问题的纵向研究、更年期纵向研究以及绝经后肥胖妇女激素替代疗法研究等问题上，已有确凿证据证明伯尔曼存在学术不端行为，因此，科研诚信办公室将审查的范围继续扩大，延伸到举报范围之外的其他领域，包括他早期关于阿尔茨海默病的研究、荷尔蒙替代治疗研究等。科研诚信办公室经过深入调查，发现其从1992年到2000年的8年时间内，向联邦政府提交的资金申请资料中共有17份存在伪造和篡改数据等学术不端行为。而进一步审查伯尔曼有关国立卫生研究院的申请，发现其在1995—2000年，有9份材料涉及学术不端行为。另外，有2份向美国农业部提交的基金申请以及6篇学术论文中使用了这些伪造的数据。在他引以为傲的人口老龄化的纵向研究中，其研究数据和结论从1996年就已经变"研究"为"制造"了。仅在1999—2000年的2年时间内，他就在提交给国立卫生研究院和美国农业部的3份基金申请中使用了不实的数据。此外，在伯尔曼进行的阿尔茨海默病研究、耐力训练对代谢影响等相关研究中都存在伪造和篡改数据的行为，经确认总共有54项之多。

伯尔曼的学术不端行为涉嫌违反联邦法典中的相应条款，即在联邦政府管辖范围内隐瞒重要事实的行为，而且存在虚假陈述。因此，美国佛蒙特州检察长办公室随后对伯尔曼案例进行刑事和民事方面的调查。该调查一旦确认，将对其处以数万美元的罚款或5年以下监禁，若情节严重，两项处罚可合并执行。在这种紧迫的形势下，伯尔曼主动承认自己存在学术不端行为并积极配合调查。最后，在美国佛蒙特州检察长办公室和美国科研诚信办公室的共同调查和审理下，伯尔曼事件最终有了结果。

三、伯尔曼案例的处罚结果

一般情况下，美国对学术不端行为的处罚由包括科研诚信办公室在内的联邦政府机构、被举报者所在高校的科研管理机构等共同实施。但是，在此事件的调查过程中，伯尔曼就已向佛蒙特大学请辞。因此，对伯尔曼的处罚主要由联邦政府相关机构来执行。根据美国卫生与公众服务部的规范条例，2005 年 5 月，伯尔曼签署了"自愿排除协议"。该协议规定，自即日起，伯尔曼终身不得申请和参与联邦政府机构的资助项目，不得以顾问名义在卫生与公众服务部或公共卫生局咨询委员会、董事会等组织担任职务。为了防止含有伪造、篡改数据的论文对同行产生误导，伯尔曼还须写信给相关刊物对发表的论文进行澄清、更正或撤回。另外，由于伯尔曼事件不仅触及美国卫生与公众服务部、科研诚信办公室界定的学术不端行为，而且在他 1999 年提交给国立卫生研究院的基金申请中，还违反了《虚假请求法》(*False Claims Act*)和《联邦法典》(*United States Code*)，因此，经过司法程序的审查，判决伯尔曼承担 18 万美元的民事赔偿责任。此外，基于联邦法庭的重罪指控，伯尔曼还被判监禁 1 年零 1 天。[①]

四、伯尔曼案例的查处分析

截至 2005 年，伯尔曼事件是美国有史以来对学术不端行为处罚中最为严厉的案例。对这一典型学术不端案例的查处过程和惩罚措施，充分显示了美国经过多年的探索与发展，其关于学术不端行为的治理已形成了程序规范、层次明确，学术、行政、司法相互配合的综合性查处程序，建立了关于学术不端行为治理的三层行政规制体系，即联邦政策、各部门政策以及基层科研机构的处理规范，使基层科研机构、联邦各部门能够在相关法律保障的前提下做到互相配合。

---

① 中国科学院：《科学与诚信：发人深省的科研不端行为案例》，78 页，北京，科学出版社，2013。

(一)层次分明的调查程序

大学收到有关学术不端行为的指控后，先由学校学术管理机构对案件进行初步质询。质询的目的是基于分析由举报、被举报者提供的材料及证词，来判断对该事件是否有必要展开深入全面的调查。在全面调查阶段，调查的行为主体一般是经联邦政府部门授权的被举报发生学术不端行为的大学，该阶段调查的内容广泛，重点突出，能够为判定被举报者实际存在的学术不端行为提供有力证据。调查结束后，高校要将调查的过程、内容、涉及的资料以及调查结论，以报告的形式提交给上级管理部门(一般有科研诚信办公室、卫生与公众服务部等与被举报者学术不端行为相关的研究部门)，供上级管理机构监督和审查。收到高校学术管理机构关于学术不端行为的质询和调查报告后，科研诚信办公室等联邦政府部门会将资料和调查内容进行综合分析，以判断其调查过程及结论的合理性。一般而言，监管部门的审查结果和高校的调查结论一致。但如果案件特殊，科研诚信办公室等政府部门会拒绝接受高校学术管理机构的调查结论，在有必要时会开展进一步调查，并将案件移交给政府部门的检察长办公室做重新调查和裁断。

从对伯尔曼案例开展的一系列调查程序中可以看出，调查阶段包括佛蒙特大学内部的调查、科研诚信办公室的调查以及美国佛蒙特州检察长办公室的调查。这三个调查阶段层层递进，调查内容也不断深入。其中，佛蒙特大学和科研诚信办公室的调查属于行政手段，而美国佛蒙特州检察长办公室的调查是在之前调查的基础上进入了司法阶段。在整个调查过程中，基层科研机构、政府独立调查机构以及司法部门的独立运作和有机协作充分展现了美国关于学术不端行为调查程序的层次性，彰显了美国对学术不端行为治理的重视。

(二)强规范性的政策法规

该案例的处理过程，共涉及三个行为处理主体，从佛蒙特大学这一基层研究机构，到科研诚信办公室这一学术不端行为的专门处理机构，再到佛蒙特州检察长办公室这一涉及司法程序的政府部门，无论是在案例的调查过程中，还是对案例的审查监督，都有自己部门可依据的规范和法规。例如：佛蒙特大学的《佛蒙特大学职员手册》(*Handbooks & Policies - University of Vermont*)、《科学研究及其他学术活动中的不端行为》(*Misconduct in Research and Other Scholarly Activities*)。这些政策不仅为相关部门调查和处理学术不端案件提供了规范性标准，而且其可操作性强的特点也彰显了美国对学术不端行为案件处理的公正性。

（三）严密的处理对策

伯尔曼事件的处理包括行政处罚和刑事处罚。学术不端行为危害极大，不仅会造成社会财产和资源的浪费，而且会影响正常的研究秩序，进而阻碍学术研究的正常运行。从对伯尔曼的处罚可见，其行政处罚既有时间、空间上的研究范围限制，也涉及行政权力的处罚，包括罚款等。而伯尔曼所接受的刑事处罚则表明美国政府在深入挖掘学术不端行为中的法律成分，并使用既有的法律条款对这类行为进行规范治理中所做的努力。行政方面的严密处罚以及刑事处罚的配合与补充，彰显了美国对学术不端行为的惩处力度。

第二节　舍恩案例

如果说伯尔曼事件的治理过程展现了美国从政府、专门的管理部门，到基层研究机构等各层级组织对学术不端行为管理的专业性和互相配合的综合性，那么舍恩案例作为当代科学史上规模较大的学术造假丑闻，其查处过程则代表了科研机构处理学术不端行为的责任。

一、舍恩案例的起因

建立于 1925 年的贝尔实验室曾被认为是物理学方面卓越的产业实验室，主要从事通信科学领域的研究工作。多年来，贝尔实验室始终坚持基础研究、技术开发和经营管理相结合的研发模式，成为晶体管、激光、数字计算机、通信卫星、蜂窝移动电话等多项重大发明的孵化地。

出生于德国的简·亨德里克·舍恩（Jan Hendrik Schön）在获得学士及硕士学位文凭以后，继续跟随康斯坦茨大学的布赫（Bucher）进行博士项目的研究。他在布赫实验室期间，较好地掌握了多种实验设备的使用及电器测量的方法，而这些能力恰恰是贝尔实验室项目负责人伯特伦·巴特罗格（Bertram Batlogg）所急需的。1997 年上半年，舍恩开始在贝尔实验室做实习生，1998 年获得博士学位后，成为贝尔实验室的正式研究人员。

舍恩在进入贝尔实验室初期，感觉压力很大，拟发表的论文也多次遭到拒绝，但在短暂的适应后，其研究成果快速推出。1998 年，他宣称获得了聚酰亚胺场效应晶体管，并公布了晶体表面电压和电流的测量值；1999 年，他又利用氧化铝溅镀技术制成了并五苯场效应晶体管，并通过实验观测到并四苯晶体在绝对零度以上 1.7 ℃的环境中的量子霍尔效应。其成果发表在《科学》杂志上，项目负责人巴特罗格也在大力推广和宣传舍恩的研究成果。随着纳米技术的发展，舍恩表现出对纳米研究的热情，他加入了由约翰·罗杰斯（John Rogers）领导的贝尔实验室凝聚物理研究部，并与化学家鲍哲南（Zhenan Bao）合作开展分子电子学研究，研究成果发表在《自然》杂志上。贝尔实验室为此还发布了新闻稿，宣称实验室在分子级计算上取得了里程碑意义的研究成果。至此，舍恩的研究受到众多同行的关注，他的批量研究成果也在顶级期刊快速发表。据统计，舍恩在贝尔实验室的 3 年内发表了百篇论文，其中 2000—2001 年，在《科学》杂志发表 9 篇论文，在《自然》杂志发表 7 篇。在高产的 2001 年度，创下 8 天发表一篇有他署名论文的奇迹。

随着舍恩研究成果的发表，越来越多的研究者开始关注他的研究，并希望能够在其研究基础上进一步开展晶体学研究。加利福尼亚大学伯克利分校的奥伦斯坦、加利福尼亚大学圣地亚哥分校的戴恩斯、明尼苏达大学的福瑞斯比、佛罗里达大学的赫巴德、新泽西州立大学的波多诺和格里森等均无法通过实验得到舍恩的实验结果。在美国之外，荷兰代尔夫特大学、格罗宁根大学，日本东北大学的研究者也均未取得与舍恩一致的成果，这不禁引起了人们的质疑。

贝尔实验室内部也对舍恩的研究产生了分歧。2001 年 10 月，贝尔实验室超微型晶体管设计专家唐·门罗（Don Monroe）对舍恩将要发表的关于自组装单分子层场效应晶体管论文中的数据及图形产生了怀疑。舍恩对此辩解，他在绘制图表时将一些点的数值以某种方式隐藏了，但是他又承认统计数据中确实还有些问题。[①] 门罗对舍恩的解释仍心存疑虑，于是在 2001 年 11 月，他联系了舍恩的主管罗杰斯，并以书面形式将自己对舍恩数据真实性的怀疑做了说明，并建议对此开展调查。对此，罗杰斯将该指控转告了舍恩。之后，舍恩对门罗的指控做出了回应。虽然门罗依然对舍恩寄来的原始研究数据不满，但基本相信了舍恩的解释，并撤销了对舍恩的指控。贝尔实验室的主管人员也未将该举报事件公之于众。

在门罗对舍恩的部分研究数据质疑的同时，国际商业机器公司（International Business Machines Corporation，IBM）托马斯·约翰·沃森（Thomas J. Watson）研究中心的硅晶体管专家保罗·所罗门（Paul Solo-

----

① ［美］尤吉尼·塞缪尔·瑞驰：《科学之妖：如何掀起物理学最大造假飓风》，周荣庭译，152～156 页，北京，科学出版社，2010。

mon）也就舍恩发表在《自然》杂志上的论文数据质疑。

虽然贝尔实验室没有向外界公布对于舍恩的指控，然而科学研究领域对舍恩的质疑越来越多。相继有学者向杂志社提出舍恩论文数据造假或重复使用数据的求证，虽然舍恩就一些研究数据做出了更正，但无法解释6篇论文中图表数据不同，但图表部分却完全一样的事实。至此，贝尔实验室展开了详细的调查。

二、舍恩案例的查处过程及处理结果

美国学术不端行为的查处一般由行为者所在研究机构承担。为此，贝尔实验室于2002年5月成立了专门的调查委员会，对舍恩及合作者研究中的学术不端行为，特别是数据的有效性及方法使用的科学性进行调查。调查委员会包括5名成员，组长为斯坦福大学著名超导专家马尔科姆·比斯利（Malcolm Beasley），成员包括贝尔实验室物理学家赫维格·科吉尔尼克（Herwig Kogelnik），曾试图重复舍恩实验的普渡大学电气与计算机工程专业教授苏普瑞尤·达塔（Supriyo Datta），2000年诺贝尔物理学奖得主、美国加利福尼亚大学圣塔芭芭拉分校凝聚态物理学家赫伯特·克勒默（Herbert Kroemer），舍恩曾经的指控者，贝尔实验室以前的研究人员门罗。

调查委员会针对相关人员对舍恩研究的指控和评论进行了梳理，截止日期为2002年6月20日。在这些论据中，调查委员会摒弃了超出调查范围以及认为不够合理的指控，并根据指控的重要程度，决定对被指控的25篇论文中的24项最终指控进行核查。调查委员会把这24项指控归为三类：替换数据；过于精确的实验数据；与已知的物理学理论相矛盾的实验结果，亦即根据舍恩实验数据得出的结论与普遍认可的物理学理论不符，意味着这些数据有被歪曲的可能性。[①] 随后，调查委员会采取问卷形式，于 2002 年 6 月 27 日对舍恩及合作者进行了详细调查，要求舍恩及合作者提供研究的原始数据、所有样品，详细说明制作图表之前的数据处理程序，详细陈述贝尔实验室内、外的其他研究人员重现实验的结果等问题。同时，调查委员会也询问了舍恩在合作研究项目中所承担的工作。问卷发出后，舍恩的合作者都在 10 天之内做出了答复。通过这次问卷调查，调查委员会收集了详细的信息资料，并通过整理所有合作者对问卷调查的回应，确定了各个研究人员在研究中承担的责任。

2002 年 9 月，调查委员会公布了《舍恩及合作者科学研究中可能的不端行为调查报告》，认为舍恩存在对研究数据进行替换及篡改行为。这些不端行为均为舍恩个人所为，其合作者仅仅提供了原始材料数据并未参与研究过程，也未目睹整个研究过程。对与物理学矛盾的观点的认定，调查委员会发现舍恩论文中有多个科学观点和已知的物理学观点相矛盾，但是没有找到任何能证明舍恩结果真实性的证据，无法判定舍恩理论观点的对与错，把它留给了科学界。至此，根据调查结果，调查委员会认为，在指控的 24 项中，有 16 项存在伪造和篡改数据的学术不端行为，2 项指控与发表论文没有关系，6 项指控没有确凿证据表明舍恩实施了学术不端行为。

鉴于调查结果，贝尔实验室解雇了舍恩，并撤销了与其成果相关的专利；《科学》《自然》等杂志社宣布撤销舍恩发表的论文。2004 年，德国康斯坦茨大学经过评估，认为虽然舍恩在读博期间并没有学术不端行为，但其后来的不端行为影响了康斯坦茨大学的声誉，因此取消了舍恩的博士学位。德国研究联合会则决定在未来 8 年不支持舍恩的学术研究活动。

[①] 王阳、张保光：《贝尔实验室与舍恩事件调查：科研机构查处科学不端行为的案例研究》，载《科学学研究》，2014，32(4)。

三、舍恩案例的查处分析

(一)调查过程的专业性

舍恩案例的调查主体是舍恩所在研究机构,贝尔实验室为此成立了独立的调查委员会。成员均为科研领域的专家,既非律师,也不是政府机构的工作人员,这充分显示了治理学术不端行为的科学家主导模式。其成员的专业性背景及其对科研领域了解的深入性和广泛性,使他们在面对复杂的研究时,如观点的争议、数据处理、真实的错误、经费使用和科研方法的规范,可以做出专业而又客观的判断。贝尔实验室成立的独立调查委员会有助于彰显其最高权威性,而成员的声望和他们被赋予的权力保证了此次调查的规范性和公正性。

(二)调查形式的多样性

在深入调查阶段,调查委员会不仅对舍恩及其合作者发放问卷进行客观资料的收集,而且在此基础上还采用访谈形式走访舍恩所在的贝尔实验室,对舍恩以及鲍哲南、巴特罗格、克洛克等合著者进行深入访谈,以全面搜集问卷调查所不能得到的信息和材料。多样性的调查形式有助于调查委员会收集全面且深入的资料,从而确保调查的公正性和严密性。

(三)处理结果的规范性

调查结束后,调查委员会对舍恩以及与其相关的合著者和研究人员等都做出了相应处理。对舍恩的处罚,先是由舍恩所在的研究机构贝尔实验室对其做出惩罚,然后是舍恩投稿的杂志社对其论文做出处理。对其合著者的处理是根据合著者在论文所涉及的研究与撰写过程中所承担的责任而定的。

除此之外,贝尔实验室在调查舍恩案例的过程中,也发现了许多不足之处，如研究数据的记录与保存、机构内部管理规则的欠缺等。特别是研究团队及贝尔实验室内部审查机制的失灵，为舍恩事件成为广受关注的丑闻埋下了隐患。为此，在调查结束后，贝尔实验室根据发现的不足对制度进行了完善，这种做法也是控制学术不端行为产生的有效措施。

第八章　英国学术治理的实践研究

第一节　皮尔斯案例

作为近代科学的发源地，英国是世界上最早形成科学建制的国家。而科学家超凡脱俗的精神和求真务实的传统，使英国科学界在 20 世纪 80 年代很少出现较有影响的学术不端事件。因此，英国科学家曾经怀着洋洋自得的心态对待美国自 20 世纪 80 年代以来报道的一系列有影响的学术不端案例。但是没有想到，这种自满情绪一下子被皮尔斯（Malcolm Pearce）案例打破了。皮尔斯案例被视为"基于对临床病例的捏造而发表的论文"和"与名誉作者相关的不端行为"的典型案例，它开始动摇英国科学界的自信，也促使英国走上了建立学术不端治理体系的道路。

一、皮尔斯案例的起因

皮尔斯是伦敦圣乔治医院妇产科的资深专家。1994 年 8 月，他以第一作者的身份在《英国妇产科学杂志》（*British Journal of Obstetrics and Gynecology*）上发表一篇研究报告，介绍了他通过外科手术将一名 29 岁非洲裔妇女子宫异位妊娠胎位引至正常位置，并顺利产下一名健康女婴的病例。此报告的合作者为圣乔治医院皮尔斯所在部门的上司张伯伦(Geoffrey Chamberlain)，他也是发表研究报告的杂志的主编。同一期杂志还发表了皮尔斯和同事合作的另一篇文章，系统介绍了关于对191名有流产史和多囊卵巢症的妇女进行的为期3年的双盲对照试验。试验结论认为，使用人体绒毛促性腺激素的荷尔蒙疗法与使用安慰剂的对照组比较，前者流产概率更低。

然而，在皮尔斯论文发表后不久，许多同事对他的研究表示怀疑。虽然大家承认皮尔斯的研究现实意义重大，但大家并没有听到皮尔斯对该问题进行过研究，也没有听说过非洲裔宫外孕患者治疗成功的案例。而且文中超乎寻常的病例数目引起了圣乔治医院人员的怀疑。当随后对两项研究进行调查和质询时，皮尔斯未能提供191位妇女的病历记录、试验的知情同意书，以及使用荷尔蒙疗法试验的原始材料。此外，关于宫外孕患者的计算机记录也被篡改过，而此患者是一位流产妇女。在事实面前，皮尔斯又改口说"真正的患者是另外一位女性"，但皮尔斯仓促中编造的这位患者，经查询证实出生于1910年，已经死于手术日期之前。

二、皮尔斯案例的查处

成立于1858年的英国医学总会(UK General Medical Council)是英国范围内行医的注册医生的职业组织，下设初步诉讼委员会和职业行为委员会。初步诉讼委员会的基本职能是对举报者的书面证据或意见进行审查以确定是否将案件提交给职业行为委员会做进一步质询；而职业行为委员会要对接收的案件进行质询、调查和最终的处理。皮尔斯案例发生以后，英国医学总会迅速展开调查，圣乔治医院也成立了由院长担任组长的调查小组展开调查。经过9个月的调查，确认皮尔斯这两篇论文的数据及结论均存在造假的事实，确认了皮尔斯的学术不端行为。

皮尔斯因篡改、伪造研究数据的学术不端行为，最终被圣乔治医院解聘，并被取消医籍登录资格。这一事件同时引起了人们对科学论文署名中学术不端行为的关注。皮尔斯关于宫外孕治疗论文的合作者张伯伦，在事件曝光后，也辞去了皇家妇产科学会会长和《英国妇产科学杂志》主编的职务。

三、皮尔斯案例的查处分析

1994 年发生的皮尔斯案例，不仅引起了医学界的关注，也引起了公众的关注。有学者对英国学术不端行为治理制度的缺陷提出了批评，认为应建立完善地应对学术不端行为的体系。随后，英国医学研究理事会发布了一系列涉及生物伦理和良好科学实践的报告。于 1997 年发布的《关于科研不端行为指控调查的政策和程序》，对学术不端行为的调查程序进行了规定。2000 年出版了《良好科学实践指南》，列出了在设计和事实研究过程中所应遵循的准则，包括研究的设计执行、数据的记录和保存、研究结果的出版和开发利用方面的具体原则。1997 年，出版伦理委员会成立，为学术期刊的编辑们提供了交流的平台，以应对全球违反科学研究及出版规则的学术伦理问题。英国其他一些研究领域也制定了自己领域的规范和指南。经过十几年的努力，英国形成了以独立的资助机构和专业协会为主导的较为完善的科研诚信体系。[①] 由此可以看出，英国在应对学术不端行为的过程中，充分体现了非政府部门与组织权力的有效性。各科研机构与组织均形成了较为成熟的学术不端行为管理体系，这也在一定程度上为其他国家的学术治理提供了可资借鉴的路径。

皮尔斯案例也警示后世，疏于对研究成果的署名管理极易导致学术不端行为。皮尔斯的合作者张伯伦承认"做名誉作者是错误的行为"，他很后悔自己作为妇产科实验室的负责人在皮尔斯邀请他作为共同作者

---

① 中国科学院：《科学与诚信：发人深省的科研不端行为案例》，84～85 页，北京，科学出版社，2013。

时，很轻率地签了字。而同时作为《英国妇产科学杂志》主编的他，如果能坚持以实事求是、公正无私的态度认真对待皮尔斯论文中的数据，这起丑闻或许就不会发生。

成果署名及一稿多投一直未引起人们的足够重视，英国学术界也未严格履行署名的规范要求。而"基于切实贡献的署名行为正向礼节性署名、馈赠性署名以及照顾性署名的方向发展。科研人员似乎更多地将署名视为利益的输送而不是责任的承担"。[①] 正如诺丁汉大学的皮特·鲁宾（Peter Rubin）所言，"部门领导在自己并未参与的研究成果中署名的做法比想象的要更为普遍"[②]，这种不实署名行为助长了科研不端行为的产生，使学术诚信文化氛围难以产生与维系。

第二节　伯特案例

伯特案例是至今仍未尘埃落定的结论正确，但数据造假的案例，至少目前还没有研究能够推翻其结论的正确性。此案例的争论也引发了意识形态问题的讨论。

一、伯特案例的起因与处理结果

英国著名心理学家西里尔·伯特（Cyril L. Bart）曾在发生心理学、人格心理学、心智测量等领域均有较为深入的研究，尤其在一般智能与遗传因素的相关性研究方面卓有成就。他以同卵双生子作为被试，分别调查过不同的养育环境与学校教育对一对长期处于分离状态的同卵双生子的一般智能发展所具有的影响作用。经研究，伯特发现遗传因素和环

①②　中国科学院：《科学与诚信：发人深省的科研不端行为案例》，86 页，北京，科学出版社，2013。

境因素均对人的一般智能发展起决定作用，但相比而言，遗传因素对人的智能发展起到更为关键的作用。由于学术研究成果的影响力，伯特获得了诸多荣誉和头衔，如英国教育问题管理委员会顾问爵士、不列颠科学院院士等，也获得过多种荣誉博士学位。

伯特逝世后不久，针对他的批评声开始出现，甚至有人揭发他学术造假与欺骗。其所涉嫌的事件主要有：其一，编造被试人数。普林斯顿大学心理学家莱昂·卡明（Leon Kamin）在分析伯特的调查报告时发现，伯特在被试人数方面存在明显的造假行为。1955 年，伯特发表了第一篇关于被拆离的同卵双生子智商情况的报告，当时他声称对 21 对被拆离的同卵双生子的智商情况做了调研和分析。而 1958 年发表的第二篇关于被拆离的同卵双生子的智商情况的报告中，将调查、施测的被试增加到 30 多对。1966 年，伯特发表了第三篇关于被拆离的同卵双生子的智商情况的报告，将调查、施测的被试增加到了 53 对。伯特的第二、第三份调查报告是不是在第一份调查报告的基础上做了新的调研、增加了新的被试呢？答案是否定的。因为有人证实，伯特自 1950 年退休后，再也没有合作者，他本人也未做任何调查研究。其二，故意编造调研数据。为了与自己预设的调研结果相吻合，伯特精心修改调研数据，将三项调查中同卵双生子的智商相关性系数调高至 0.944。一份列有 60 个相关系数的表格，竟然有 20 个数据几乎等值。1972 年，普林斯顿大学的心理学家卡明在阅读了伯特的三篇论文后发现，虽然研究对象——同卵双生子的数目不同，但得出的最终研究数据却是相同的。统计学的常识告诉他这样的情况几乎是不可能发生的。卡明还发现伯特的其他论文数据也有很多疑点。

更有力的证据来自利物浦大学心理学家莱塞利·赫恩肖（Leslie Hearnshaw）的分析。赫恩肖是伯特生前的好友，他原本非常信任自己的好友，对那些指控的言论极为愤怒，并呼吁学术界不要急于下结论，还曾试图恢复伯特的名誉。然而，当赫恩肖受邀给伯特写传记，有机会阅读大量的尚未公开的有关伯特的私人信件及相关记录材料之后，赫恩肖惊奇地发现，伯特在论文中确实编造了调查数据。使赫恩肖更惊奇的是，伯特的日记证明，伯特竟然没有做过他自称的研究。鉴于此，赫恩肖断言：结论只能是，伯特那三篇报告无疑都是不真实的。于是，赫恩肖不得不在1979年出版的伯特传记中承认对伯特的指控很可能是成立的。同时，英国心理学学会也正式认同伯特存在学术造假行为。[①]

二、伯特案例的分析

英国科学发展史上发生学术不端行为的事例并不是很多，究其原因，主要可以归结为三点：一是严格自律已经在科学界形成了传统，学术共同体内部形成了尊重事实、尊重科学的共同信念。二是全社会有务实求真的风尚和广泛覆盖的信用体系。三是学术团体、机构和大学内有严格的科学家行为准则和对学术不端行为进行指控的相关程序，如实际发生学术不端行为，则会启动相关指控程序追究责任，这具有一定的威慑作用。学术团体不会包庇学术不端行为，也不会为学术不端行为进行开脱。[②]

伯特案例相对于其他案例具有一定的特殊性。其一，主要表现在案例主人去世之后，其学术不端行为才被发现并调查，但是案例的处理结果依然在该案例的涉事领域被公之于众。其二，该案例同样是由同行发现、调查并举报的。这一方面说明其应对学术不端行为的指控程序较为完善；另一方面也说明，英国的同行评议制度较为完善。

---

① 威廉·布罗德、尼古拉斯·韦德：《背叛真理的人们：科学殿堂中的弄虚作假》，朱进宁、方玉珍译，177页，上海，上海科技教育出版社，2004。

② 主要国家科研诚信制度与管理比较研究课题组：《国外科研诚信制度与管理》，117页，北京，科学技术文献出版社，2014。

第九章　日本学术治理的实践研究

尽管日本的各大团体纷纷出台学术政策，但学术不端案例仍旧层出不穷。日本许多名校和研究机构在不同程度上被披露出学术不端案例。为了更好地研究日本治理学术不端行为的实践，本章选取了 21 世纪初的藤村新一案例、素有"日本版黄禹锡案件"之称的多比良和诚案例和"学术女神"小保方晴子案例进行分析。

第一节　21 世纪初的藤村新一案例

日本考古学界一直把日本的远古历史分为旧石器和新石器两个时代，对"旧石器前期"是否存在争论不休。考古人员希望通过探寻远古时期地层中的石器来了解当时人类的文明，确定日本历史的分期。恰在此时，藤村新一的研究给人们带来了"惊喜"。

一、藤村新一案例经过

藤村新一是一个没有上过大学，仅高中毕业，没有经过考古科班训练的考古队业余成员，但他加入考古队后就有了不俗的表现。1982 年 9 月 25 日，年仅 31 岁的藤村新一参加了宫城县岩出山町的"座散乱木遗址"的考古调查。10 月 3 日下午，他赶到考古现场大约五分钟后就挖掘出了一小块石头，这块小石头被称为"旧石器"，藤村新一也一举成名。

　　自此，藤村新一在考古界声名鹊起，只要有他参加的考古肯定能发现石器，为日本创下了一个又一个的考古新纪录。1983 年，在宫城县大和町的"中峰 C 遗址"发现了距今 37 万～14 万年前的石器。1984 年，在古川市（现为大崎市）"马场坛 A 遗址"约 17 万年前的地层中出土了 48 件石器。1992 年，在宫城县筑馆町的"高森遗址"发现了旧石器时代的 15 件石器。1993 年 5 月，东北历史资料馆举行记者招待会，宣布"高森遗址"是"约 50 万年前的遗址"，是日本最古老的遗址，证明了日本在北京猿人时期也存在猿人。1993 年 11 月，就在距离高森遗址 500 米左右的上高森地方，他发现了约 40 万年前的 22 件石器。1994 年 10 月，他又发现了 50 万年前的 6 件石器。[①]

　　进入 21 世纪，他更是"硕果累累"。2000 年 2 月，在埼玉县秩父市的"小鹿坂遗址"发现了"柱坑遗址"；6 月，在北海道清水町的"下美蔓西遗址"发现了约 50 万年前的石器；7 月，在和"小鹿坂遗址"相同的秩父市的"长尾根遗址"发现了约 35 万年前猿人挖的两个圆坑；10 月，又从"上高森遗址"发现了 60 万年前的 65 件石器。藤村新一一系列的成绩使其成为日本考古界的巨擘，由此担任了东北旧石器文化研究所副理事长。

　　虽然藤村新一是一名业余考古学家，但他的不断"发现"将日本的历史逐渐向前推进，在不断改变着日本的历史。他的"发现"被写进日本的教科书，他"发掘"出来的人工制品摆放在东京国立博物馆的橱窗里。藤村新一受到了政府的嘉奖，他的发现满足了日本人在日本成为经济大国之后，迫切想使其成为文明古国的心理。

---

① 　中国科学院：《科学与诚信：发人深省的科研不端行为案例》，48 页，北京，科学出版社，2013。

二、藤村新一案例的揭露与处理

藤村新一接二连三的发现，引起了考古学界和新闻媒体的怀疑。先是人们对其发现经历的怀疑，所有新的"发现"均出自藤村新一之手，没有藤村新一的场合均一无所获。后来，有的考古学家对藤村新一"发现"的石器进行了分析，对石器的形状、排列和地层产生了怀疑。2000 年 10 月 22 日，日本《每日新闻》的调查人员在藤村新一发掘的"上高森遗址"现场安装了一台隐藏的摄像机，拍到了令人瞠目结舌的一幕：原来所发掘物品是藤村新一前一晚埋入发掘现场的。《每日新闻》在 11 月 5 日公布了藤村新一造假的照片，曝光了藤村新一的欺骗行为。骗局披露几小时后，藤村新一举行了一个新闻发布会，承认他有两次造假行为。

为了彻查此事，日本考古学协会于 2001 年 6 月成立了专门委员会——前·中期旧石器问题调查研究特别委员会，主要开展了两方面的工作。一是给藤村新一施加压力，使其交代全部造假事实；二是组织力量重新排查藤村新一涉足过的所有遗址。在强大的舆论压力面前，藤村新一递交了一份 1981 年以来从事造假活动的名单。名单中反映出的造假遗址远不止他过去承认的 2 处，而是 42 处。2002 年 5 月 24 日，前·中期旧石器问题调查研究特别委员会公布了最终的调查结果：藤村新一参与发掘的 162 个古代"遗址"均有捏造行为，其参与发掘的出土遗迹和旧石器没有任何学术价值。接着，日本考古学协会于 7 月 6 日郑重宣布，经对石器出土的地层复查，日本尚未发现石器时代早、中期遗址。

事件发生后，藤村新一所任职的东北旧石器文化研究所迅速将其除名；日本考古学协会也对他做出了该协会的最高处罚——令其退会；曾经获得的"湘泽忠洋奖"也被撤销和收回；日本全国的博物馆、资料馆均撤除了与其发掘有关的展品和说明；他的个人网站和个人主页也被关闭；教科书出版社也向文部科学省提出申请，要求修改教科书中的有关内容。

三、藤村新一案例的借鉴分析

藤村新一能把造假做得如此得心应手，绝非偶然，这与日本民族的整体心态有一定关联。日本在成为经济大国和经济强国后，还想成为政治强国和文明古国，这种普遍的民族心态为藤村新一的造假提供了温床。

当然，我们也通过对藤村新一案例揭露过程的分析，感受到日本学术组织学术监督的自觉性与有效性。无论是考古学者还是新闻媒体人员，在面对学术不端行为时，能恪守学术标准，监督学术不端行为，而不是屈从某种外在的力量。

该案例的处理也反映了政府应对学术不端行为的高效性。日本相关管理机构在得知藤村新一存在造假行为时，及时成立了调查组织——前·中期旧石器问题调查研究特别委员会，进行专门的调查与证实，在基于实证的基础上对其进行了严厉处罚。

第二节　多比良和诚案例

多比良和诚案例是日本诸多学术不端案例中论文结果"在重复实验中不能再现"的典型案例，其主要的问题仍然是研究数据的修改与造假。

一、多比良和诚案例及调查经过

多比良和诚（Kazunari Taira）为东京大学教授，并兼任产业技术综合研究所基因功能研究中心主任，在日本生命科学界小有名气。他的研究小组在《自然》等权威学术刊物上相继发表了多篇基因研究论文，特别是利用核糖核酸抑制致病基因作用的观点，引来了科学界的关注。2003年2月，其研究小组发表论文称，在世界上首次成功将"dicer"酶的基因植入质粒，使大肠杆菌内合成了这种酶。①

但日本RNA学会于2005年4月指出，多比良和诚教授等人已发表的共计12篇论文被质疑"实验不能重复"，并具体指出多比良和诚论文存在数据无法再现、核酶活性无法再现、基因发现方法等方面的问题。

2005年4月，东京大学设立调查委员会，要求多比良和诚重复其中4篇论文中没有论证数据的实验。9月，产业技术综合研究所也成立了调查委员会，对多比良和诚及其助手在该研究所进行实验的10篇论文展开调查。②

2006年6月21日，多比良和诚辩解称，他前一日傍晚从助手那里获悉，助手由于疏忽记错了一些细节，造成论文数据记录产生错误。但由于是单纯的记录错误，当时并没有发现。多比良和诚于当日向东京大学调查委员会报告说，重复实验所使用的材料确实和论文中提到的不同，但实验方法是相同的，论文只存在记录错误，不影响结果的正确性，而且论文中的实验和重复实验都由助手完成，他本人并未参与。

东京大学调查委员会在2006年3月就发现，在他们当时的实验室里根本不存在多比良和诚所宣称的用于实验数据的计算机分析软件。多比良和诚在论文中提到的名为"dicer"的酶，实际上是多比良和诚的助手购买来的，并非"反复试验所得"。

---

① 钱铮：《"日本版黄禹锡事件"主角否认与论文造假有关》，http://www.cnhubei.com/200601/ca984381.htm。引用日期：2021-03-17。

② 石垣恒一、佐原加奈子：《采访处于RNA论文问题漩涡中的东京大学多比良教授 大学内部调查：原始数据已丢失，这场前所未有的骚动如何结局?》，载《生物技术产业》，2006(3)。

2006年12月27日，东京大学调查委员会宣布：调查多比良和诚4篇论文研究结果后发现，论文中提到的实验"无法重复"，证实多比良和诚及其助手造假。东京大学也因此解雇了他们两人。

产业技术综合研究所发表新闻公报称，经调查委员会调查，多比良和诚参与的论文中有9篇"研究记录大部分没有被保留，也没有提供能够系统证实论文中实验结果的资料"，因此不能否定其在论文撰写过程中"出现了不正当行为"。

新闻公报指出，虽然9篇论文由与多比良和诚合作的产业技术综合研究所研究员川崎广明执笔，但多比良和诚没有尽到研究管理者的责任。为此，产业技术综合研究所劝告多比良和诚撤回论文，并要求其停止申请或放弃6项引用这9篇"问题论文"数据的专利。[①]

二、多比良和诚案例分析

通过上述对多比良和诚案例的分析，可以发现，日本相关机构在对该案例的调查过程中表现出较高的规范性与专业性。第一，日本RNA学会对相关论文实践研究的具体分析表现出足够的专业性。第二，日本东京大学在得知多比良和诚可能存在学术不端行为之后，对其调查过程也表现出足够的规范性，并且在当事人一再狡辩的过程中，东京大学调查委员会与产业技术综合研究所发挥专业优势，最终证实其学术不端行为的存在。

但在此也提醒人们为什么在惩处措施严厉的情况下，仍有不少学者"以身试法"。正如东京大学调查委员会指出的，日本一些实验室在《自然》等著名学术刊物上发表的大量文章，已经表明其跻身顶尖行列。如

---

① 钱铮：《"日本版黄禹锡事件"主角否认与论文造假有关》，http://www.cnhubei.com/200601/ca984381.htm。引用日期：2021-03-17。

何保持其学术地位，防止再度发生类似事件，是日本科学界不得不认真对待的重大课题。由此不得不使人反思频繁出现学界有影响学者的学术不端问题，与学术伦理没有形成个人的学术信念有关，更与外界评价的压力有关。因此，如何建立与完善学术评价体系，鼓励真正创新成果的产生，是今后全球都应关注的问题。

第三节　"学术女神"小保方晴子案例

2014年，对于日本科学界而言不是一般的年份，号称"日本居里夫人"的"学术女神"小保方晴子（Haruko Obokata）成为科学圈关注的焦点，她的干细胞研究的真实性受到怀疑。

一、小保方晴子案例的起因与经过

小保方晴子毕业于早稻田大学，读博期间，曾在哈佛大学医学部查尔斯·维坎提（Charles Vacanti）教授的研究室留学，从事万能细胞相关研究。毕业后小保方晴子与其仍有联系，2014年，小保方晴子关于STAP细胞的文章即以查尔斯·维坎提为通讯作者。2011年，小保方晴子博士毕业后加入日本理化学研究所的若山照彦（Teruhiko Wakayama）研究团队，并成为客座研究员，于2013年升任日本理化学研究所发育与再生医学综合研究中心学术带头人。

2014年1月29日，小保方晴子以第一作者身份在同一期《自然》杂志上发表了两篇论文，震惊了干细胞学界。他们的研究发现，从新生小鼠身上分离的细胞暴露在弱酸性的环境中，能够使细胞恢复到未分化状态，并使其具备分化成任何类型细胞的潜能。两篇论文的通讯作者均为查尔斯·维坎提，小保方晴子在日本理化学研究所的领导若山照彦、笹井芳树（YoshikiSasai）是共同作者。其中，作为共同作者的笹井芳树是2012年诺贝尔奖获得者、日本理化学研究所发育生物学中心的副主任、日本著名生物学家、再生医学领域的著名学者，后因小保方晴子学术不端事件，迫于压力，自杀身亡。

小保方晴子团队的两项研究成果在《自然》杂志上发表后，也一度引起部分人的怀疑。不止一位质疑者认为小保方晴子论文中的图像经过了处理，并揭发她2011年发表的论文也存在类似问题。小保方晴子成了伪造实验数据、篡改图片的嫌疑对象。同时，许多研究者表示他们无法重复小保方晴子的实验结果。

二、小保方晴子案例的调查与处理

2014年2月17日，日本理化学研究所宣布对小保方晴子的研究进行审查，与此同时，《自然》杂志方面也对其论文开展调查工作。2月18日，文章《小保方晴子干细胞突破性研究正在被审查》揭示了日本理化学研究所和《自然》杂志方面分别就小保方晴子所遭受的学术不端指控开展了相关调查行动。

3月5日，日本理化学研究所向外界公布了关于STAP细胞制备过程的详细流程，并表示小保方晴子研究中的其他实验方法将会发表在《自然》杂志的"实验方法交流"（Protocol Exchange）网页上。然而，这份实验流程的公开引来了更多质疑，有研究者指出，日本理化学研究所公布的这些内容与小保方晴子已经发表的论文内容不一致。

历时3个月，在几经周折后，其结果是由开始调查时认为小保方晴子学术不端行为存在不确定性到后来越来越多的证据支持她的实验存在造假。《科学》杂志也提供了相应的证据，发现与《自然》杂志那两篇论文有关的实验室，其实并未在论文发表前重复出小保方晴子团队的实验技术。甚至共同作者若山照彦也称在后续的重复实验中未能得到原论文中相应制备的 STAP 细胞，此时他也对论文的真实性产生了怀疑。

4月1日，日本理化学研究所宣布小保方晴子在研究中存在捏造、篡改等涉嫌学术不端行为最终成立并将调查公之于众。共同作者虽无学术不端行为，但由于未能发挥把关作用也承担失职责任。4月9日，小保方晴子在大阪召开了记者招待会。她为自己给包括研究所和同事等人带来的麻烦致歉，但一再强调 STAP 细胞的真实性，并对日本理化学研究所的调查结果表示不服，声明不同意撤稿。

6月3日，一个独立遗传分析小组在对 20 个 STAP 干细胞系进行基因检测之后，认为所有干细胞系都与论文声称的小鼠品系不符，认定 STAP 不存在。

7月2日，《自然》杂志将两篇 STAP 论文撤稿。7月17日，早稻田大学宣布小保方晴子的博士论文"未达博士标准"，她的博士论文导师常田聪由于当时没能把好审核关将受到停职 1 个月的处分，其他与小保方晴子博士学位相关的教师也将受到训诫惩罚。

由于小保方晴子一直不承认论文中的造假问题，日本理化学研究所责令小保方晴子在 11 月重复 STAP 实验，并对实验过程全方位监控。12月18日，日本理化学研究所宣布在小保方晴子亲自参与的 STAP 细胞制备实验中，研究人员未能再现 STAP 细胞。

三、小保方晴子案例分析

从案例的处理来看，日本已形成一套以政府宏观引导，科研机构、学术团体和大学为主体的治理体系。小保方晴子事件的处理，体现了基层学术组织以及第三方组织的共同治理作用。在该事件中，无论是日本理化学研究所，还是早稻田大学，抑或是第三方组织《自然》《科学》杂志社以及民间的独立调查小组等，都在调查与处理中发挥了重要的作用，并且通过各方的通力合作，事件最终得到有效处理。

在小保方晴子案例的调查与处理过程中，程序方面表现出较强的阶段性、层次性等特点。处理过程层层递进，体现了日本在学术治理方面的科学性与规范性，也体现了日本对学术人员的重视与尊重。

日本频发的学术不端事件，让日本最高科学政策组织——科学与技术政策理事会呼吁，要树立研究人员的学术诚信，并要求从制度上防范、应对学术不端，以重建公众对科学的信心。

第十章　丹麦学术治理的实践研究

丹麦与美国一样，属于政府主导学术不端行为治理的典范型国家。丹麦继美国之后在国家层面设立了学术不端行为监管机构，经过多年的探索和发展，其在学术不端行为治理和学术诚信建设方面已颇具特色。

本章选取的两个案例很有特点，案例之间有关联，由米莱娜·潘克瓦案例牵涉出本特·克拉伦德·彼得森案例，最终以法院的裁决定格，推翻了丹麦科研不端委员会认定的存在学术不端的结论。从这两个案例不难看出，虽然丹麦有健全的科研诚信评价及保障体系，但对学术不端的处理仍十分困难，对学术不端的事实认定非常复杂，甚至存在模糊性。正是这样判断结果截然相反的两个案例，推动丹麦更加严谨地治理学术不端行为。

第一节　米莱娜·潘克瓦案例

一、米莱娜·潘克瓦案例的起因

米莱娜·潘克瓦(Milena Penkowa)，是丹麦著名的脑科学家，曾任哥本哈根大学神经学科教授，曾于 2009 年获得丹麦研究精英奖。可以说，米莱娜·潘克瓦当时是丹麦科学领域一颗耀眼的明星。

丹麦科学技术与创新部曾公开发布过米莱娜·潘克瓦有可能涉及学

术不端行为的报告。在此之后，米莱娜·潘克瓦因涉嫌研究欺诈、捏造研究数据和结论、挪用科研资金等，被指控有学术不端行为。因为米莱娜·潘克瓦当时的显赫身份，该事件在当时引起了丹麦科学领域乃至整个社会的巨大反响。数百名教授联名上书，要求严格调查米莱娜·潘克瓦所涉及的学术造假行为。在这种形势下，丹麦科研不端委员会展开了对米莱娜·潘克瓦被举报行为的调查。

二、米莱娜·潘克瓦案例的查处

丹麦科研不端委员会根据对指控材料以及后续收集的资料的审查，同时对案例所涉及的相关人员进行走访，经过为时两年的系统调查，并以丹麦科学技术与创新部发布的新闻为依据，认为米莱娜·潘克瓦存在学术不端行为。对此，哥本哈根大学表示，如果丹麦科研不端委员会发现米莱娜·潘克瓦的研究中存在科学欺诈，米莱娜·潘克瓦在科学领域的哲学博士学位和博士头衔将不复存在，并将免去米莱娜·潘克瓦的两个科学职称。

米莱娜·潘克瓦被指控主要在两个案例中犯有学术造假行为。基于此，丹麦科研不端委员会根据《丹麦研究诚信行为准则》规定的处理程序展开了全面、深入的调查。经调查，丹麦科研不端委员会认为，在其中一个案例中，米莱娜·潘克瓦在实验中使用的小鼠数量太少，不仅如此，实验中一部分小鼠的数据并没有在她的研究论文中呈现，这意味着她的研究结论并未充分利用数据，而是捏造出来的。因此，丹麦科研不端委员会在最终呈现的结论报告中提到，米莱娜·潘克瓦的研究报告存在故意欺诈行为。

另一个案例涉及细胞计数问题。米莱娜·潘克瓦所使用的计数方法是不正常的，并且她没有明确说明选择的方法，甚至缺乏研究中进行细胞计数的方法。丹麦科研不端委员会认为，米莱娜·潘克瓦在其科研结果的报告中发布了误导他人关于其使用的不正常方法的错误信息。

同时米莱娜·潘克瓦还被指控挪用科研经费及伪造银行账号文件及记录。

依据《丹麦研究诚信行为准则》规定的查处程序，丹麦科研不端委员会将最终的判决结果通知了米莱娜·潘克瓦。

三、米莱娜·潘克瓦案例的处罚结果

在丹麦科研不端委员会判定米莱娜·潘克瓦存在学术不端行为的同时，其科学家的社会地位和声望也随之化为乌有。

米莱娜·潘克瓦事件涉及两个层面。一是学术层面的行为不端，对此丹麦科研不端委员会认为，米莱娜·潘克瓦在其实验和论文中存在学术造假行为。二是法律层面上犯有伪造证据罪。在被指控挪用科研资金后，米莱娜·潘克瓦曾试图通过伪造银行账号和有关记录文件等，将责任推卸给担任其助理的年轻学生，以掩盖她犯罪的事实。[①]

面对丹麦科研不端委员会做出的学术造假行为判决，米莱娜·潘克瓦于 2010 年辞去了哥本哈根大学教授的职务，并因伪造证据罪遭到丹麦警方指控，2011 年警方判处其 3 个月缓刑。

四、米莱娜·潘克瓦案例的查处分析

从米莱娜·潘克瓦案例可以看出，丹麦科研不端委员会对案件查处的独立性较强。丹麦科研不端委员会独立负责其所认定的重大案件的调查和处理。在此过程中，丹麦科研不端委员会的主要工作是基于事实以

---

① 陈德春：《丹麦科研诚信建设及经验分析》，载《全球科技经济瞭望》，2016(11)。

及所占有的证据材料对被指控案件进行评估、做全面调查，并最终做出裁定。这种独立的调查和裁决，较好地避免了由科研机构自查而引发的各种弊端，在一定程度上保障了查处程序的客观和公正，对确保丹麦科研领域诚信有重要的意义。

丹麦科研不端委员会独立调查学术不端行为案件，使得米莱娜·潘克瓦案例的调查过程连续且细致。从发表论文的具体叙述、研究数据的匹配度、参与研究过程的助手到数据的处理，再到科研资金的使用等，都经过调查取证，这样，所做出的裁决更具说服力。

作为知名的科研工作人员，米莱娜·潘克瓦不仅得到了应有的行政处罚，还同时受到司法处置。在案件调查之后，米莱娜·潘克瓦辞去了哥本哈根大学教授的职务，而且由于伪造罪使得司法机关介入，最终被判3个月缓刑。这样的处置结果，不仅能够彰显丹麦应对学术不端行为体系的不断完善，而且能够给其他科研工作人员以警示。

当然，丹麦科研管理体系在处理学术不端行为方面还存在很多不足，如界定、处理学术不端行为案件的界限不明确等。尤其是私营部门对研发的资助越来越多，与国家研发投入相比，所占的比例越来越高，这一变化在某种意义上给科研诚信带来了负面影响。为此，丹麦相关部门不断出台新的政策、措施，特别是对某些处于学术不端行为边缘的灰色领域。丹麦高校对其所属科研人员提出要求，要求他们提供作为企业领导成员、顾问及其他兼职等与私营部门利益相关的信息。

第二节　彼得森案例

一、彼得森案例的起因及查处

本特·克拉伦德·彼得森（Bente Klarlund Pedersen）是丹麦有名的科学家，曾任哥本哈根大学和丹麦国立医院生理学教授，也是丹麦医学界畅销书作家之一。同时，彼得森是米莱娜·潘克瓦论文的合作者之一。

米莱娜·潘克瓦学术不端案例曝光后，2011 年 4 月和 7 月，彼得森的两位同事分别向丹麦科研不端委员会提出指控，认为彼得森故意忽视米莱娜·潘克瓦的学术不端行为，她本人也存在造假行为。

在收到投诉后，丹麦科研不端委员会根据所涉及的专业领域，移交给三个子委员会之一——卫生与医药科学委员会处理。之后，彼得森依据丹麦科研不端委员会的调查程序，向卫生与医药科学委员会提交了详细的答辩资料。

经过两年多的调查，2013 年 12 月，卫生与医药科学委员会裁定彼得森在两方面存在学术不端行为：第一，作为米莱娜·潘克瓦造假论文的合作者，彼得森对米莱娜·潘克瓦蓄意修改肌肉细胞显微照片的行为失察；第二，彼得森发表的学术论文中，有 6 篇文章涉及活组织检查材料、研究协议、图像处理等的重复使用。

面对卫生与医药科学委员会的裁决，彼得森表示不服，其理由有二。第一，针对卫生与医药科学委员会提出的对米莱娜·潘克瓦造假行为的失察，彼得森辩称，在跨学科研究日益频繁的背景下，论文表达的研究依据和结论应由其作者负责，合作者不可能完全了解论文作者的研究过程和方法，所以合作者不应对论文出现的错误承担责任。第二，针对委员会提出的论文中出现的活组织检查等资料的重用情况，彼得森说，她的论文"不是重复使用研究数据，而是把同样的实验材料用于相同的研究目的"。她反驳的依据是，该领域很多科学研究都是采用生物材料库的原料，这是无法验证所使用的原料是否应用在以前的研究中的，而且反复使用活组织检查材料也无须相互验证，这在丹麦生物医学研究领域是普遍存在的现象。

不仅如此，丹麦科研不端委员会对该案例的裁定在当时的研究界引起了较大的争议。70 名科学家发出联合请愿书，为彼得森申辩，理由为：基于科学研究视角，对于实验材料是否已用于或即将用于其他科学研究的争论没有任何意义；丹麦科研不端委员会对此案例的裁定违背了科学常识，这是不合理的。另外，彼得森就职的哥本哈根大学和丹麦国立医院也给予了她很大的支持。

在这种情况下，在 2013 年 8 月 28 日裁决的基础上，丹麦科研不端委员会于 2014 年 2 月又对此案进行了审查，并于同年 8 月再次做出裁决，依旧认为彼得森存在学术不端行为。

面对丹麦科研不端委员会的二次裁定，彼得森于 2014 年 12 月向高等法院起诉了丹麦科研不端委员会。案件由丹麦东部高等法院受理。

二、彼得森案例的处罚结果

在呈现具体证据的背景下，通过审查彼得森 2003 年及以后发表的许多科学论文，丹麦东部高等法院发现，对于彼得森案件，不能绝对肯定构成了与故意伪造或歪曲科学信息有关的重大疏忽。因此，2015 年 2 月 18 日，丹麦东部高等法院对此案做出判决，认为根据掌握的证据，没有足够的理由判定被告彼得森犯下了科学不诚实的罪行。这一裁决否定了丹麦科研不端委员会卫生与医药科学委员会之前做出的科研不诚实的决议。

至此，历时 4 年的彼得森案件以科学家的胜诉而告终。

三、彼得森案例分析

丹麦科研不端委员会根据案件所涉及范围将其交给卫生与医药科学委员会进行处理，这体现了丹麦治理学术不端行为的专业性。之后由于当事人对调查结果不满意及科研界对裁决的争议，丹麦科研不端委员又对此案进行了审查和裁决。面对丹麦科研不端委员会的二次裁定，彼得森又将案件上诉到了丹麦东部高等法院。丹麦东部高等法院最终驳回了丹麦科研不端委员会的裁定。这一案件的调查、上诉和最终的裁定过程体现了丹麦科研管理机构之间的相互制约关系，同时，也彰显了调查操作程序的复杂性。

该案件是丹麦科学史上首例由法院裁判的有关科学研究行为的案例，也是丹麦影响力大、有名的学术不端案件。它引发了丹麦科学界关于良好的科学实践标准的进一步讨论和探索，在很大程度上促进了丹麦科研诚信的改革。

丹麦东部高等法院在围绕彼得森前些年发表的论文进行调查的基础上，根据案件之后的事态发展，在裁决的同时还定义了一些更详细的与良好实践指南相关的新的国家规范，使今后在记录什么是良好的实践标准方面有更好的基础。不仅如此，时任丹麦高等教育与科学部部长索菲·卡斯滕·尼尔森(Sofie Carsten Nielsen)在之后也采取了相应举措，任命了一个特别专家委员会负责处理丹麦科研不端委员会做出的有可能发生变化的裁决。

第十一章　德国学术治理的实践研究

德国与美国、丹麦不同，对科研诚信的保障以及学术不端行为的处理主要由大学和科研机构来承担。学术不端案件为德国的学术诚信敲响了警钟，也推动了德国科研诚信体系的进一步完善。

第一节　赫尔曼、布拉赫案例

一、赫尔曼、布拉赫案例的起因

赫尔曼博士和布拉赫博士是德国著名的肿瘤专家，也是细胞成长和细胞周期调节领域的权威，曾在美国哈佛大学任教。两人先后在美因茨大学、弗莱堡大学合作多年，后来到了柏林，并于1994年至1996年在德国马克思·德里布吕克分子医学研究中心（Max Delbrück Center）进行癌症方面的研究。赫尔曼因在基因治疗方面的成就，成为该研究中心的负责人，布拉赫是其中一个研究团队的负责人。他们共同合作进行细胞因子对抗癌症细胞方面的研究。1996年又到乌尔姆大学进行合作研究，但后来，两人合作关系破裂。

1997年1月，曾在马克思·德里布吕克分子医学研究中心工作的分子生物学者海欧德（E. Hildt）博士发现赫尔曼与布拉赫共同捏造了一组类似自动辐射剂量仪的数字照相数据，并声称他早在该中心工作时便知道此事，但为了防止作为研究中心领导的赫尔曼打击报复，当时并未声张。事发之后，布拉赫很快就承认了捏造数据的事实，但赫尔曼声称并不知晓此事。同年，马普学会也将捏造数据的事件进行了通报，5月，媒体对外披露了这个丑闻。

二、赫尔曼、布拉赫案例的调查与处理

海欧德博士在其博士导师的帮助下，与其他同事一起对原材料和数据进行审查，证实数据是伪造的。海欧德博士将这件事反映给赫尔曼、布拉赫所在的大学，大学立即成立了调查委员会。调查委员会根据大学职员守则的相关规定以及德国《关于提倡良好科学实践和处理涉嫌科研不端行为的指南》，开始对案件进行调查。首先走访了与赫尔曼、布拉赫合作的其他成员，并审查了负责数据录入的工作人员提交的所有数据表格。调查结果表明，他们确实存在数据造假。最终，大学根据处理学术不端行为的规范免去两人教授职位，并撤销了其他一切职务。该事件到此并未结束。由于影响较大且引起了世界媒体的广泛关注，德国的科技部部长做了重要指示，对两人自 1988 年以来发表的论文和著作展开了进一步的审查，发现他们合写的论文中有几十篇被认为具有重大的造假嫌疑。调查委员会要求赫尔曼、布拉赫撤销被证实有伪造和篡改数据的论文，也有调查人员表示要追回提供给他们的研究经费。在此案件中，许多与其合作的人员受到牵连，其中一位与他们共事的医学领域的著名教授莫特斯曼（R. Mertelsman）因该事件的后续效应，被调查出同样存在造假行为，也被免去了教授职位，另外两名同事也因此而被取消博士资格。

三、赫尔曼、布拉赫案例的分析

赫尔曼、布拉赫案例引起了德国学术界的特别关注。由于赫尔曼曾是德国研究联合会特殊领域研究评审委员会成员，他的行为对德国研究联合会影响很大，为此成立了包括 3 名外国学者在内的 12 人职业自律国际委员会，研究产生学术不端行为的体制上的原因，调查科学界自律的作用，从而为解决学术不端行为提供建议。12 人职业自律国际委员会于 1997 年年底提交了《关于保障良好科学行为的建议》，要求各大学和科研机构也制定相应的科学行为规则，制定处理学术不端行为指控的程序，建立相应的组织架构和协调员制度。同时，还就科研人员的培养、数据保存、作者资格、基金使用等具体问题提出了建议。德国的另一个学术组织——马普学会也在《关于保障良好科学行为的建议》框架之下制定了更为详细的规定。此后，德国开始建立协调员制度，同时根据各学科不同特点制定相应的处理学术不端行为的政策和指南，对监管机构的设立、调查程序、制裁措施等一并作出明确的规定。①

特别是协调员制度，对消灭萌芽中的学术不端行为，保护科研人员的专业成长非常有利；而举报人保护制度，对揭发学术不端行为和保护举报人非常有利。在现代社会知识层出不穷、外行难以辨认不端行为的情况下，同行对不端行为的揭发，可以维护科研诚信行为，净化学术氛围，鼓励创新成果产生。

---

① 中国科学院：《科学与诚信：发人深省的科研不端行为案例》，57 页，北京，科学出版社，2013。

第二节　德国国防部前部长古藤贝格博士论文抄袭事件

德国国防部前部长古藤贝格（Karl-Theodor zu Guttenberg）曾被认为是最有前途的政治家，曾任德国联邦经济部部长和国防部部长，在德国享有很高的声誉，不仅因为其杰出的政治才能，同时还由于其拥有一个令人称道的头衔——德国拜罗伊特大学法学博士。但可惜的是，这样一个高学术头衔却是以不正当的方式获得的。

一、古藤贝格抄袭事件的起因与经过

古藤贝格在拜罗伊特大学读博期间，所写的论文是关于美国与欧洲宪法发展阶段的，据称是花了7年的时间完成的。古藤贝格于2006年5月向拜罗伊特大学提交了该论文，校方对该论文给予了高度评价，并于2009年正式出版。但是在2011年2月，不来梅大学的法学教授雷斯卡诺（Andrew Rescano）受法学期刊《批判法学》（*Critical Legal Theory*）的邀请，为这本书撰写书评，进行例行审查时，却惊奇地发现古藤贝格的博士论文与瑞士《星期天新苏黎世报》的一篇文章极为相似。按照基本的学术规范，在引用其他文章内容时，应该注明来源和出处，但是古藤贝格却只字未提，并在论文的很多地方留有大量抄袭痕迹。雷斯卡诺教授因此断定古藤贝格的学术论文已构成剽窃、抄袭，属于严重的学术不端行为。鉴于《批判法学》发行量不大，雷斯卡诺教授随即向慕尼黑著名的《南德意志报》（*Sddeutsche Zeitung*）曝光了此事。报纸迅速将这一指控通知了古藤贝格本人，雷斯卡诺教授则与其导师黑伯乐（Hebole）及答辩委员鲁道夫（Rudolph）通报了相关指控。这一发现在当时引起了轩然

大波，同时，该事件对德国政界和学术界造成了极为恶劣的影响。

二、古藤贝格抄袭事件的调查与处理

据德国《镜报》（*Der Tagesspiegel*）报道，古藤贝格在撰写博士论文期间，曾参考了一篇名为《美国宪法理念与最高法院政教分离判例的关系问题》的文章，在不当引用其十多页的资料时仅仅注明了出处是"德国议会研究部"，关于此文章的原作者乌里西·塔姆勒（Ulisi Tamler）却没有提及。同时，根据德国议会相关规定，古藤贝格只有成为正式议员并从事相关工作时，才有资格使用议会研究资料和学术成果。但古藤贝格不但非法引用这些研究资料，而且对研究报告中的十多页照抄照搬。

另外，据一家网站报道，古藤贝格长达 475 页的博士论文，有近 300 页涉嫌抄袭。甚至在 2004 年为汉斯·施德基金会（Hanns Seidel Stiftung）写的一篇分析文章中，古藤贝格也有大段文字抄袭其他媒体和学术著作。据美国《洛杉矶时报》（*Los Angeles Times*）报道，古藤贝格博士论文中存在多处不规范引用现象。他不仅抄袭他人著作中的段落，而且抄袭整篇文章，只对个别字句进行了修改。英国《卫报》（*The Guardian*）还报道，古藤贝格在比较美国和欧盟的宪法发展时引用了大量的报纸文字，但未注明出处。

起初，古藤贝格面对媒体和外界的指责，表现得很不以为意，并认为这是有人在捏造事实，使用非法伎俩打击自己在政治上的地位。后来，通过拜罗伊特大学的调查，以及相关机构的介入，调查结果最终也证实古藤贝格确实违反了学术准则，属于严重的学术不端行为。2011 年 2 月 24 日，拜罗伊特大学宣布撤销古藤贝格的法学博士学位。2011 年 3 月 1 日，古藤贝格发表声明，宣布辞去国防部部长一职，同时也辞去他在议会的席位。一贯被德国政界赏识和重用的政坛能人因"抄袭门"

而早早地结束了政治生涯。

三、古藤贝格抄袭事件的分析

从上述案件中可以看出，该案件来自一位大学教授的监督与检举，而调查与处理较好地反映出德国对学术不端行为认定、监督及检举的有效性。德国学术界一直以严谨著称，其对教育、科研质量的把关一直为世人称道，取得这样的成绩离不开其内部较完善的教育结构、体制和制度，更离不开其对科研行为的规范、约束与监督。

拥有博士学位者在德国享有很高的社会声誉，古藤贝格能意识到博士学位带来的文化资本对他获取政治资本大有裨益。以非常严肃的态度执行着学术标准的德国人，让世人领略了他们对待学术诚信行为要求的苛刻。在德国，即使是身居高位的学术行为不端者也未能逃脱制裁；即使有身居高位者的默克尔（Angela Dorothea Merkel）的力保，古藤贝格也终是未能洗脱自己学术行为不端的罪名及走下政治舞台的尴尬。

第十二章　澳大利亚学术治理的实践研究

　　2001 年爆发的霍尔事件，对澳大利亚整个科学界乃至政界都产生了非常重大的影响。这一事件，大大削弱了社会对大学以及研究机构学术治理能力的信心，引发了人们对其学术自治能力的质疑，期望政府能够制定有效的制度和措施，来加强对学术不端行为的治理及对大学和研究机构的监管。澳大利亚科学界完全依靠机构自治的管理理念在这一时期也暴露出弊端。

一、霍尔案例的起因

　　霍尔是新南威尔士大学医学院的教授，也是免疫学专家和肾脏移植专家。霍尔事件由其实验室的一名研究生和两位职员举报引发。他们指控霍尔在科研过程中存在严重学术不端行为，其中包括捏造和伪造研究结果、任意篡改学术报告内容、使用虚假数据申请科研基金、威胁与强迫学生等。

二、霍尔案例的调查与处理

　　新南威尔士大学在接到举报后，立即成立了专门调查委员会，对霍尔事件展开调查。可令人意想不到的是在进行最初的调查取证后，校方认为霍尔仅有轻微失范行为，未构成学术不端行为，因此驳回了对霍尔学术不端行为的所有指控。但有外部调查委员会认为霍尔存在学术不端行为。内外部调查结果的不同引起了社会的广泛关注，人们对新南威尔士大学成立的内部调查委员会产生怀疑，其调查取证工作及其结果很显然是为维护校方利益而对外界做出的一次掩盖事实真相的回应。迫于各方压力，2003 年新南威尔士大学董事会召集成立了一个包括英国牛津大学、澳大利亚悉尼大学、澳大利亚国立大学等机构权威人士在内的外部调查委员会，对霍尔事件再次进行调查。调查发现，霍尔确实存在学术不端行为，在研究活动中不仅骗取国家基金、伪造实验数据，同时还胁迫学生、隐瞒事实真相等。资助霍尔研究并为其提供部分薪水的悉尼西南地区卫生机构因此免去了他的全部职务。

但案件到此远未结束，新南威尔士大学副校长罗里·休姆（Rory Hume）于 2003 年 12 月 24 日决定再次调查霍尔案件。他经过调查认为，霍尔只有五项轻微的"学术失范"行为。他指出这些行为应该让霍尔受到谴责、警告，但不至于失去工作和职务。休姆还在其长达 43 页的调查报告中说，他没有发现任何一项指控与霍尔的核心科研有关……他不认为应该考虑免去霍尔的工作。霍尔承认在基金申请中有一个"小错误"，但否认存在任何严重的学术不端行为，并对外部调查委员会发布的长达 11 卷的报告进行了严厉批驳。当时报告的摘要已经公开，霍尔仍试图向法院申请禁止公布报告全文，但法院最终驳回了霍尔的申请。

面对休姆的调查和决定，一些学术专家和权威人士提出了批评意见。有人认为休姆这种行为是为了维护学校声誉而做出掩盖事实、袒护霍尔的不当行径；有人认为休姆的行为不但不利于案件事实的澄清，还严重损害了澳大利亚大学的声誉；还有人认为休姆的调查报告是一份向弱者显示权威的报告。之所以会出现不同的意见，与澳大利亚对学术不端行为的界定不无关系。

2004 年 1 月，新南威尔士大学董事会决定：全文公布外部调查委员会有关霍尔学术不端行为的报告。澳大利亚联邦政府三个机构分别成立了相关问题调查小组，针对霍尔滥用经费的指控和新南威尔士大学处理揭发者的申诉等问题展开进一步调查和处理。该事件一直到 2005 年才告一段落。

三、霍尔案例的分析

2007 年，澳大利亚联邦政府颁布了《澳大利亚负责任研究行为准则》。它是澳大利亚最重要的一部学术行为法规，旨在为全国各科研机构在学术制度建设与不端行为治理中提供相关建议和治理行为路线图，是各项学术规范制定的制度基础，为各机构的学术诚信制度建设提供了一个基本制度框架。它对之前的《NHMRC 与 AVCC 关于科学实践的联合声明与指导原则》进行了进一步修订与补充，被称为"新守则"。

可以说，霍尔事件推进了新守则的出台。新守则对谁是调查处理学术不端行为指控问题的主体、哪些属于学术不端行为做了进一步澄清。有学者认为，澳大利亚需要一个类似于美国科研诚信办公室的独立机构，对案件的调查和处理进行监督。为此，澳大利亚在 2010 年 4 月成立了由澳大利亚研究理事会、国立健康与医学研究理事会共同组建和管理的科研诚信监督机构——澳大利亚科研诚信委员会，在研究机构或高校处理学术不端行为举报时，对其实行程序性监督，以确保调查活动能够严格遵照《澳大利亚负责任研究行为准则》的要求开展。

在处理霍尔骗取经费的调查中，澳大利亚科研管理中各个环节形成了审计的完备体系，科研项目开展及经费支出情况接受多方面互不隶属、相互制约的监督，保证监督工作独立、客观、公正地进行。正是这一套完善的科研评估与审计体系，使得上述案件能够得到及时有效的处理。

霍尔案件更是对澳大利亚的学术治理产生了深远影响。该案件使人们意识到政府需要不断加强与基层科研机构的密切合作，通过各方努力建立一种具有全国指导意义的学术诚信制度，来预防和查处学术不端行为，进一步完善学术诚信制度建设，以提高研究人员的自制力与抵御力。澳大利亚为此在学术治理以及相关制度建设方面投入了极大的精力，也取得了巨大成效。不仅建立了全国性的学术诚信法规与监管机构，来完善学术不端治理制度体系，而且各高校在政府颁布的重要学术法规的基础上制定了各自的学术诚信制度与规范，以建立学校内部学术治理体系。

综上所述，可以发现，倡导负责任、诚信的研究行为是各国不断加强学术治理、完善相关学术制度规范建设的出发点和落脚点。学术诚信不仅关系到研究人员的前程，而且影响到学术的尊严。[1] 在上述各国的学术治理模式中，无论是以政府为主导还是以基层科研机构为主导，在学术治理方面明确各自职责，把握治理规律，运用各方有效资源，建立健全相关学术诚信制度，以达到有效的治理目的才是关键。因此，怎样依靠或有效利用政府及其他科研机构的外部优势，建立政府与科研机构之间以及科研机构与科研机构之间的有效合作机制，形成合理的管理布局势必会成为将来学术不端行为治理体系研究的重点和热点。

学术不端、学术失信等问题已成为阻碍学术、科研发展的关键性问题。鼓励科研创新、繁荣学术事业不能回避和忽视的就是加强对学术不端行为的治理，大学及科研机构不仅要及时制定与颁布有效的学术诚信规范，同时还要建立健全管理制度和监管机制，只有这样才能从根本上治愈学术上的"顽疾"，创建一个风清气正、负责诚信的学术环境。

但同时，随着学术活动的发展和学术模式的变化，学术不端行为的内涵与外延也在变化之中，会不断出现新现象与新问题，这就需要我们

---

① 杨玉圣：《学术规范导论》，10页，北京，高等教育出版社，2004。

进行持续的关注与考量，根据出现的新情况和问题迅速发现其变化特点，总结规律并制定或适时调整规范和政策，予以应对。也可以说，学术诚信建设永远在路上。

主要参考文献

[1] 贺国庆. 德国和美国大学发达史[M]. 北京：人民教育出版社，1998.

[2] 李其龙，孙祖复. 战后德国教育研究[M]. 南昌：江西教育出版社，1995.

[3] 杨荫思，德国海德堡大学[M]. 长沙：湖南教育出版社，1991.

[4] 王玉珊. 日本教育及其在经济发展中的作用研究[M]. 北京：中国社会科学出版社，2012.

[5] 阎光才. 美国的学术体制：历史、结构与运行特征[M]. 北京：教育科学出版社，2011.

[6] 李朝晨. 英国科学技术概况[M]. 北京：科学技术文献出版社，2002.

[7] 主要国家科研诚信制度与管理比较研究课题组. 国外科研诚信制度与管理[M]. 北京：科学技术文献出版社，2014.

[8] 约瑟夫·本-戴维. 科学家在社会中的角色[M]. 赵佳苓，译. 成都：四川人民出版社，1988.

[9] 陶遵谦. 国外高等学校教师聘任及晋升制度[M]. 上海：华东师范大学出版社，1984.

[10] 威廉·布罗德，尼古拉斯·韦德. 背叛真理的人们：科学殿堂中的弄虚作假[M]. 朱进宁，方玉珍，译. 上海：上海科技教育出版社，2004.

[11] 尤吉尼·塞缪尔·瑞驰. 科学之妖：如何掀起物理学最大造假飓风[M]. 北京：科学出版社，2009.

[12] 杨玉圣，张保生. 学术规范导论[M]. 北京：高等教育出版社，2004.

[13] 山崎茂明. 科学家的不端行为：捏造·篡改·剽窃[M]. 杨舰，程远远，严凌纳，译. 北京：清华大学出版社，2005.

[14] 复旦大学研究生院. 研究生学术道德案例教育百例[M]. 上海：复旦大学出版社，2018.

[15] 刘东. 我们的学术生态：被污染与被损害的[M]. 杭州：浙江大学出版社，2012.

［16］ MICHAEL FARTHING，RICHARD HORTON，RICHARD SMITH. UK'S failure to act on research misconduct［J］. The Lancet. 2000，356(9247)：2030.

［17］ RICHARD HORTON. UK declaration made on research misconduct［J］. The Lancet. 1999，354(9190)：1623.

［18］ BEKTAS，M YAKUP，CROSLAND MAURICE. The copley medal：the establishment of a reward system in the royal society，1731-1839［J］. Notes and Records of the Royal Society of London，1992(1)：43-76.

［19］ ZUCKERMAN H，MERTON R K. Patterns of evaluation in science：Institution alisation，structure and functions of the referee system［J］. Minerva，1971，9(1)：66-100.

［20］ DAVID A KRONICK. Peer review in 18th-Century scientific journalism［J］. JAMA. 1990，263(10)：1321-1322.

［21］ JOHN C. Burnham. The evolution of editorial peer review［J］. JAMA. 1990，263(10)：1323-1329.

［22］ HANS HENRIK BRYDENSHOLT. The legal basis for the Danish committee on scientific dishonesty［J］. Science and Engineering Ethics，2000，6(1)：11-24.

［23］ 日本学術振興会「科学の健全な発展のために」編集委員会. 科学の健全な発展のために 誠実な科学者の心得［M］. 東京都：丸善出版株式会社，2015.

［24］ STEGEMANN-BOCHL S. Misconduct in science and the German law［J］. Science and Engineering Ethics，2000，6 (1)：57-62.

［25］ Retraction—Valsartan in a Japanese population with hypertension and other cardiovascular disease (Jikei Heart Study)：a randomised，open-label，blinded endpoint morbidity-mortality study［J］. The Lancet，2013，382(9895)：843.

［26］ GEOFF BRUMFIEL. Bell Labs launches inquiry into allegation of data duplication［J］. Nature，2002，417(6887)：367-368.

后　记

本书是我承担的 2015 年河北省社会科学基金项目"西方国家学术治理制度研究——历史演进与实践变革的视角"（HB15JY046）的结项成果。在研究过程中，我指导的研究生王丹、宇文彩、贾宁杰提供了大量的研究资料，并以学位论文的形式呈现了他们的研究成果。王丹同学的论文获评河北省优秀硕士论文。

许多同事和研究生为本书的出版做了大量的幕后工作。河北师范大学刘京京老师，为本书的修改提出了大量的宝贵意见；曾留学日本的董存梅老师，在我们面对日文文本核对困难时伸出援助之手。高等教育学专业研究生丁磊、杨云霞、王怡诺、孙倩同学以及远在英国读书的女儿刘冬竹，为本书的文献校对付出了大量的时间和精力。向所有为本书的出版付出辛勤劳动的人们表达我们的谢意。

本书能由北京师范大学出版社出版，要感谢编辑王剑虹女士，她多年来对河北师范大学教育学科给予了大力支持。没有她的支持，我们学科的诸多著作便无法在高水平的出版平台上出版。

在对西方六国学术治理机制研究的过程中，借鉴了许多学者的研究成果，感谢他们为本研究提供了基础。

由于学术水平的限制，书中肯定会有很多不足之处，恳请学界同人及读者提出宝贵意见。

薛彦华

2020 年 10 月 18 日